에니어그램으로 보는
성서 인물 이야기

에니어그램으로 보는 성서 인물 이야기

2013년 4월 19일 초판 1쇄 펴냄
2023년 6월 30일 초판 5쇄 펴냄

펴낸곳 (주)도서출판 삼인

글쓴이 김영운
펴낸이 신길순

등록 1996.9.16 제25100-2012-000046호
주소 03716 서울시 서대문구 성산로 312 북산빌딩 1층
전화 (02) 322-1845
팩스 (02) 322-1846
전자우편 saminbooks@naver.com

제판 문형사
인쇄 수이북스
제책 은정제책

ISBN 978-89-6436-062-0 03180

값 14,000원

에니어그램으로 보는
성서 인물 이야기

김영운 지음

삼인

| **책머리에**

우리는 지금 사람이 얼마나 아름다운지, 살아 있음에 대해 어떻게 감사해야 하는지를 모르고 살아간다. 성공을 좇아 정신없이 달려가는 무리에서 밀려날까 봐 종종걸음을 친다. 현대 세계의 중병이라 일컫는 물질주의, 이기주의, 그리고 무한 경쟁이 우리를 '생쥐들의 경주' 판으로 몰아넣는 형국이다.

우리는 잠깐 멈춰서 생각할 겨를도, 주위를 돌아볼 겨를도 없기에 저마다 '정신없이 바쁘다'고 외친다. 왜 사는지, 무엇하러 이 지구라는 별에 왔는지 묻지도 않는다. 붕어빵도 아니면서 제각기 1등을 하거나 성공을 하고자 모든 것을 건다. 성공을 위해 쓸데없는 것을 붙들려고 한다.

그렇지만 세상이 어떻게 바뀌더라도 각자가 타고난 재능과 소명을 발견하고 잘 살리면 사람은 정말 아름답고 힘 있고 진실하다는 사실을 보여 줄 때가 많다. '인격을 쌓는 것이 성공이다'라는 말을 실감나게 하는 이들이 그런 경우다. 원형심리학자 제임스 힐먼(Jaims Hilman)은 『영혼의 코드(The Soul's Code)』라는 책에서 기라성 같은 인물들이 어떻게 각자의 성격과 소명을 살렸는지를 보여 준다. 이는 실제 인물들의 이야기다.

성서라는 고전 속에 등장하는 인물들을 살펴보면 진짜 영웅이 누군가를 알 수 있다. '성공'이란 눈으로 보면 모세, 다윗, 바울을 영웅으로 꼽을 것이다. 그러나 '인격'이란 눈으로 보면 여호수아, 요나단, 바나바를 영웅으로 꼽게 된다. 현실 속에서도 인격을 쌓는 것이 성공임을 보여 주는 이들을 만날 수 있다. 자기를 발견하고 삶의 의미와 목적을 깨닫고 깨어 있는 의식으로 사는 사람들이다.

어떤 사람이 될 것인가를 묻는 첫걸음은 중요하다. 인문학이 쇠퇴하고 인성 교육이 부실해서 어수선한 세월이기에 더욱 그렇다. 이 책이 자기 발견의 여행을 시작하고, 내면에 있는 '천재'를 발견하고, 자기가 주인이 되는 삶의 자리를 마련하는 계기가 되면 참 좋겠다. 오래전 필자에게 그 계기가 마련됐던 것처럼!

따스한 봄날 행원동산에서
김영운

| 차례

책머리에 4

에니어그램이란? 8

1번 유형
1. 영도자 모세 42
2. 세례자 요한 51
3. 사도 바울 60

1번 유형 **온화한 개혁가** 69

2번 유형
1. 룻 74
2. 막달라 마리아 83
3. 사도 요한 92

2번 유형 **겸손한 봉사자** 101

3번 유형
1. 야곱 106
2. 사무엘 115
3. 가룟 유다 124

3번 유형 **신실한 성취자** 133

4번 유형

1. 의인 욥 138
2. 요나 147
3. 이사야 156

4번 유형 **침착한 예술가** 165

5번 유형

1. 요셉 170
2. 사도 도마 179
3. 니고데모 188

5번 유형 **초연하게 행동하는 지식인** 197

6번 유형

1. 이삭 202
2. 지도자 여호수아 211
3. 베드로 220

6번 유형 **용감한 충성가** 229

7번 유형

1. 압살롬 234
2. 지도자 느헤미야 243
3. 솔로몬 253

7번 유형 **맑은 정신의 열성가** 261

8번 유형

1. 다윗 266
2. 에스더 275
3. 헤롯 대왕 284

8번 유형 **소탈한 지도자** 293

9번 유형

1. 아브라함 298
2. 요나단 307
3. 바나바 316

9번 유형 **행동하는 평화주의자** 325

에니어그램이란?

"온 세상은 무대요, 모든 사람은 배우들이다(All the world's a stage, And all the men and women merely players)." 윌리엄 셰익스피어의 희곡 『뜻대로 하세요(*As You Like It*)』에 나오는 이 대사는 에니어그램의 핵심을 꿰뚫어 보는 말로 들린다. 모든 사람은 어찌 보면 천재적 배우들이다. 왜냐하면 자신들의 시나리오를 모르면서도, 에니어그램 시나리오대로 기막히게 살기 때문이다. 에니어그램을 알고 나면, 에니어그램에서 서술한 각자 성격의 특징을 자신은 알지도 못한 채, 거기에 그대로 맞춰서 살아왔다는 엄연한 사실을 확인하게 된다. 우리는 각자 자신의 속에 만들어진 프로그래밍을 알든 모르든 실행해 왔다는 사실을 도저히 부인할 수가 없다.

'성격은 운명이다(Ethos anthropoi daimon)'라는 말은 바로 이것을 두고 하는 말이다. 보통 사람들은 습관에 따라 살면서 스스로 싫어하며 기피하던 단점은 잘 드러내는 데 반해 장점은 잘 살리지 못한다. 이를 에니어그램 언어로 표현하면 사람은 격정(passion)에 사로잡혀 습관적 양식에 따라 살면서 덕목(virtue)은 잘 살리지 못한다는 말이 된다. 여기에서 격정은 단점을 가리키며, 덕목은 장점을 가리킨다.

사람들이 살아가는 인성 지도(personality mapping)는 크게 아홉 가지 유형으로 나뉜다. 에니어그램 유형은 각자의 인생 시나리오를 그 속에 가지고 있다. 여기에는 두 가지가 있는데, 하나는 '격정의 시나리오'고, 또 하나는 '덕목의 시나리오'다. 우리는 어릴 적부터 길들여지고 익숙해진 대로 습관을 형성해 왔기 때문에 자기도 모르게 그 틀에 맞춰서 살아왔고 또 그렇게 살고 있다. 이를 격정의 시나리오라고 한다. 에니어그램을 모르면 우리는 그 격정의 시나리오대로 평생을 산다. 그래서 성격이 운명이라 할 수 있다.

에니어그램으로 자기 유형을 깨닫고, 거기에 따라 자신에게 어떤 격정이 있는지 확인하고, 자기가 의식하지도 못한 채 그 시나리오대로 살아왔다는 사실을 발견하면, 한편으로는 무섭기도 하고 또 한편으로는 놀랍기도 하다. 그때까지 모르고 살아왔지만 격정은 각자에게 고유한 '죽음에 이르는 죄'가 되기 때문이다. 이를 알려 주는 지혜의 체계는 그다음 단계로 거기에서 해방되고 변화되어 자유와 건강, 행복을 향해 나아가는 길을 가리켜 보여 준다. 그것이 바로 덕목의 시나리오다.

에니어그램은 자기 자신을 제대로 들여다보지 않으면 '가면'을 뒤집어쓰고서 그것이 가면인 줄도 모른 채 부정적인 감정이나 생각의 에너지에 떠밀려 살게 된다는 사실을 일깨워 준다. 자기도 모르는 격정에 사로잡혀 사는 것은 마치 '자아'라는 감옥에 갇힌 것과 같기 때문에, 여기에서 탈출해 해방과 자유를 얻어야 하고, 그러려면 특별히 우리 자신을 돌아보기 위한 성찰의 도구가 필요하다.

에니어그램은 각자가 지니고 살아가는 성격 유형을 분별하게 하고, 그러한 개성이 안고 있는 격정의 함정을 자각하게 한다. 사람이면 누구나 두려움과 욕망 또는 콤플렉스를 지니기 마련이지만, 그동안 자신이 범해 온 부정적인 감정이나 습관적인 잘못을 직시하기만 하면 이를 딛고 일어나는 길도 분명 존재한다. 에니어그램이 가리켜 보이는 길은, 개성의 가면을 넘어서 본래 우리에게 주어진 참된 나, 시공간에 함몰되지 않는 진정한 자아를 찾아가는 과정이기도 하다.

에니어그램의 여정이란?

◆ 자기 발견으로 자신과 타인, 세계를 깨어 있는 의식으로 바라보게 하고, 자기와 세계 사이에 조화와 균형을 유지하게 하며, 본래 가지고 태어난 온전함의 영성을 회복하게 하는 길이다.

◆ 밖에서 오는 힘에 의해 꺼둘리면서 살아가는 우리의 현재 모습을 깊이 있게 돌아보게 하고, 우리 자신이 품고 있는 내면의 잠재력을 끌어올려 사용하게 한다.

◆ 우리의 본래적인 됨됨이와 가능성을 더 깊이 통찰하게 하고, 그러한 가능성을 실현하기 위한 길을 가리켜 보여 준다.

◆ 우리 자신이 어떠한 수준에서 살고 있든 그보다 더 수준 높은 삶을 향해 나아가도록 우리의 성장을 고무하고 자극한다.

◆ 자기 자신의 개성과 친해져서 단점을 장점으로 변환시킴으로써 잠재력을 꽃피게 하고, 조화롭고 창조적인 삶을 영위하게 한다.

◆ 타인에 대한 이해의 폭과 깊이를 신장시켜 더 멋지고 아름다운 인간관계를 맺게 해 주고, 주변 사람들도 그들 자신을 성찰하도록 계기를 마련해 준다.

에니어그램의 이해

에니어그램을 현대 사회에 전수하기 시작한 구르지예프(Georges Ivanovich Gurdjieff, 1866~1949)는 인간의 진정한 본성(essence)을 찾기 위한 영성 수련의 길을 제시했다. 에니어그램은 '아홉'을 뜻하는 헬라어 '에네아스(enneas)'와 '기록'을 뜻하는 '그람(grama)'의 합성어다. 구르지예프에 의하면, 에니어그램은 우주를 이해하는 데 필요한 포괄적 상징이라고 한다. 그는 다음과 같이 말한다. "넓게 말해서 에니어그램은 우주적 상징이라고 이해할 필요가 있다. 모든 지식이 에니어그램에 포함될 수 있고, 에니어그램의 도움을 받아서 그 모든 지식이 해석될 수 있다."

에니어그램을 '자기 발견의 여행'이라든가 '자기 발견의 지혜'라는 말로 표현하기도 한다. 어떻게 해서 자기 발견에 이르러 본래 자기 안에 있는 본성 또는 본래적 자아를 회복하는가? 첫째 자신에게 숨어 있는 격정을 발견하고, 둘째 그 원인을 깨닫고, 셋째 강박충동(compulsion)을 극복하는 것이다.

에니어그램은 포괄적으로는 대우주(macro cosmos)로서의 우주 전체를 이해하고, 현실적으로는 소우주(micro cosmos)로서의 인간을 이해하는 데 필요한 체계다. 우주 속에는 수많은 항성들과 태양이 있다. 우리가 사는 지구에도 생물과 무생물이 있고, 생물에는 수많은 종(種)이 존재한다. 생물 중에서 오직 인간에게만 우주에 있는 모든 원소가 다 포함되어 있다고 한다. 따라서 우리가 인간을 이해하는 것과 우주를 이해하는 것은 긴밀하게 연결되어 있으며, 결국 하나라고도 할 수 있다.

에니어그램을 이해하는 데 일차적으로 중요한 것은 의식의 잠에서 깨어나는 것이요, 그다음으로는 주어진 기능들 사이에서 조화를 이루는 것이요, 마지막으로는 그로써 인간의 조화로운 발달을 도모하는 것이다.

현대인들은 여러 방면에서 개발이나 발달에 대해 높은 관심을 보이면서도, 인간 스스로의 발달에 대해서는 상대적으로 그리 관심이 높지 않다. 특히 조화와 균형을 이루는 삶이라는 관점에서 보면 더욱더 미치지 못하는 점이 많다. 돈이나 권력, 지위나 명예를 얻는 일에는 관심이 많으면서 사람됨이나 인격, 또는 신앙과 영성에 대해서는 별로 관심이 없다. 신앙인들의 경우에도 이런 불균형이나 부조화를 쉽게 찾아볼 수 있다. 내면의 영성을 강조하는 이들은 실천이나 행동을 소홀히 하고, 관계의 영성이나 환경의 영성을 강조하는 이들은 내면의 영성이 부족하기가 쉽다.

어느 방면이든 생각(thinking), 느낌(feeling), 행동(doing) 사이에 조화와 균형이 이루어져야 하고, 그래야 인간의 존재(being)와 지식(knowing) 사이에 조화를 이룰 수 있다. 구르지예프가 지적하듯이 존재와 지식 사이에 조화와 균형이 이루어지지 않으면, 먼저 나타나는 현상이 건망증이요, 다음이 히스테리요, 그다음이 폭력이다. 이는 사고와 언어의 폭력에서 시작되어 물리적 폭력으로 이어진다.

에니어그램의 궁극적인 목적은 저마다 자기를 알아서 참된 자아를 발견하고, 우주의 비밀을 재발견하는 데에 있다. 예수 그리스도가 가르쳐 준 대로 '하나님이 온전한 것처럼 온전해지려면', 거짓된 인성에 사로잡혀 자기가 스스로를 속이는 것은 아닌지 늘 깨어 있어야 하고, '진정한 나'로서 사는 일에 관심과 정신, 정성을 집중해야 한다. '영원하고 참된 나'의 존재를 인식하고 살기까지, 의식의 단계를 다음과 같이 구분할 수 있다.

첫째, 대다수 사람들은 보통 '잠자는 상태'에 있다. 두 눈 뜨고 깨어 있으면서도 사실은 본능에 떠밀려서 자신이 누구인지를 모르고 살아간다. 데이비드 코소프(David Kossoff)는 "사람은 태어나서 만 세 살을 정점으로 그 이후로는 내리막길을 걸어간다"라고 말한다. 태어나서 세 살 때까지는 본성이 크게 뒤틀리지 않고 살다가 그 이후로는 가족이나 주위 환경과의 상호작용 속에서 자기 방어와 보존의 본능이 작용하면서 성격이 형성된다. 이렇게 형성된 성격은 만 여섯 살이 되면서 확정되어, 그 뒤로는 죽을 때까지 바뀌지 않는다. 주어진 성격 안에서 건강해지느냐 불건강해지느냐, 즉 통합의 상태로 가느냐 퇴화 내지는 퇴행 상태로 가느냐 하는 변화가 있을 따름이다.

둘째, '선잠 깬 상태(half-asleep/half-awake)'는 반쯤 잠이 든 상태로, 보통 사람들이 일상생활을 살아가는 방식이다. 이 상태에서는 상상의 세계로 빠져 현실 도피를 하고, 모르는 것이나 알 수 없는 것을 안다고 착각하고, 거짓말인 줄 의식하지도 못한 채 거짓말을 곧잘 하고, 되지도 않을 것과 자신을 동일시하며 살아간다.

셋째, '자기를 의식하는 상태'는 위험한 상황이 닥치거나 극단적으로 감정이 자극을 받는 상황(예를 들면 비탄이나 극도의 슬픔을 유발하는 사건 · 사고)이 되면 들어가는 단계다.

넷째, '객관적 세계를 의식하는 상태'는 극히 드문 경우라 할 수 있다. 이 상태에서는 존재하는 모든 것에 대해 진실을 꿰뚫어 본다. '우주 의식'이라고도 하고 '신(神) 의식'이라고도 한다.

자신의 성격 유형을 아는 것이 진정한 나를 찾는 단초이기는 하지만, 성격 유형은 어디까지나 '거짓 인성(false personality)'에 불과하다는 점을 유념해야 한다. 자신의 거짓 인성을 아는 사람이라야 '수련 인성'으로 살아갈 수 있고, 지속적인 수련으로 '참 나', 즉 '진정한 본성'을 찾고 밝히는 데까지 나아갈 수 있다.

 에니어그램은 늘 '현존(presence)' 안에서 이해하고 받아들여야 한다. 언제나 나의 '현재' 상태가 어떤가를 포괄적으로 생각해야 한다. 과거를 돌아보고 기억하며, 현재를 느끼고 경험하며 관찰하고, 어떻게 변화와 성숙을 지향할 것인가를 현재의 시점에서 아우르며, '깨어 있는 의식으로 집중'해야 하는 것이다. 그런 만큼 긴장하면서도 한편으로는 여유를 가지고 수련을 지속해야 한다.

 에니어그램을 배우면 나를 발견하기 시작한다. 주관적인 면에서 내가 기억하는 나, 내가 이해하는 나, 내가 알고 있는 나가 있는가 하면, 동시에 남들이 보는 나, 남들이 이해하는 나, 남들이 알고 있는 나가 존재한다. 그러므로 나와 다른 사람들, '자기 지식'과 '우주/세계 지식'이 서로 조화를 이루어야 한다.

 그러나 시작은 내가 '나'를 발견하는 데서부터다. 나를 발견하는 것은 나의 성격을 아는 데서 시작되고, 나의 성격을 아는 것은 나의 단점을 아는 데서 시작된다. 그것이 오늘의 나를 아는 데로 이어지게 한다. 그런데 그 과정에서 우리는 종종 헤매는 경험을 한다. 가끔 미로를 헤매는 것 같고, 때로는 숨은 그림을 찾는 것 같고, 어떤 때는 수수께끼를 푸는 것 같다.

 왜 사람들은 대체로 잠재력의 9분의 1을 쓰는 데서 그치고 마는가? 앞에서도 말했듯, 사람은 태어나서 만 세 살이 지나면 내리막길로 접어든다. 심리학자들은 이를 두고 개체 발달이 시작되면서 자기보존 본능이 작용하는 것이라고 말한다. 이때부터 나를 먼저 생각하고 나를 중심으로 생각하는 버릇이 든다. 마음이 그만큼 좁아지고, 마음이 좁아지는 것을 따라 의식과 생각도 좁아지고, 그 결과 에너지도 축소된다. 따라서 잠재력의 9분의 8이 수면 밑으로 가라앉고,

9분의 1만 고개를 내미는 형태가 된다. 빙산의 일각으로 나타나는 것이 각자의 에니어그램 유형이다.

 기본 성격 유형의 양쪽에 있는 부차적 유형 가운데 어느 한 유형이 다른 쪽에 비해 더 발달하는 것이 일반적인데, 이 때문에 두 날개 가운데 한 날개는 접혀 있고, 다른 한 날개만 펼쳐져서 작용한다. 이것 또한 우리가 잠재력의 9분의 1만 쓴다는 반증이 된다. 그러므로 누구나 자신의 성격 유형을 발견하고 격정을 확인한 다음 날개를 찾아서 접힌 날개를 알게 되면, 두 날개의 균형과 조화를 이루고 변화와 성숙을 거쳐서 회복의 길로 들어설 수 있다. 두 날개를 균형 있게 쓰면 통합되며 에너지가 커진다.

 성격 유형과 함께 격정과 강박충동을 확인하고 나면, 자신의 성격을 알게 되고, 그와 더불어 자신의 속성과 특징을 깨닫는다. 그러면 자신이 무엇을 두려워하고, 무엇을 기피하는지, 어떤 함정에 빠지며, 무슨 걸림돌에 걸려 넘어지는지를 이해하게 된다. 스트레스를 받으면 자기도 모르게 '욱'하고 실수하던 것을 밝히 보고 자제하게 된다. 천천히 자기를 객관화해서 마침내 감성(느낌), 지성(생각), 본능(행동)이 균형과 조화를 이루게 된다.

 이처럼 느낌, 생각, 행동 사이에 균형이 이루어지면 격정의 지배자가 되어 늘 함정에 빠지던 습관적인 걸림돌을 바꿀 수 있는데, 이것이야말로 '버전을 바꾸는 것(변환, conversion)'이다. 변화와 성숙의 길이 바로 이것이다. 흔히 '통합'이라 부르는 이 상태에서는 균형 감각과 안정감을 갖고 에너지가 긍정적으로 힘차게 발휘된다.

 에니어그램 수련은 자기 기억(self-remembering)과 자기 관찰(self-observing)에서 시작된다. 격정을 따라 살며 몸에 밴 습관을 포기하고 덕목을 살릴 좋은 습관을 확인하며 '자기 기억'과 '자기 관찰'을 지속해야 '자기 지식(self-knowledge)'과 에니어그램 지식의 심층에 이르고, 그것을 현실에 적용할 수 있다. 그제야 비로소 앞으로 설명하고자 하는 날개와 본능에 대한 지식과 지혜를 터득하고, 그래야 지속적으로 수행하는 힘을 얻을 뿐 아니라 아울러 보람과 기쁨을 누린다. 무엇보다도 에니어그램의 기본 유형에 대한 깊은 이해와 통찰이 선행되어야 한다. 날개에 대한 이해가 깊어지면 본능에 대한 통찰을 하게 되고, 비로소 수련이 실감나기 시작한다.

만 세 살 이후 잠재력이 3분의 1로 줄어들면서 마음이 좁아지고 이기적인 태도가 나타나다가 결국은 만 여섯 살부터 에니어그램 성격 유형이 결정된다. 만 여섯 살을 전후해서는 어린아이들이 스스로 느끼지도 못하거니와 객관적으로 관찰해도 양 날개의 차이가 거의 나타나지 않는다. 그러다가 만 여덟 살 이후부터는 양 날개의 차이가 점점 벌어지면서 불균형에 따른 편향성이 나타나기 시작한다.

기본 유형과 날개 및 본능이 위축되거나 고착된 것도 따지고 보면 모두가 상처를 입은 결과다. 우리는 그로 인해 제한과 단점, 걱정 등에 묶이거나 갇혀서 살게 된다. 그러므로 에니어그램을 터득하는 것과 상처를 치유하는 것은 서로 상부상조하는 결과를 낳는다.

날개는 에니어그램 양쪽에 있는 숫자로 지칭된다. 나의 성격 유형을 가리키는 중심점은 기본 유형이고 양쪽의 점은 부차적 유형이다. 기본 유형이 결정되는 과정에서도 부모와의 관계, 특히 애정 경험에 큰 영향을 받는 것처럼, 양 날개 곧 부차적 유형 가운데 어느 한쪽이 펴진 날개로, 다른 쪽이 접혀진 날개로 결정되는 것 역시 부모와의 관계가 크게 작용한다.

에니어그램이란? 17

< 유아기 기원 >
Enneagram of Childhood Origins

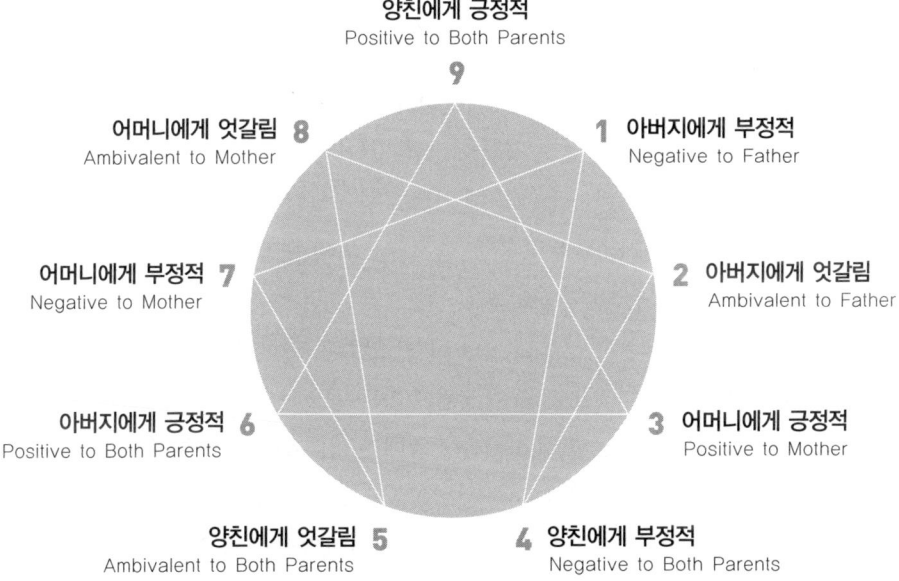

에니어그램 유형을 확인하는 과정에서 우리는 몇 가지 기본 단계를 거치면서 자기를 발견하게 된다. 에니어그램에 관한 기초적인 이해를 바탕으로 먼저 나의 어린 시절을 떠올린다. 대개 9번 유형은 어린 시절을 잘 기억하지 못하는 경향이 있다. 갈등을 피하려는 성향이 강한 9번 유형은 지난 일의 아픈 상처를 기억하지 않으려는 성향이 습관화되고 양식화됐기 때문이다. 그러나 그들도 스토리텔링이나 다른 연상 작용을 통해 어린 시절을 기억해 낼 수 있다. 특히 사건을 중심으로 경험을 이야기하면 도움이 된다. 만 여섯 살을 전후해 경험한 것을 기억을 더듬어 이야기하는 것에서 출발한다. 야단을 맞거나 혼난 경험도 있을 것이고, 길을 잃어버리거나 부모가 안 계신 밤중에 깨어나서 놀란 경험도 있을 것이다. 가장 좋아하는 것을 선물로 받거나 바닷가에 갔을 때 기쁘고 즐거웠던 경험을 떠올릴 수도 있다. 그때에 양쪽 부모 또는 한쪽 부모와의 애정 경험이 어떠했는가를 기억하는 것이 중요하다.

반복되는 습관적 경험보다 단 한 번 있었던 일이지만 자주 생각나거나 기억에 떠오르곤 하는 경험이 아주 중요하다. 예를 들면, 유아기 기원을 이야기할 때 6번 유형 중에는 아버지를 무서운 분으로 기억하지만 왜곡된 기억의 혼선으로 실제 무서운 것 이상으로 과장되게 생각하는 경우가 있다. 그리하여 아버지와의 관계가 좋은 6번 유형이 엄한 아버지를 경험하는 1번 유형으로 오판되는 것이다. 일생에 단 한 번 아버지에게 매를 맞았더라도 그 경험이 두고두고 의식적, 무의식적으로 작용해 1번 유형으로 자라는 경우도 있다. 이유는 기억이 안 나지만 몹시 매를 맞은 경험이 있고, 그 뒤로는 아버지 얼굴만 보면 그때 생각이 나서 긴장을 한다. 그래서 매사에 반듯하게 하고, 바르게 하고, 야단맞지 않으려고 애쓴 결과 1번 유형의 성격으로 살게 된 것이다.

　우리는 유아기 기원을 어린 시절 경험과 연관해 기억해 내는 것을 시작으로 자기 성찰을 하게 된다. 먼저 자신이 기피하는 것이 무엇인가를 알아내야 한다. 아홉 가지 유형에 따라 각기 싫어하거나 기피하는 것이 있다. 그다음에 자신의 격정에 사로잡혔을 때, 감정이 어떻게 표현되는가를 살펴야 한다. 이는 우리가 흔히 말하는 것처럼 '욱'할 때 나타나는 특징이라 할 수 있다. 몹시 화가 났을 때 참다 참다 더 이상은 못 참겠다고 감정이 폭발할 때 나타나는 감정 상태를 살피는 것이다.

　에니어그램에서 만 여섯 살 때 성격이 확정된다고 말하는 까닭은 다음과 같은 양상을 공통적으로 경험하기 때문이다. 첫째, 태어나서 부모의 양육을 받는 과정에서 부모가 아무리 잘 돌봐도 사람은 누구나 상처를 입는다. 둘째, 어린아이는 본능적으로 사랑받기 위해 애쓰면서 자기 생명과 안전을 지키려는 노력을 하고, 이것이 성격으로 발달한다. 셋째, 모든 사람은 어릴 적부터 자기 생존과 방어를 위한 전략을 세운다. 예를 들어 보자. 어린아이들은 자기가 원하는 것을 얻기 위하여 울든가, 떼를 쓰고 악을 쓰든가, 모르는 척 시치미를 떼든가 하면서 자기 나름대로 길을 찾는다. 생존을 위한 이런 전략은 다른 한편으로는 그 사람이 지니게 되는 '숨은 격정'이나 강박충동으로 자라난다. 넷째, 어린 시절에 자기 생존과 방어 전략이 세워지면, 아무리 나이를 먹어도 마음속에서는 그 여섯 살짜리가 들어앉아 살면서 세상과 사람들에게 반응한다. 그러면 다음의 아홉 가지 유형 중에서 당신의 어린 시절은 어떠했는지, 나름대로 헤아려 보자.

> **1번 유형** : 나이에 비해 책임감이 크다. 기대 이상으로 일 처리를 잘한다.
>
> **2번 유형** : 또래 친구나 자매들을 돌봄으로써 어른들의 관심을 끈다.
>
> **3번 유형** : 모든 일에 항상 자신이 앞서야 하고 모두 자기를 좋아해야 한다.
>
> **4번 유형** : 민감하고 상상력이 풍부하다. 아웃사이더로서 외로움을 잘 탄다.
>
> **5번 유형** : 외딴 섬처럼 혼자 떨어져서 책 읽기를 좋아하고, 선생님이나 어른들에게 질문이 많다.
>
> **6번 유형** : 또래들의 압력에 민감하고, 규칙에 순종하면서도 불안하고 심하면 반항한다. 겁이 많다.
>
> **7번 유형** : 활기차고, 말이 많고, 친구들에게 인기가 높고, 독창적이다.
>
> **8번 유형** : 일찍이 독립심을 보이며, 지휘 통솔력을 발휘한다.
>
> **9번 유형** : 조용한 아이여서 말썽을 일으키지 않는다. 사람들의 눈에 잘 띄지 않는 경향이 있다.

누구나 이 아홉 가지 성격 유형 가운데 하나에 해당한다. 에니어그램에는 과거와 현재와 미래를 무대로 살아가는 모든 인간형이 함축되어 있다. 에니어그램은 가슴 벅찬 인성 지도이며, 이를 어떻게 들여다보고 활용할지에 따라 엄청난 보물창고가 될 수도 있다.

에니어그램이란? 21

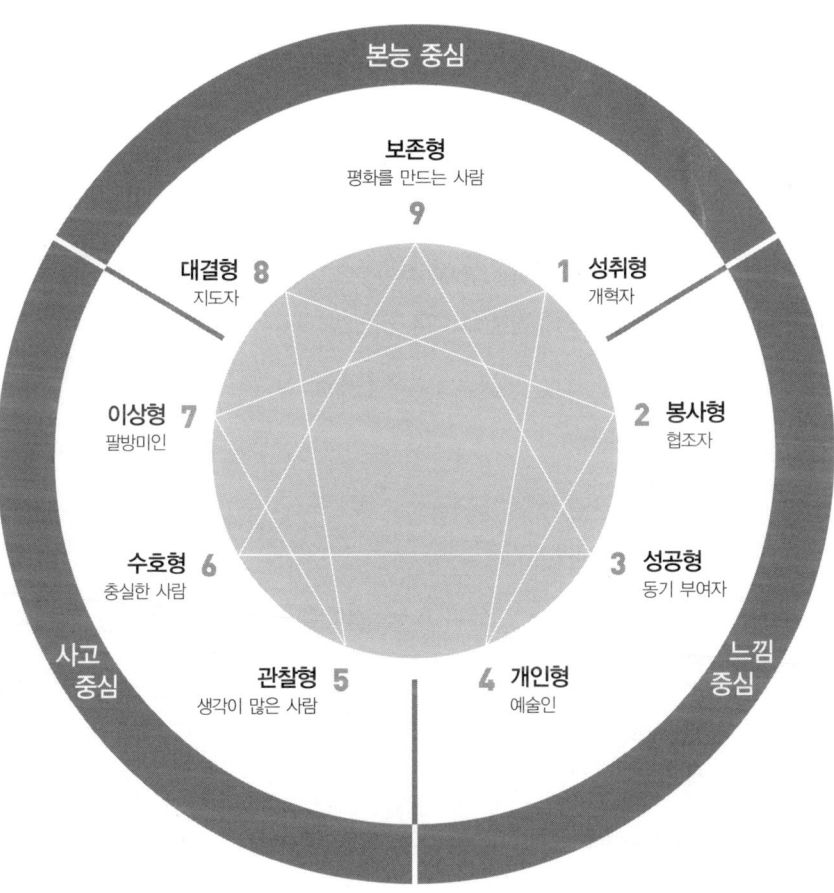

1번 유형(개혁자)은 합리적이고, 원칙적이고, 규율적이며, 독선적인 면이 있다.

2번 유형(협조자)은 다른 사람을 잘 돌보고, 관대하고, 집착이 강하고, 조작적인 면이 있다.

3번 유형(동기 부여자)은 각색(脚色)해서 적용을 잘하며, 야심이 많고, 이미지 지향적이고, 적개심이 있다.

4번 유형(예술인)은 직관적이고, 개인주의적이고, 자기 스스로에게 깊이 빠지고, 의기소침할 때가 많다.

5번 유형(생각이 많은 사람)은 지각력이 뛰어나고, 독창적이고, 도발적이고, 별나다.

6번 유형(충실한 사람)은 참여적이고, 책임적이고, 방어적이며, 걱정이 많고 불안하다.

7번 유형(팔방미인)은 열광적이고, 성취욕이 강하고, 좀 과도하며, 광적인 면이 있다.

8번 유형(지도자)은 자신만만하고, 결단력이 있고, 지배적이고, 대결적이다.

9번 유형(평화를 만드는 사람)은 수용적이고, 낙관적이고, 평정을 유지하며, 고집스럽다.

	유형	특성	기피하는 것	격정	함정	변환	덕목
1	개혁형	완전주의자	분노	분노	완전	성숙	평정
2	봉사형	협조자	필요	자랑	봉사	은총	겸손
3	성공형	지위 추구	실패	기만	성공	하늘의 뜻	신실
4	개인형	예술인	평범	시기	진정성	하늘과의 일치	침착
5	관찰형	사색가	공허	인색	지식	섭리	초연
6	수호형	충실한 사람	일탈	공포	안전	하늘을 의지함	용기
7	이상형	팔방미인	고통	탐닉	이상주의	창조에 동참	맑은 정신
8	대결형	지도자	약점	정욕	정의	뜨거운 동정심	소박
9	보존형	화해자	갈등	나태	자기 비하	무조건적 사랑	근면

에니어그램에 의해 자기 성격 유형을 발견하려고 할 때 무엇보다 먼저 분명히 살펴야 할 점은 자기 자신의 단점을 확인하는 것이다. 어느 유형이든 본능적으로 기피하고 싶어 하는 숨은 격정이 있기 마련이고, 조건이 갖추어지면 이 격정이 폭발해 자기 자신을 해치거나 심지어는 파멸로 몰아넣기까지 한다. 누구에게나 습관적으로 쉽게

빠져드는 함정이 무엇인가를 정확히 짚어서 확인하는 것이 아주 중요하다.

　성격 유형에 따른 '숨은 격정'이란 그 유형이 가장 '기피'하는 것이기도 하다. 예를 들면, 1번 유형은 분노를 기피한다. 완전주의를 지향하다 보니 불만족이 많고, 불만족으로 인해 화가 잘 나지만, 화를 내는 것은 완전한 일이 아니므로 그것을 회피하려고 참다가 결국에는 폭발하곤 한다. 이것이 1번 유형의 숨은 격정이다. '완전'하게 되기를 원하지만, 원하는 대로 잘 안되니까 자신에게나 주변 사람들에게 화가 나는 것이다. 1번 유형은 하나님 한 분밖에는 누구도 완전할 수 없다는 것을 깨닫고 '완전'이라는 개념을 '성숙'으로 바꾸어야 한다. 이것이 에니어그램에 알맞은 회개이자 변환이다.

　자기 발견의 길에 들어서는 사람은 누구나 자신을 알기 원한다. 그래서 성격 유형을 찾지만, 이와 더불어 가장 먼저 해야 할 일은 자신의 강박충동이 무엇인지를 살펴서 아는 것이다. 강박충동은 우리를 강제하는 힘이다. 자신의 의지나 생각과는 달리 자기도 모르게 행동하게 하는 힘이다. 강박충동은 자신의 단점과 밀접한 관계가 있다. 에니어그램은 자신의 강박충동을 확인하는 데서 시작되고, 강박충동은 자신의 단점을 재확인하는 데서 시작된다.

　단점과 장점은 하나로, 동전의 양면과 같다. 우리 각자가 받은 은사(charisma)와 독특성 또한 우리의 장단점과 따로 떼어 놓을 수 없다. 장단점의 명암이 종합되어 독특성을 이루고, 또 은사를 나타내기 때문이다. 이런 과정과 역동성을 한마디로 표현한 말이 passion이다. '열정'과 '열애'를 뜻하는 이 단어는 성서에서는 예수가 당한 '수난'을 의미하고, 에니어그램에서는 성격 유형이 내포하고 있는 '숨은 격정'을 의미한다. 장단점이 하나인 것처럼, 그 사람이 가장 열정적으로 품고 있는 요소가 곧 그 사람의 숨어 있는 격정이 되어 함정이 되기도 한다는 사실에 주목해야 한다. 격정은 열정과 에너지의 오용과 남용에 기인한다.

좋은 뜻이든 나쁜 뜻이든 힘은 열정에서부터, 강박충동에서부터, 격정에서부터 솟아나온다. 그 방향을 어떻게 조절하느냐에 따라 힘의 성격이 달라질 뿐이다. 방향을 잘 조절하면 창조적인 힘이 될 것이요, 어긋나면 파괴적인 힘이 될 것이다.

격정도 마찬가지다. 격정 자체가 좋거나 나쁜 것은 아니다. 격정을 다루는 법을 배우고 익히는 것이 중요하다. 격정을 바르게 다루면 격정은 복이요, 스승이다. 그것도 위대한 스승이다. 우리는 격정에서 우러나오는 큰 힘을 이용해 삶을 더 풍요롭고 자유롭게 구가할 수 있다.

분명히 해 둘 것은, 에니어그램의 아홉 가지 성격은 정도의 차이가 있을 뿐 보편적으로 누구에게나 있을 수 있는 특성이라는 점이다. 다만 그 가운데 어느 한 성격 유형의 특징이 다른 여덟 가지 성격보다 두드러지게 나타나느냐가 그 사람의 유형을 결정한다.

이때에 가장 두드러지게 나타나는 면이 바로 '격정'이다. 각 유형별로 보면, 누구나 화를 내지만, 1번 유형은 다른 여덟 가지 유형에 비해 화를 더 잘 낸다. '분노'가 1번 유형의 아킬레스건이다. 2번 유형은 남이 필요로 하는 일을 발견하고 도와주면서도 그 일을 은근히 '자랑'한다. 자랑하고 싶은 마음만 소화되어 겸허해질 수 있다면 성자가 되는 것도 가능하다. 3번 유형은 남보다 잘 나서려는 마음이 앞서기 때문에 타인은 물론 자기 자신까지 '기만'하면서 1등을 하거나 성공의 범주에 들고 싶어 한다. 4번 유형은 독특함을 추구한 나머지 자기에게 없는 것이 남에게 있을 때 '시기'심을 드러낸다. 5번 유형은 내면의 허기 때문에 지식과 정보를 추구하지만, 그것을 지켜야 한다는 생각에 자기도 모르게 '인색'해진다. 6번 유형은 충실하게 살면서도 밑바닥에는 불안한 심리가 도사리고 있기 때문에 '두려움'이 격정으로 나타난다. 7번 유형은 끊임없이 만족을 찾아 어딘가에 푹 빠지곤 하는 '탐닉'이 격정으로 나타난다. 8번 유형은 격정이 '정욕'으로 나타난다. 남에게 강하게 보여야 한다는 생각이 지배적이기 때문이다. 9번 유형은 격정이 '나태'로 나타난다. 갈등을 두려워해서 피하려고 하므로, 가만히 앉아서 해결되기를 바라는 쪽으로 마음이 쏠리기 때문이다.

아홉 가지 격정 중에서 하나를 선택해서 다른 여덟 가지 격정보다 자신에게 더 뚜렷한 성질임을 확인하면 자기 유형을 알 수 있다. 신기한 점은 다들 처음에는 헤매다가도 일단 하나를 분명히 발견하고 확인한 뒤에는 그것이 자기의 것임을 명백히 알고 확신하게 된다는 사실이다.

격정과 강박충동은 어릴 적에 입은 상처에서 비롯된다. 어릴 적에 입은 상처로 말미암아 생기게 된 일종의 방어기제다. 격정은 우리들 속에 숨어 있었던 여섯 살짜리가 불만을 품고 앞뒤 가리지 않은 채 자기 자신을 드러내는 것이다. 겉사람의 나이가 몇이든 그것은 아무 상관이 없다. 사람 속에 있는 본능과 지성, 감성의 상호작용이 제대로 이루어지지 않고 견제와 균형이 깨져서 난조를 보이면, 여섯 살 무렵에 형성된 숨은 격정이 표출되는 것이다. 이렇게 걸림돌이나 함정이 되는 격정을 어떻게 뜀틀이나 도약대로 변화시킬 수 있을까?

첫째, 격정을 붙잡아라. 격정을 부정하지도 말고, 그런 것이 없는 것처럼 가장하지도 마라. 도망칠 생각도 하지 마라. 너무 빨리 없애려 하지도 말고, 판단하지도 말고, 있는 그대로 현실을 받아들여라. 야생마는 고삐를 꼭 붙잡고 있어야 하는 것처럼, 격정의 고삐를 놓치지 말고 꼭 붙들고 있어라. 길길이 뛰더라도 고삐를 놓쳐서는 안 된다. 얼마쯤 그런 상태를 유지하다 보면, 서서히 격정의 야생마를 부릴 수 있게 된다.

둘째, 관찰하라. 그것이 어떤 모양인지, 어떤 색깔인지, 목표는 무엇인지 등을 똑바로 바라보라. 오랫동안 살피고 연구하라. 에니어그램은 자기 관찰이 밑바탕이요 토대가 된다. 자기 관찰의 출발점이자 핵심은 자신의 격정을 관찰하는 데에 있다. 전에는 멋모르고 격정을 터뜨리면서 화를 내거나 싸우거나 사고를 냈을지 모르지만, 자신의 격정을 확인한 다음부터는 그것을 면밀하게 관찰하기 시작하라. 격정이 어디서 와서 어디로 가는지를 지켜보라. 내가 왜 이런 식으로 행동하는가, 내가 왜 화가 나서 격분하는가, 내가 왜 이런 판단을 내리는가……. 이런 관찰을 되풀이하며 집중해서 자기 자신을 지켜보는 수련을 거듭하다 보면, 스스로를 객관적으로 바라볼 수 있게 된다. 이것이 숙달되면 나중에는 인성과 자신의 진정한 본성 사이에 간격을 두고 자신을 지켜볼 수 있는 능력이 생기고, 그럼으로써 '조기 경보 체제'를 가동시킬 수 있게 된다.

셋째, 격정 속에 있는 최선의 힘을 믿어라. 격정 속에는 기막힌 힘이 있고, 그 힘은 아름다운 창조적 힘으로 작용할 수 있다. 끓어오르는 격정을 그대로 지켜보면서 충분히 오랫동안 관찰하면, 무엇인가 불편하게 느껴지던 것이 슬며시 빠져나가는 것을 알아차리게 된다.

이와 반대로, 격정 속에 있는 힘을 달리 생각할 수도 있다. 도무지 살기가 귀찮은 듯이 모든 것을 하기 싫어 하고 체념한 것 같은 사람도, 누가 자존심을 상하게 하든지 해서 숨어 있는 격정을 불러일으키면, 순간적으로 무서운 힘을 드러내는 모습을 본 경험이 있을 것이다. 격정과 열정이 강박충동을 조절해 마음속에 있는 상처 받은 어린아이를 달래고 나면, 거기서는 미움과 공격성에서 나오는 힘이 아니라 사랑과 협력의 힘이 표출된다. 격정은 공격적이거나 파괴적인 힘으로 나타나기 쉽지만, 그 속에 있는 최선의 힘을 믿고 인내심과 여유를 갖고 관찰을 계속하노라면, 아름답고 놀라운 창조적 힘이 우러나온다.

에니어그램의 기본 유형이 유아기에 부모와의 관계에 영향을 받아 형성되고 결정되는 것과 마찬가지로 부차적 유형, 즉 날개 또한 부모와의 관계에서 결정적인 영향을 받는다. 이는 이론적으로나 임상적으로 똑같이 관찰된다.

격정이나 본능도 기본 유형의 잠재적인 에너지가 어느 방향으로 쓰이며 표현되느냐에 따라 결정된다. 격정은 그 자체가 잠재력의 오용이나 남용, 또는 미사용 내지 과소 사용에 의한 것이다. 격정에 사로잡힐 때 드러나는 현상처럼 본능의 조화가 깨지면서 잘못 표출될 때도 마찬가지다. 본능의 부조화는 퇴화, 불건강, 혹은 미숙으로 나타나고, 실제로는 스트레스, 공포, 불안, 우울증이나 노이로제, 폭력 등으로 나타나기 때문이다.

본능은 세 가지로 분류된다. 자기 보존 본능(self-preserving instinct), 사회적 본능(social instinct), 성적 본능(sexual instinct)이 그것이다. 일상적으로는 이 셋 중에 둘이 함께 작용해 나타나는 반면, 나머지 한쪽은 비활동적이다. 자기 관찰과 기억을 통해 이를 예의 주시할 필요가 있다. 클라우디오 나란호(Claudio Naranjo)는 이렇게 말했다. "자기 보존 본능은 배에서 일어나고, 보호와 관계가 있다. 사회적 본능은 혀에서 일어나고, 인정 욕구로 작용한다. 성적 본능은 생식기에서 일어나고 성욕이나 오이디푸스적인 문제로 끌린다."

세 가지 본능이 고르게 쓰이고 균형 잡히면, 격정은 덕목으로 변화한다. 어떤 상황이나 필요에 따라 적절하게 또는 완벽하게 행동하며 처신하게 된다. 그리고 변화와 성숙을 향해 갈 수 있는 내면의 에너지를 가동시킬 수 있다.

그러나 이런 균형은 극히 드물다. 보통 어느 한쪽은 훼손되거나 상해 있기 때문에 거기에 집중하는 것이 필요하다. 따라서 본능적 불균형을 다루느라 쓰이는 에너지가 결국은 자신의 고착(fixation)을 극복하고 변화 지향적으로 나아갈 에너지를 감소시킨다. 본능적 욕구는 '동물적 본성'을 더 잘 나타내기 때문에 생존 욕구로 작용하고 표현된다. 여기에는 인간적 본능도 내포되어 있기 때문에 이 두 가지 본성이 합쳐져서 '거짓 인성'을 만든다.

에니어그램 유형 아홉 가지를 세 종류의 중심으로 나누어 보면 8번 유형, 9번 유형, 1번 유형은 장(腸) 중심으로, 관계와 행동 중심 유형이다. 2번 유형, 3번 유형, 4번 유형은 가슴 중심으로, 감정 중심 유형이다. 5번 유형, 6번 유형, 7번 유형은 머리 중심으로, 생각 중심 유형이다(21쪽 그림 참조). 어느 유형이든 세 종류의 중심 사이에는 특징적인 불균형의 양식이 나타난다. 예를 들자면 스트레스를 받는 상황에서 8번 유형, 2번 유형, 5번 유형은 과용되어 지나치게 표현되는 쪽이, 9번 유형, 3번 유형, 6번 유형은 억제되거나 단절된 쪽이, 1번 유형, 4번 유형, 7번 유형은 부족할 정도로 조금 사용되거나 마치 위축된 듯이 사용을 잘 안 하는 쪽이 있기 마련이다.

에니어그램의 성격 유형에는 기본 유형에 따르는 기본적인 격정이 있다. 펼쳐진 날개, 곧 활동적인 날개에 따르는 부차적인 유형과 부차적인 격정이 있다. 그리고 접혀진 날개, 즉 비활동적인 날개와 거기에 따른 소극적인 격정이 있다. 세 가지 본능 가운데 어느 두 가지가 강하고 어느 한 가지가 약하느냐에 따라 다양한 변주곡이 등장한다. 더욱이 변화 과정에서 어디쯤 가고 있는지, 건강 수준은 어느 정도인지에 따라 다양한 삶의 모습이 나타난다.

이런 현상이 나타나는 것은 생각과 느낌, 행동과 본능의 조화와 균형이 이루어지지 않은 상황에서는 무엇보다 본능이 먼저 빠르게 작용하기 때문이다. 그러나 이런 부조화와 불균형을 알고 자기 관찰과 자기 기억을 게을리하지 않으면 피차의 격정과 본능을 이해하면서 조화와 균형을 이루어 나가기 때문에 스스로 건강하고 자유로운 사람이 될 뿐 아니라 서로 큰 도움을 줄 수 있다. 모름지기 자기를 알고 에니어그램과 격정을 이해하면, 각자의 개성을 살리면서도 통합의 방향으로 나아갈 수 있다.

프랑스어 blessure는 '상처'라는 뜻과 함께 '복'이라는 의미 또한 담고 있다. 상처를 어떻게 대하며 치유하고 극복하는가에 따라 상처가 복이 될 수도 있기 때문에, 언뜻 '상처'와 '복'이라는 상관없어 보이는 두 의미가 한 단어 속에 들어가게 된 것이다. 어려운 조건과 환경 속에서 사는 사람들은 그것을 이겨 내고 더 질 좋은 삶을 영위하고자 끊임없이 노력하는데, 그 결과 찬란한 문명과 문화가 창출되는 것과 같다.

상처는 우리를 더 좋은 삶으로 향하게 하는 디딤돌이나 뜀틀이 될 수 있다. 상처가 복이 되는 것이다. 상처를 발견하고 그것을 끌어안으면 그것은 곧 격정이나 강박충동을 끌어안을 수 있는 힘이 되고, 그 결과 '땅 속에 묻힌 보화'를 얻게 된다. 상처에도 '불구하고'가 아니라 상처 '때문에' 성취하는 사람이 된다.

자기 발견의 길을 꾸준히 가면서 상처 때문에 나타나는 반작용을 관찰하고 그와 관련된 감정이나 정서를 객관적으로 바라볼 때, 상처가 치유되기 시작한다. 상처가 복이 되려면, 상처 입은 과정과 그 결과에 대한 깊은 이해가 있어야 한다. 특히 어릴 적에 입은 상처에 대해서는 기억을 더듬으며 그것이 훗날의 삶에 어떤 그림자를 드리웠는지 곰곰 되새기지 않으면 안 된다. 어린 시절에 입은 상처를 이야기하면서 되살리고 되짚어 볼 때, 그 상처에 대한 기억이 선명해지면서 그것이 오늘날 나의 격정의 원인이요, 반작용이나 방어기제의 뿌리가 되었음을 확인할 수 있다.

'난생 처음 받은 상처'를 이야기하거나 영성을 찾아가는 인생행로를 이야기하는 데에는 아픔과 괴로움이 묻어나기 마련이다. 하지만 상처를 치유하기 위해서는 먼저 드러내야 한다. 드러내지 않은 상처는 더욱더 치유하기가 어렵다. 생각하고 싶지도 않고 잊어버리고 싶은 상처일수록 더 깊이 들여다볼 필요가 있다. 외면할수록 상처에서, 문제에서, 실수와 잘못에서, 그로 인한 곤란과 역경에서 도망칠 길이 요원하기 때문이다. 용기를 갖고 통찰하면, 그러한 실수와 잘못을 다시는 반복하지 않을 실마리를 찾을 수 있다. 사람은 누구나 성격이 변화되기를 원한다. 그러나 우리가 여기에서 명심해야 할 점이 있다.

첫째, 성격 변화는 수평 이동으로 이루어지는 것이 아니다. 만 여섯 살에 확정된 에니어그램 유형이 다른 유형으로 바뀌지는 않는다. 기본 유형은 한번 확정되면 죽을 때까지 그대로 간다. 격정은 만 여섯 살 전후로 성격 유형이 확정되면서 고착되어 평생 계속된다. '세 살 적 버릇이 여든까지 간다'는 말이 딱 들어맞는다. 나이 먹으면서 지식과 모양, 신앙에 따라서 조금씩 변하는 것 같고, 차이가 있는 듯하지만, 격정은 어김이 없다. 간단히 말하자면, 누구라도 "격정에 사로잡히면 무익하다(No good if a passion is in you)"라고 한 윌리엄 블레이크(William Blake)의 말이 적중한다. 그러나 그는 덧붙여 이렇게 말한다. "격정을 사로잡으면 유익하다(To be in a passion, you good may do)."

둘째, 성격 변화는 그래도 가능하다. 수평 이동은 아니더라도 수직 이동은 가능하기 때문이다. 구제의 가능성이 여기에 있다. 성격의 기본 유형은 바뀌지 않지만, 동일한 성격 유형에서도 건강 상태가 변화하기 때문에 성격이 바뀐다고 말할 수도 있다. 이를테면, 똑같은 성격 유형이라 할지라도 평균 상태와 건강 상태, 불건강 상태를 오갈 수 있다. 아주 건강하면 성자처럼 되고, 아주 불건강하면 정신병자나 범죄자처럼 된다. 에니어그램은 고정된 무엇이 아니라, '영구적 운동성(perpetual motion)'을 지녔으며, 누구나 연속태(continuum)로서의 성격 변화를 경험한다. 우리는 가장 건강한 1단계에서 아주 불건강한 9단계까지를 오르내리며 살아간다.

셋째, 저마다 자기 성격 유형을 발견한 뒤에는, "그다음에는 어떻게 해야 한다는 말인가?" 하고 묻는다. 우리가 흔히 성격이라고 말하는 인성 유형은 따지고 보면 진정한 '나'가 아니다. 이는 거짓 인성이다. 그러므로 이것과 자기 자신을 동일시하는 것은 그다음 단계로 나아가기 위한 과정일 뿐이다. 이는 '참된 나'를 찾고 본성을 되찾기 위한 첫걸음이지만, 대단히 중요한 첫걸음이다.

자기 발견의 과정에서 자신의 성격 유형을 알았다고 해서 그것을 스트레오 타입(stereo type)으로 이해하거나 취급하는 것은 지극히 위험한 일이다. 누구라도 성격 유형을 발견하고 에니어그램을 파악할 때는 그 사람의 단점이나 약점, 격정이나 강박충동을 확인하게 되기 때문에 어떤 사람을 어느 유형이라는 고정관념으로 이미지를 굳히는 것은 그를 그의 단점이나 강박증에 붙들어 매는 격이 된다.
 자신의 성격 유형을 발견하고 확인(동일시)하는 것은 초기의 경과 조치 정도로 생각할 필요가 있다. 이렇게 나와 내 성격을 동일시한 다음에는 거기에서 떠나는 과정이 필수적이다. 나의 성격이 진정한 '나'가 아닐진대 거짓 인성으로서의 내 성격과 나를 동일시하는 것은 진정한 나를 찾아 나서는 관문에 들어서는 것일 뿐, 거기에 계속 머무는 일은 멈춰야 마땅하다.
 자기의 현재를 아는 것은 '참 나'를 발견하고 본성을 회복하고자 함에 있다. 그래서 에니어그램의 과정은 다음의 단계를 거친다. 첫째, 나의 에니어그램을 확인하는 과정을 '동일시(identify)'라고 한다. 둘째, 그다음에는 참된 나 자신과 나의 성격은 동일한 것임이 아님을 발견하고 거리를 두기 시작하는데, 이를 '비동일시(dis-identify)'라 한다. 셋째, 마지막으로 우리는 헌 옷을 벗고 새 옷으로 갈아입듯이 옛 사람을 벗어 던지고 참된 나를 찾고 본성을 되찾는 길에 나서게 된다. 이를 두고 '회복(restoration)'이라 한다.
 이렇게 해서 우리는 역동성과 연속태 안에서 끊임없이 변화를 추구하고 또 이루어 내면서 영성을 찾아가는 여행을 한다. 동일시, 비동일시, 회복으로 가는 과정이 치열할수록, 의식적 노력과 자발적 고난이 심대할수록, 우리가 참된 본성에 안기는 기쁨 또한 심대해질 것이다.

에니어그램, 통전적 영성의 길

 '참 나'를 찾아가기 위해서는 자기 수련이 필요하다고 하는데, 그렇다면 왜 자기 수련이 필요한가? '격정'이라는 짐 때문이다. 이는 죽을 때까지 끈질기게 붙어 다니는 족쇄 같은 것이다. 에니어그램 수련은 하면 할수록 더 유익하다. 편안해지고, 힘이 나며, 자유롭고, 안정이 된다. 아는 만큼 수련에 힘이 붙는다. 자기 자신을 알고 격정을 다스리는 만큼 자기 자신 또한 다스릴 수 있다. '너 자신을 알라!', '아무것도 무리하지 마라!' '매사를 스스로 검증하라!'는 격언을 명심하며, '자기 자신을 다스리는 사람은 세상을 다스린다'는 뜻을 터득하게 된다. 누구나 덕목을 살리면, 각자 내면 속에 숨어 있는 '잠재력'을 끌어내서 살릴 수 있다.

신약성경을 보면 바울이 절묘한 답을 말한다. "나는 내가 원하는 선한 일은 하지 않고, 도리어 원하지 않는 악한 일을 합니다. 내가 해서는 안 되는 것을 하면, 그것을 하는 것은 내가 아니라, 내 속에 자리를 잡고 있는 죄입니다(로마서 7:19~20)". 이 죄가 바로 에니어그램에서 말하는 격정이다.

격정이 일상에서 어떻게 작용하는지는 잠시만 멈춰서 생각해 보면 누구나 금세 알 수 있다. 스스로 좋다고 생각하는 독서나 운동, 공부는 잘하려고 마음만 먹지 실천하기는 힘들다. 모처럼 마음먹고 시작은 해도 작심삼일이다. 결국 포기하고 좌절한다. 이와 반대로, 단단히 마음먹고 안 하겠다고 다짐하는 담배, 술, 폭식이나 게임 같은 것은 오히려 더 하게 된다. 스스로 의지도 결단력도 부족하다고 탓하며 움츠러든다. 결국 우리는 습관대로 살면서 격정의 노예 아니면 꼭두각시가 된다.

격정을 모르면 자동인형이나 습관적 동물, 기계적 인간처럼 살 수밖에 없다. 의지는 말뿐이고, 심지어는 말도 생각 없이 하거나, 말하고 나서 생각하기 일쑤다. 대개 생각과 의지보다는 본능과 감정이 앞설 뿐 아니라 지성과 조화를 이루지 못하기 때문에 자신의 능력은 물론 잠재력을 잘 살리지 못한다. 따라서 격정이 열정과 에너지의 오용이나 남용의 결과라는 사실을 자신도 모르게 입증하고 만다.

인성은 본성을 에워싸고 있는 껍질과 같다. 겉사람인 인성은 능동적이어서, 생각을 하지 않더라도 기계처럼 습성과 타성에 의해 잘도 나선다. 여기에 비해 속사람인 본성은 수동적이다. 본성은 의도적으로 끌어내지 않으면 수면 밑에 가라앉듯이 흔히 말하는 무의식 속에 잠겨 있다. 본성과 인성의 이런 양극성을 역전시켜 변화해야 한다. 본성은 능동적으로, 인성은 수동적으로 바꿔야 한다.

자기 관찰을 다른 말로 표현하자면 '자기 객관화' 또는 '자기 초연' 과정이라 할 수 있다. 이는 자기 지식과 세계 지식, 자기의식과 세계의식, 주관과 객관 사이에서 균형을 잡기 위한 노력이다. 구르지예프가 말하는 네 번째 수준의 인간, 즉 조화와 균형이 이루어진 인간이 되는 길을 찾는 것이다.

본능에 의해 사는 첫 번째 수준의 인간, 감정에 치우치는 두 번째 수준의 인간, 감정은 메마른 채 생각과 지식만 앞세우는 세 번째 수준의 인간을 뛰어넘어 본능과 행동, 감성과 지성의 조화와 균형을 이루어 나가는 네 번째 수준의 인간을 향해 수련하는 과정에서는 자기 관찰이 무엇보다 중요하다. 행동, 느낌, 생각이 조화와 균형을 이루면, 격정의 포로가 되는 것이 아니라 오히려 격정을 포로로 사로잡을 가능성이 그만큼 높아진다.

에니어그램을 인간의 성격 파악이나 성격의 개발 도구로만 활용한다는 것은, 수박 겉핥기처럼 사실은 아무것도 하지 않는 것이나 마찬가지다. 의식 수준이 잠자는 상태를 벗어나지 못하거나 자아의 감옥에서 포로 상태를 벗어나지 못하면서 성격 발달을 논해 봐야 여전히 잠자는 상태나 포로 상태 안에서 미로를 헤맬 수밖에 다른 도리가 없기 때문이다.

그러므로 에니어그램은 성격심리학의 범주 안에서가 아니라 영성심리학의 체계로서 배워야 하며, 궁극적으로는 하나님의 형상을 회복함으로써, 즉 '참 나'를 회복함으로써 인간의 본성을 회복하는 것을 목표로 삼아야 마땅하다.

에니어그램은 자기를 알고 세계를 아는 데에서 더 나아가 영성을 추구한다. 에니어그램은 그러기에 본래적 자아를 회복하는 길이요, 그래서 조화와 균형 속에서 통합을 이루는 인간의 본성을 되찾는 데에 그 목적이 있다.

성서적 관점에서 볼 때, 영성은 그리스도인이 하나님을 알고, 하나님을 체험하고, 그 체험을 말로나 행동으로 표현하고, 그 표현을 성숙시키는 삶의 길을 가리킨다. 그리스도의 이미지를 회복하며 살아야 할 사람으로서, 성령 안에서 변화와 성숙의 과정을 거쳐 '그리스도의 완전'에 이르기까지 온전함을 지향하는 삶을 영성적인 삶이라고 할 수 있다.

영성신학의 표현을 빌리자면, 신자는 그리스도 안에서 새 사람으로 형성되어야 하고, 마찬가지로 그 신자 안에서 그리스도가 형성되어야 한다. 교회력으로 보자면, 그리스도 예수는 성탄절에 태어나 현현절에 세례와 봉헌을 거쳐 세상 가운데 나타났고, 그 이후 공생활을 했으며, 사순절에 수난을 당했고, 십자가에 달려 죽었다가 부활했다. 이 모든 과정이 신자의 내면에서부터 구체적인 삶의 모습으로 재현되고 재형성되어야 온전한 영성적 삶이라 할 수 있다.

그리스도인의 신앙과 생활양식이 이와 같이 통전적(通全的)으로 다듬어져서 하나님과의 관계를 심화하고, 하나님의 현존 안에서의 삶을 민감하게 의식하며, 실존적으로 살아가는 것을 포괄적으로 '영성'이라 한다. 그래서 그리스도를 통전적으로 닮아 가기 위한 모든 노력을 현실 속에서 이어지는 그와 같은 의식적인 노력과 자발적 고난을 포함해 온전함의 영성이라 한다.

인간 이해와 관계의 증진 측면에서 말하자면, 에니어그램은 어떤 것보다도 근원에서부터 접근한다. 인간관계의 궁극은 평화다. 가장 적극적인 개념으로서의 평화(Shalom)는 '은혜가 충만한 상태'며 '정의가 깃든 평화'다. 이러한 평화는 나를 알고 너를 알며, 모든 것을 있는 그대로 받아들일 때 가능하다. 평화운동의 근본적인 원칙은 상호 이해, 상호 인정, 상호 신뢰, 상호 존중, 상호 협력이다. 이 다섯 가지가 평화운동의 기초가 된다. 온전한 평화를 누리려면 먼저 감정이입, 즉 공감대가 형성되고, 가치관과 세계관을 공유하며, 입장의 동일함을 확인하는 과정이 이뤄져야 한다. 그래야 상호 상승하며 임시방편이 아닌 궁극적인 평화를 구가할 수 있다.

나 자신을 알면, 다른 사람을 알게 된다. 아직 다른 사람을 잘 모른다면, 그만큼 자신을 잘 모르는 것이다. 의식의 에니어그램으로 말하자면, '자기의식(self-consciousness)'은 '객관적 의식(objective consciousness)'과 조화를 이루어야 한다. 인간 상호 관계 속에서 에니어그램을 이해하고 응용하려면, 무엇보다도 초심으로 돌아가야 한다. 애초에 나 자신을 알고 진정한 자유와 건강, 행복을 이루어야겠다고 다짐했던 것처럼, 다른 사람을 앎으로써 더불어 자유와 건강, 행복을 이루어야겠다는 다짐을 새롭게 해야 한다. 그런 마음가짐으로 '관계의 에니어그램'을 배워야, '인류를 위해 사는' 큰 뜻을 자신의 가슴에서 용해시키고 실천할 수 있다. 이런 의미에서 에니어그램의 본래적인 의도를 되새겨 보자.

1. 사람을 에니어그램 유형과 번호로 인식하거나 부르지 말아야 한다.
2. 어느 누구도 에니어그램 스테레오 타입(stereo-type)으로 보지 말아야 한다.
3. 누구도 어제의 상태 그대로 머물러 있지 않다는 사실을 유념한다.
4. 오늘 지금 여기에서 만나는 사람을 이해하는 노력이 중요하다.
5. 나의 격정을 먼저 관찰하고 다루는 것이 필수적이다.
6. 상대방의 격정을 파악했다면, 이를 자극하거나 이용하지 말고 덕목으로 변화시키도록 부추기라.
7. 나의 가치관이나 세계관을 고집해 다른 사람에게도 적용하려 들거나 강요하지 말아야 한다.
8. 나 자신을 알자. 그리고 늘 자기 관찰과 자기 기억을 민감하게 행하자.
9. 그 무엇도 지나치지 말자.
10. 매사를 스스로 검증하자.

에니어그램을 배운 사람들부터 먼저 상호 관계 속에서 서로 상승시키는 것을 시범으로 보여 주며 역동적인 삶을 살아야 한다. 그래서 모두가 함께 갈 수 있는 지혜를 살리도록 해야 한다. 우리가 에니어그램을 평면적이거나 정태적(static)으로 이해하지 않고 역동적(dynamic)으로 이해할 때, 에니어그램은 영속적 운동(perpetual motion)으로서 우리 내면의 타고난 힘을 끌어올리고 활성화한다.

우리는 자기 관찰이나 주변 인물 관찰을 통해 장단점을 비춰 보며 인간에 대한 지혜를 얻는다. 그런데 자신이나 남을 관찰할 때는 주어진 시간이나 상황이 있다 보니 어느 한 측면만 보게 된다. 반면 신화나 소설, 드라마나 영화에서는 인물을 종합적으로 관찰해 인간 이해를 도모한다. 문학작품 가운데 셰익스피어의 희곡은 인물 설정에서 묘사에 이르기까지 밀도 있게 그려진다. 이런 면에서 특히 명작이라 할 만하다. 그런 작품들 속에서 사람들은 인생에 대한 가르침과 지혜를 얻는다.

성서는 문학의 토대가 된다. 성서에 나오는 인물들을 살피면 어느 작품 속에 나타난 인물들보다 현실적이다. 성서에는 비극과 희극, 동화의 주인공들이 다양하게 등장한다. 그들을 에니어그램으로 관찰하면 에니어그램 설명에 애니메이션을 덧붙이는 것 같은 효과가 난다. 우리는 이를 통해 에니어그램을 역동적으로 이해하면서 나와 너, 그리고 우리를 이해하는 지혜를 터득할 수 있다.

우리는 먼저 각자가 지닌 격정과 덕목을 살피기 위해 자신의 인성 유형을 찾아 아홉 가지 에니어그램 유형 가운데 하나를 발견하고 동일시하게 된다. 그다음 자신의 에니어그램 유형과 동일한 성서 인물들을 만나면서 자기 이해를 깊이 있게 다듬는다. 자기와 다른 유형의 인물들을 살피면서 주변 인물들의 성격도 이해한다. 아홉 가지 유형의 다양한 인물들의 성격을 이해하면 세상이 보이고, 세상 사람들을 새롭게 만난다. 장단점, 곧 덕목과 격정을 아는 만큼 사람을 이해하고 서로를 있는 그대로 받아들이면서 포용할 수 있다.

에니어그램은 자기도 모르게 영위해 왔던 습관적이고 기계적인 삶에서 벗어나 진정한 자유와 해방을 찾는 열쇠다. 에니어그램의 지혜를 터득한 사람은 나이와 성별, 지위에 상관없이 상대방을 더 너그럽게 이해하고, 있는 그대로를 받아들이며, 나와 너, 그리고 우리 모두의 최선을 끌어내는 일에 이바지한다. 그렇게 지혜를 터득한 사람이 아량과 관용, 포용력을 보이며 사랑을 실천하는 일에만 집중할 때, 에니어그램을 잘 모르는 사람이나 조금밖에 이해하지 못하던 사람도 의식의 잠에서 깨어나 자기 발견의 길로 들어서고, 마침내 더불어 자유와 건강, 행복으로 가는 길을 찾을 것이다. 이것이 바로 '조화로운 인간 발달'을 이루는 통합과 성숙의 길이다.

1번 유형

온화한
개혁가

영도자 모세
세례자 요한
사도 바울

TYPE
1

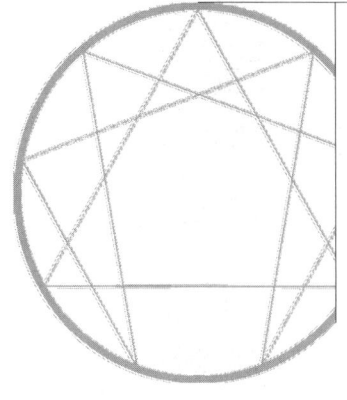

I
영도자 모세

물에서 건져 올린 모세

성서에서는 구약의 모세와 신약의 그리스도를 중심인물로 꼽는다. 정통파 유대인들은 모세를 '우리의 지도자', '하나님의 종', '예언자들의 아버지'라 추앙한다. 기독교에서도 모세를 예수와 대비시켜 지도자로 본다.

모세를 이스라엘의 구원자요, 율법의 선포자요, 메시아의 형상으로 본다. 예수 그리스도는 '새 이스라엘'의 구원자요, 율법의 완성자요, 메시아의 실체로 본다. 어느 쪽에서나 모세는 위대한 인물로 평가된다. 출애굽 사건(exodus event)의 중심인물이 모세요, 그리스도 사건(Christ event)의 중심인물이 그리스도인 셈이다.

모세가 태어난 시점은 히브리인들의 고난이 정점에 이른 위기의 시기였다. 그가 출생하였을 때 바로 왕(pharao)은 "갓 태어난 히브리 남자 아이는 모두 강물에 던지"(출애굽기 1:22)라고 명령을 내렸다. 그런데 한 여자가 갓 태어난 남자 "아이가 하도 잘 생겨서, 남이 모르게 석 달 동안이나 길렀다"(출애굽기 2:2). "더 이상 숨길 수가 없어서 갈대 상자를 구하여다가 역청과 송진을 바르고, 아이를 거기에 담아 강가의 갈대 사이에 놓아 두었다"(출애굽기 2:3).

"마침" 바로의 딸 비디아(Bithya)가 목욕을 하려고 강으로 내려왔다가 갈대 상자 속의 아기를 발견하고 "불쌍히 여기면서" 그를 데려다가 양자로 삼았다(출애굽기 2:5~6). 다행히 그 아이를 낳은 어머니는 공주의 양자가 된 자기 아들의 유모가 되었다.

"공주는 '내가 그를 물에서 건졌다' 하면서, 그의 이름을 모세라고 지었다"(출애굽기 2:10). 역사가 요세푸스(Flavius Josephus)는 콥틱어의 어원을 따라 모(Mo)는 '물', 세(uses)는 '건져 올렸다'는 뜻이라 풀이한다. 이는 '건져 냄'을 받은 사람이 '건지는' 사람이 되는 깊은 뜻을 담고 있다. '구원받은' 사람이 곧 '구원하는' 사람이 되는 뜻의 모형이다.

"세월이 지나, 모세가 어른이 되었다." 이렇게「출애굽기」2장 11절은 서술한다. 모세는 공주의 양자가 되어 왕궁에서 왕도 교육과 훈련을 받고 학식을 쌓았다.「사도행전」7장에 나온 스데반의 설교를 보면, "모세는 이집트 사람의 모든 지혜를 배워서, 그 하는 말과 하는 일에 능력이 있었"(사도행전 7:22)다고 한다. 공주의 아들일지라도 혈육은 아니므로 바로의 후계자가 될 수 없었지만 지도자 교육은 받은 셈이다.

모세의 성장 과정에서 친부모는 그림자 속에 있다. 친모는 유모 역할을 했으나 그에게 영향을 끼치거나 애정을 준 시간이 짧았다. 친부는 부재중이다. 성서에서는 누구의 아들이라 말하면서 아버지의 이름을 꼭 언급한다. 그러나 모세의 친부는 구약 학자도 잘 기억하지 못할 정도라 족보에만 나온다(출애굽기 6:20).

유아기 기원으로 미루어 보면, 모세는 친부와 부정적이거나 소극적인 관계로밖에 볼 수 없다. 친모는 유모로서 사랑을 주었겠으나 그 기간이 짧았다. 모세를 기른 공주는 왕궁의 법도를 따라 격식을 갖춘 모자 관계를 유지했기 때문에 그와는 부정적이지도 않고 긍정적이지도 않은 상태, 곧 양가적 관계라 할 수 있다.

모세는 학식 많고, 능력이 있으며, 명료하고 충성스럽다고(민수기 12:3, 7~8) 하나님께도 인정받고 사람들에게도 인정받았다. 역사가 요세푸스는 모세의 다섯 가지 덕목을 지혜, 용기, 절제, 정의, 경건으로 꼽았다. 그러나 사후에도 "이스라엘에는 모세와 같은 예언자가 다시는 나지 않았다"(신명기 34:10)고 높게 평가받는 그에게 끝까지 따라다닌 격정은 역시 '분노'였던 것 같다.

왕궁에서 광야로 간 모세

어느덧 마흔이 된 왕자 모세는 어느 날 왕궁 밖으로 나갔다가 동족들의 강제 노역 현장을 본다. 동족인 히브리 사람이 이집트 십장에게 매 맞는 것을 보고, 그는 이집트 십장을 쳐 죽여서 모래 속에 암매장했다. 분노의 격정이 터져 나온 결과였다.

이튿날 다시 나가 보니, 이번에는 동족끼리 싸우기에, 때린 사람을 제지했다. 그러자 그 사람은 "누가 당신을 우리의 지도자와 재판관으로 세웠단 말이요? 이제는 나도 죽일 작정이오?"라고 말하면서 대들었다.

바로가 이런 사실을 알고 모세를 죽이려고 찾는 바람에 모세는 피신해 미디안 땅으로 도망쳤고 그곳에서 살게 되었다. 왕자가 도망자 신세가 된 셈이다. 늘 옳은 것만 추구하던 완벽주의자가 격정에 사로잡혀 옳지 못함을 저지르고는 스스로도 많이 놀랐을 것이다. 그는 결국 왕궁에서 광야로 나가게 된다.

에니어그램 1번 유형인 모세는 평소에 완전과 정의를 추구하며 살았다. 아랫사람들은 그를 거역할 수 없으니 별 문제가 안 생겼을 테고, 웬만한 일은 시정 명령을 내리면 해결할 수 있었다. 그러나 윗사람에게 참을 수밖에 없는 처지였다. 이럴 때 1번 유형인 모세는 감정을 억제하면서 반동형성(reaction formation)이 되었다.

완전주의자는 불의와 실수를 포함한 '불완전'을 보면, 분노의 격정이 유발된다. 그러나 분노를 표출하자니 그 또한 불완전하기에 분노를 기피하며 참는다. 억제된 감정은 약한 곳으로 분출되는 속성에 따라 이집트인 노예 감독관을 쳐 죽이는 사건으로 나타났다. 한동안 왕궁에서 억제했던 격정이 분노로 표출되자 그것을 의식하게 되고, 그때부터 기피와 격정의 악순환이 시작된 것이 문제다.

앞서 말한 바와 같이 모세는 하나님도 "땅 위에 사는 모든 사람 가운데서 가장 겸손한 사람"(민수기 12:3)이라고 인정한 사람이다. 이토록 하나님 앞에서는 누구보다도 겸손하면서 자기 자신보다 약한 사람 앞에서는 하나님을 비롯한 높은 사람에게 항변하고 싶었던 것까지 억제하던 감정이 격정으로 분출된다.

1번 유형은 격정을 바로 알고 이를 다스리는 법을 배우고 익히며 수련하지 않으면, 모세처럼 왕도 교육을 받고 학식과 능력을 쌓은 사람일지라도 분노의 격정을 다루지 못하고, 그것을 의식하기 시작할 때부터 격정에 사로잡힌다. 아홉 가지 격정 중에서도 1번 유형의 격정인 '분노'는 표출될 때마다 자타가 강렬하게 느낀다는 것이 그 특징이다.

왕궁에서 살던 시기에는 평정을 유지하며 품위 있게 살던 모세였으나, 왕궁 밖에서 격정에 사로잡혀 큰 실수를 저지르고는 도망자

신세가 되면서 자책과 죄의식도 커지고 걱정을 의식하게 되었다. 그 뒤로 그는 걱정에 사로잡히면 사소한 일에도 짜증을 내거나 분노가 치미는 것을 전에 없이 경험하게 된다. 1번 유형은 이렇게 스트레스를 받으면, 특히 사회적 관계에서 불안을 느낀다.

민족의 영도자 모세

바로의 왕궁에서 왕도 교육을 받고 왕족으로서 평정(serenity, '전하라는 뜻도 됨)과 품위를 지니고 살던 모세는 한순간 분노의 격정에 사로잡혀 뜻밖의 살인을 저지르고는 도망자가 되고 말았다. 그 후 그는 미디안 땅에서 이드로의 사위가 되어 목자로 살게 된다. 공적인 영역에서 사적인 영역으로 삶이 축소된 셈이다. 꿈도 접고, 자괴감과 좌절감도 느꼈을 것이다.

어느 날, "양 떼를 몰고 광야를 지나서 하나님의 산 호렙으로 갔을 때"(출애굽기 3:1) 모세는 '불타는 떨기나무'에서 하나님을 만난다. "나는 곧 나다"(출애굽기 3:14)라고 스스로 계시하시는 야훼 하나님이었다. 야훼를 만났다는 것은 모세가 자아를 발견하고 자기 정체성을 확립했다는 뜻이다.

모세는 "나의 백성 이스라엘 자손"을 구해 내라는 말씀을 듣는다(출애굽기 3:11). 그러나 모세는 하나님의 명령 앞에서도 알리바이를 내세우며 선뜻 응답하지 못한다. "제가 무엇이라고, 감히 바로에게 가서, 이스라엘 자손을 이집트에서 이끌어 내겠습니까?"(출애굽기 3:11). 또 이스라엘 백성들이 저에게 "'그(하나님)의 이름이 무엇이냐' 하고 물을 터인데, 제가 그들에게 무엇이라고 대답해야 합니까?"(출애굽기 3:13). 이어서 그는 하나님에게 "그들이 저를 믿지 않고, 저의 말을 듣지 않고, '주님께서는 너에게 나타나지 않으셨다' 하면 어찌

합니까?"(출애굽기 4:1)라고 묻는다. 심지어 그는 "저는 입이 둔하고 혀가 무딘 사람입니다"(출애굽기 4:10)라고 말하기까지 한다. 내면에서 소명을 느낌과 동시에 갈등과 불안을 느낀 모습이다.

야훼 하나님을 만나고, 야훼 하나님의 보내심을 받는 모세는 자신의 불완전과 모자람, 무능력을 자각하고 하나님 앞에서 자신을 새롭게 발견한다. 하나님은 그에게 능력을 주실 뿐 아니라 그가 자신감을 갖도록 도와주신다. 그는 "나는 곧 나다" 하는 자기 정체성과 함께 자아존중감을 갖게 된다.

하나님의 종으로서 보내심을 받는 과정에서도 그렇지만, 더욱이 정체성이 확립되기 이전에 평정을 잃고 완전주의란 함정에 빠져 격정에 사로잡힐 때도 모세는 스스로 자신감도 없고, 능력도 없고, 말도 잘 못한다고 생각했다. 1번 유형은 남이 보기에는 말을 잘하는데도 완전주의의 덫에 걸리면 스스로 말을 잘 못한다고 생각하는 성향이 있다. 그러나 그들은 하나님이 주시는 능력과 함께 자신감을 가진다면 좋은 지도자가 될 수 있다.

현대에서도 선출직 대통령이 된 1번 유형은 세계를 통틀어서 그리 많지는 않으나, 일단 대통령이 되면 가장 훌륭하게 대통령직을 수행했다는 평가를 받는다. 모세가 하나님의 세우심으로 지도자가 된 이후 민족의 영웅이요, 영도자가 되는 모습에서도 같은 현상을 보는 듯하다. 모세보다 세 살 위인 형 아론이 대변인이 되도록 하며, 하나님은 모세에게 말씀하신다. "너는 그에게 하나님 같이 될 것이다"(출애굽기 4:16).

하나님을 만난 모세, 자기를 재발견하고, 정체성을 재확립하고, 하나님의 보내심을 받은 모세는 이제 다시금 광야에서 왕궁으로 간다. 도망자가 되어 쫓기듯 나왔던 모세가 이제는 '하나님의 종으로',

'이스라엘의 지도자'로 왕궁의 바로에게 찾아간다.

모세는 아론과 함께 바로에게 가서 말한다. "주 이스라엘의 하나님이 말씀하시기를, '나의 백성을 보내라. 그들이 광야에서 나의 절기를 지켜야 한다' 하셨습니다"(출애굽기 5:1). 그러나 바로는 그의 말을 거절할 뿐 아니라 히브리 사람들의 강제 노동을 한층 더 강화시키라고 명령한다. 벽돌을 만드는 데 쓰이는 짚을 더 이상 이전처럼 대주지도 못하게 했다. 백성들의 원성이 높아졌고, 그들은 모세와 아론을 원망했다.

모세는 하나님에게 돌아와 호소했다. 결국 하나님이 '야훼 하나님'의 뜻을 재확인시키고 다시 자신감을 갖게 함으로써, 모세는 평정을 되찾는다. 1번 유형이 좌절감을 느끼며 불안해하던 것을 극복한 셈이다. 하나님의 결정적인 말씀은 "보아라, 나는, 네가 바로에게 하나님처럼 되게 하고, 너의 형 아론이 너의 대언자가 되게 하겠다"(출애굽기 7:1)였다. 평정과 자신감을 되찾은 모세는 하나님의 능력에 힘입어 열 가지 재앙을 거쳐, 마침내 이스라엘이 탈출을 감행하도록 이끄는 민족의 영도자가 되어 홍해 바다까지 건너게 된다.

가나안을 바라보기만 한 모세

'산이 높으면, 골이 깊다'는 속담이 있듯이, 한 인물이 크면 그만큼 빛과 그림자도 크기 마련이다. 모세는 이스라엘의 민족 영웅, 종교 지도자, 율법 선포자, 하나님과 이스라엘 백성들 사이의 언약 중재자 등 이루 다 열거하기 어려운 대단한 인물이다. 히브리인들의 표상이요, 예언자의 아버지요, 이스라엘 백성들은 물론 지도자들의 역할 모델(role model)이라 할 만하다.

모세는 출애굽 전에 보여 준 열 가지 재앙을 비롯해 숱한 기적을 행하고, 홍해 바다를 건너는 일부터 얼마나 많은 위기를 그때마다 극적으로 넘긴 지도자였던가! 게다가 광야에서 보낸 40년 동안 노예근성에 찌들어 나오는 이스라엘 백성들의 원망, 불편, 불만, 반란을 모두 견뎌 내며 이를 이기고 지도력을 발휘한 것을 생각하면 모세는 참으로 위대한 인물이라 할 만하다.

출생에서부터 성장 과정이 특이한 그였다. 모세의 일생을 셋으로 나누면, 왕궁에서 40년, 미디안에서 40년, 광야에서 40년이라 할 수 있다. 왕자에서 목자로, 그리고 민족의 영도자로 파란만장한 120년의 삶을 열정적으로 살았다. 어느 정도냐 하면, "모세가 죽을 때에 나이가 백스무 살이었으나, 그의 눈은 빛을 잃지 않았고, 기력은 정정하였다"(신명기 34:7)고 기록되어 있을 정도다.

모세가 죽은 뒤에 "이스라엘에는 모세와 같은 예언자가 다시는 나지 않았다. 주님께서는 얼굴과 얼굴을 마주 대고 모세와 말씀하셨다"(신명기 34:10). "온 이스라엘이 보는 앞에서, 모세가 한 것처럼, 큰 권능을 보이면서 놀라운 일을 한 사람은 다시 없다"(신명기 34:12)고 기록되어 있기도 하다.

하나님도 모세를 두고 말씀하시면서 아론에게나 바로에게도 그가 "하나님 같이 될 것"이라 했고, "땅 위에 사는 모든 사람 가운데서 가장 겸손한 사람"이라 했고, "나의 온 집을 충성스럽게 맡고 있다. 그와는 내가 얼굴을 마주 바라보고 말한다. 명백하게 말하고, 모호하게 말하지 않는다. 그는 나 주의 모습까지 볼 수 있다"(민수기 12:7~8)라고 했다.

복음서에서도 모세와 예수는 늘 대조된다. 특히 「요한복음」에서는 예수와 모세가 더욱 빈번하게 대조될 뿐 아니라 예수가 "모세가 광야에서 뱀을 든 것 같이, 인자도 들려야 한다"(요한복음 3:14)고 인급한다. 예수가 다볼 산 위에서 영광 가운데 변화할 때에도 엘리야와 모세가 함께 있었다고 공관복음서(마태복음 17, 마가복음 9, 누가복음 9)에 기록되어 있다.

모세는 실로 위대한 인물이다. 그러나 에니어그램으로 비춰 보면 한편으로 몹시 안타깝게 생각되는데, 인간적으로 동정할 수밖에 없는 지도자의 고뇌와 고통이 컸음에도 격정으로 인한 대가를 너무 크게 지불할 수밖에 없었다는 사실 때문이다. 타락한 백성들의 성화에 못 이겨 아론이 금송아지를 만들었을 때, "모세는 화가 나서, 그는 손에 들고 있는 돌 판 두 개를 산 아래로 내던져 깨뜨려 버렸다"(출애굽기 32:19).

하나님이 손수 새겨 주신 십계명의 돌 판을 깨뜨린 모세는 격정에 사로잡혀 하나님이 "자기의 친족과 친구와 이웃을 닥치는 대로 찔러 죽여라" 하신다고 외쳤다(출애굽기 32:27). 모세를 비판하는 사람들은 이 대목을 보고 가장 끔찍한 분노라 한다. 명령을 어기고 만나를 욕심껏 거두어들인 사람들 때문에 "모세가 그들에게 몹시 화를 내었다(출애굽기 16:20)".

평생 하나님의 종으로, 민족의 영도자로 뇌물도 모르고 오직 정의롭게 살아온 모세였으나 가데스에서 "나의 거룩함을 나타낼 만큼 나(하나님)를 신뢰하지 않았다"는 이유로 하나님이 그들에게 약속한 "그 땅(가나안)으로 그들을 데리고 가지 못할 것이다"는 결정이 난다(민수기 20:12). 빛나는 영웅은 결국 느보 산의 비스가 봉우리에서 가나안 땅을 멀리 바라보며 숨을 거둔다.

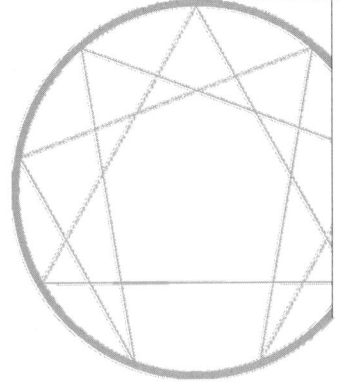

2

세례자 요한

광야에서 외치는 이의 소리

'나는 누구인가'를 묻는 것은 '너 자신을 알라'는 말에 가장 충실한 물음이 될 것이다. 이는 정체성을 확인하는 길이요, 곧 인격과 소명을 발견하는 길이다. '내가 나를 어떻게 보느냐'는 물음과 '남이 나를 누구라고 하느냐'는 물음은 밀접하게 연결된다. 예수도 일찍이 자기 정체성을 세상의 관심과 연관시켜 질문했다. "사람들이 나를 누구라고 하느냐?"(마가복음 8:27). 그리고 재차 물었다. "너희는 나를 누구라고 생각하느냐?"(마태복음 16:15). 성서에서 예수는 '하나님의 아들', '그리스도', '주'를 비롯해 여러 가지로 표현된다.

요한은 마치 고유명사처럼 성서에서 '세례자 요한'이라 불린다. 요한은 기원전 6~2년에 태어나 기원후 36년에 사망한 것으로 알려진 역사적 인물로서 하나님에게 전적으로 헌신한 나실인(Nazirite)으로 살았다. 그는 주로 광야에서 지냈는데, 사막의 교부(敎父)처럼 광야와 사막의 영성으로 살았다. 메뚜기와 들꿀을 먹으며 낙타 털옷을 입고 살았다(마가복음 1:6). 그는 종교 지도자로서 세례 운동을 이끌었다. 죄의 회개를 외치며 가치관의 전환을 촉구했다.

요한은 세례로 죄를 회개하고 하나님 나라를 맞이하기 위해 정결해질 것을 주창했다. 「요한복음」 1장 31절을 보면 그는 메시아로 오신 예수 그리스도를 이스라엘 백성들에게 알리려 했던 것으로 기록되어 있다. 결국 그는 사랑과 정의가 실현되는 평화의 나라, 하나님 나라를 세우러 오시는 예수를 증언하기 위해 세례 운동을 펼친 것으로 이해할 수 있다.

요한의 출생 과정이 묘사된 「누가복음」 1장을 보면, 요한은 아론의 후예로서 아비야 조에 속한 제사장 사가랴와 그의 아내 엘리사벳 사이에서 태어났다. 당시 나이가 많았던 아버지는 가브리엘 천사의 고지를 받고 요한을 잉태했다. 아기의 이름까지 천사가 일러준 대로 '요한'이라 명명할 때 그의 입이 열렸던 것처럼 사가랴에게는 아들의 잉태에서 출생까지가 모두 두렵고 떨리는 경험이었다.

필경 사가랴는 아들을 어렵게 대했을지 모른다. 그러잖아도 나이 차이가 너무 많이 나는 늙은 아버지와 어린 아들 사이에는 애정 표현과 교감이 쉽지 않을 텐데, 특별한 계시와 수태고지를 통해 태어난 아들이라면 아버지는 더욱더 긴장하든가 경원하지 않았을까? 1번 유형의 유아기 기원을 살피면, 그들은 만 여섯 살 되기까지 아버지와 부정적 관계에서 자란다. 아버지와의 관계에서 애정 경험이 부족하든가, 어린 시절 아버지와의 경험이 부정적이다.

1번 유형은 아버지가 멀게 느껴지거나 어렵게 느껴지기 때문에 거리를 두거나, 아버지 앞에 서면 긴장한다. 이들은 아버지처럼 살고 싶지 않고, 아버지 같은 사람이 되고 싶지 않다. 이런 점에서 미루어 보면, 제사장의 아들로 태어난 요한이 제사장 반열을 이어 가지 않고, 한 발 비켜서서 에세네(Essene)처럼 제사장 계급이면서도 광야에서 은둔 생활을 한 까닭이 이해가 된다.

종교심리학자 윌리엄 제임스(William James)가 말한 바와 같이 아버지가 무섭거나 아버지를 어렵게 경험하며 자란 1번 유형에게는 대체로 신이 두려움의 대상으로 형성된다. 두렵고 떨리는 마음으로 하나님 앞에 서서 특히 '하나님이 완전하신 것처럼 완전해지려는' 노력을 하는 성향이 강하다.

길을 예비하는 사람

사복음서 가운데 제일 먼저 기록된 「마가복음」은 그 첫머리에서 세례자 요한을 '길을 예비하는 사람'으로 소개한다. 이는 「마가복음」이 주요 주제로 예수의 '여로 주제(journey motif)'를 다루면서 예수를 '길을 가는 사람', '길을 성취하는 사람'이라고 소개하는 것과는 대조를 이룬다.

성경은 "세례자 요한이 광야에 나타나서, 죄를 용서 받게 하는 회개의 세례를 선포하였다"(마가복음 1:4)고 말하면서 예언자 이사야의 글에 기록된 것을 인용한다. 성서에는 "'주님의 길을 예비하고, 그의 길을 곧게 하여라' 한 것과 같이"(마가복음 1:3)라고 기록하며 예언의 성취로서 세례자 요한이 등장한 것으로 서술되어 있다. 또 다른 구약 말씀 가운데 「말라기」 3장 1절 "내가 나의 특사를 보내겠다. 그가 나의 갈 길을 닦을 것이다"라는 말씀도 같은 맥락에서 세례자 요한에 대한 예언으로 이해할 수 있다.

그뿐만 아니라 성서는 「말라기」 4장 5절 "주의 크고 두려운 날이 이르기 전에, 내가 너희에게 엘리야 예언자를 보내겠다"는 말씀과 연결시켜서 세례자 요한을 엘리야로 이해했다. 예수도 "너희가 그

예언을 기꺼이 받아들이려고 하면, 요한, 바로 그 사람이 오기로 되어 있는 엘리야이다"(마태복음 11:14)라고 말한다.

세례자 요한은 사복음서에 고르게 등장한다. 그는 예언 시대의 마지막 인물로 나온다. 다시 살아난 엘리야로 비쳐지기도 한다. 볼프강 스미스(Wolfgang Smith) 같은 신학자는 엘리야와 엘리사의 관계를 세례자 요한과 예수의 관계에 대입하며 길을 예비한 사람과 성취한 사람으로 설명한다. 특히 엘리야가 아합 왕의 부패와 타락, 우상 숭배를 척결하려고 애썼던 모습을 강조하며 죄의 회개를 주창한 세례자 요한과 엘리야를 동일시한다.

세례자 요한이 '주의 길을 예비하라'는 소명을 발견하고 의식했다면, 그것은 메시아를 대망하며 예비해야 한다는 책임 의식으로 이어졌을 것이다. 1번 유형은 때로는 지나치게 책임감이 강할 정도로 늘 책임 의식이 높다. 이는 세례자 요한에게서 나타나는 모습이다. 하나님 나라에 대한 비전을 가지고, 또 메시아가 오시기를 갈망하며 메시아 시대에 대한 비전을 가지고 사는 세례자 요한에게는 하나님의 정의에 대한 열정이 불타고 있었다.

요한이 부르짖는 죄의 회개는 곧 가치관의 전환이다. 일반 대중이 무엇을 해야 하느냐고 물으면 "속옷을 두 벌 가진 사람은 없는 사람에게 나누어 주고, 먹을 것을 가진 사람도 그렇게 하여라"(누가복음 3:11)라고 말하면서 세례자 요한은 하나님 나라 공동체를 바라보며 나눔을 역설했다. 세리들이 물으면 "너희에게 정해 준 것보다 더 받지 말아라"(누가복음 3:13)라고 했고, 군인들이 물으면 "아무에게도 협박하여 억지로 빼앗거나, 거짓 고소를 하여 빼앗거나, 속여서 빼앗지 말고, 너희의 봉급으로 만족하게 여겨라"(누가복음 3:13)라고 했다.

길을 예비하는 사람으로서 세례자 요한은 가치관의 변화를 이루어 냄으로써 메시아 시대에 대비해야 한다고 철저히 의식하고 살았다. 이런 세례자 요한을 지켜 본 사람들은 "그리스도를 고대하고 있던 터에" 모두 마음속으로 생각하기를 혹시 세례자 요한이 "그리스도가 아닐까 하였다"(누가복음 3:15).

이럴 정도로 인기가 높아지면, 유혹이 따를 만도 하다. 동서고금을 막론하고 웬만큼 신망을 얻고 인기가 높아진 데다 '권력'까지 생기면 저마다 자신이 메시아라고 나서는 사람이 많다. 세례자 요한도 세례를 선포할 때 "온 유대 지방 사람들과 온 예루살렘 주민들이 그에게로 나아가서, 자기들의 죄를 고백하며, 요단 강에서 그에게 세례를 받았다"(마가복음 1:5)고 할 만큼 인기가 충천했다. 그를 따르는 사람들이 많아서 제자 그룹이 형성되기도 했고, '주기도' 보다 먼저 "요한이 자기 제자들에게 기도하는 것을 가르쳐 준 것과 같이"(누가복음 11:1) '공동체 기도'가 있을 정도였다.

메시아를 기다리는 요한

그러나 세례자 요한은 어떤 유혹에도 빠지지 않고 흔들림 없이 길을 예비하는 사람으로 확고히 자리를 지킨다. 그는 메시아를 두고 이렇게 천명했다. "나보다 더 능력이 있는 이가 내 뒤에 오십니다. 나는 몸을 굽혀서 그의 신발 끈을 풀 자격조차 없습니다. 나는 여러분에게 물로 세례를 주었지만, 그는 여러분에게 성령으로 세례를 주실 것입니다"(마가복음 1:7~8). 메시아를 기다린 요한이 이렇게 선포하는 데서 메시아 대망 사상이 강력하게 표현된다.

세례자 요한 같은 1번 유형은 대체로 유토피아를 그리워하는 사람들이다. 오직 거기에서 완전하고 온전한 사회, 정의 사회를 찾을 수 있기 때문이다. 요한이 자기에게 세례를 받으러 찾아온 사람들에게 회개를 촉구한 것도 결국 같은 맥락이라고 볼 수 있다. 유대인들에게 오랫동안 전승되어 온 메시아 대망 사상이 절실해 메시아 왕국을 갈망한 것이다.

당시 시대적 상황은 요한이 더욱더 정의를 주창하게 했다. 제정일치 시대에 제사장 계급인 사두개파는 최고 지도자급이지만 로마와 타협하며 살았다. 평신도 지도자인 바리새파는 율법주의와 형식주의에 깊이 빠져 있었다. 열심당이라 불리는 이들은 이스라엘 독립운동을 한 사람들이었다. 헤롯당과 세리 같은 이들은 로마의 앞잡이였다.

이런 상황에서 '암하레츠(땅의 백성)'라 불리던 민중들은 도탄에 빠져 있었다. 이들은 메시아가 나타나기 전에는 좋은 세상은 꿈도 꿀 수 없는 어려운 처지였다. 지도자들에게 기대할 수 없는 상황은 그 누구보다 1번 유형에게 견디기 어렵다. 세례자 요한은 민중들의 인기를 한 몸에 지녔던 만큼 그들이 갈망하는 메시아를 기다리는 마음이 가장 강렬했을 것이다.

정의를 갈망하며 완전주의 성향이 강했던 요한은 아버지 사가랴가 제사장이었기에 자신도 제사장 반열에 서 있었으나 결국은 에세네 영향을 크게 받은 것으로 보인다. 이는 그가 나실인 생활을 하며 광야에서 지낸 것만 봐도 알 수 있다. 에세네파는 타락한 제사장 계급인 사두개파와 분리되어 광야에서 은둔 생활을 하며 경건과 순결을 지켰다.

메시아 대망 사상이 누구보다 절실했던 세례자 요한은 감옥에 갇혔을 때 자신의 제자들을 예수에게 보내 다음과 같이 물어보게 했다. "오실 그분이 당신입니까? 그렇지 않으면, 우리가 다른 분을 기다려야 합니까?"(마태복음 11:3). 1번 유형은 완전주의 성향 때문에 긴장하면, 알고 있던 것도 확인하고 또 확인해야 한다. 그래서 사회 활동과 관계 속에서 불안을 느끼는 경우가 종종 있다.

1번 유형은 재확인해야 할 경우에 확인하지 않고 자기 판단으로 확정하거나 결론을 내리면 독단이나 독선으로 받아들여질까 봐 염려하고 그래서 불안해지기 쉽다. 요한이 예수를 소개하면서 이미 메시아라고 선포했는데도 위기를 느끼자 다시 확인하고 싶었던 것처럼 말이다.

요한이 헤롯 안티파스의 결혼에 반대하며 그를 비판하다가 감옥에 갇힌 일도 1번 유형의 정의감과 완전주의적 성향이 발로된 결과였다. 헤롯이 자기 동생 빌립의 아내 헤로디아를 아내로 삼으려고 하자 세례자 요한이 말했다. "그 여자를 차지하는 것은 옳지 않습니다"(마태복음 14:4). 그 결과 감옥에 갇힌 몸이 되었을 때, 요한은 불안하기도 하고 초조하기도 했을 것이다. 예수가 신이 생각한 메시아가 맞다면 어서 속히 메시아 시대를 선언하고 나서리라 기대했을 법하고, 그렇기에 기대한 대로 나타나지 않자 세례자 요한은 조급한 마음마저 들었을 법하다. 그는 예수가 이미 열고 있는 메시아 시대의 징조를 보는 눈이 달랐던 것으로 보인다.

빛을 증언하는 세례자 요한

세례자 요한은 사복음서에서 공통적으로 다룰 만큼 비중 있는 인물이다. 그러나 이해와 평가는 다양하다. 종합적으로 보면 출중한 인물이지만, 명암이 엇갈리고 장단점이 다 드러나는 것은 사람이기에 어쩔 수 없다. 누구나 격정에 사로잡히면 제한적이고 부정적인 모습이 나타날 수밖에 없으나, 격정을 사로잡으면 덕목을 살리며 긍정적인 모습으로 나타난다.

세례자 요한은 먼저 "광야에서 외치는 이의 소리"(마가복음 1:3, 누가복음 3:4, 마태복음 3:3, 요한복음 1:23)로 등장한다. "내가 내 심부름꾼을 너보다 앞서 보낸다"(마태복음 11:10, 마태복음 11:10, 누가복음 7:27)고 한 것과 같이, 세례자 요한은 하나님이 보내신 심부름꾼, 메신저, 길을 닦는 사람, 예비하는 사람, 그의 길을 곧게 하는 사람 등 다양하게 묘사된다. 더욱이 그는 많은 사람들에게 존경을 받으며 혹시나 '메시아가 아닐까' 하는 마음까지 불러일으켰다.

요한이 예수와 대조를 이루는 것은 분명하다. 세례자 "요한이 잡힌 뒤에, 예수께서 갈릴리에 오셔서, 하나님의 복음을 선포하셨다"(마가복음 1:14). 예수는 "때가 찼다. 하나님의 나라가 가까이 왔다"(마가복음 1:15)고 선언했다. 요한이 예수와 대조적인 장면은 또 있다. 요한에게 세례를 받으러 예수가 나타났을 때, 요한은 "내가 선생님께 세례를 받아야 할 터인데, 선생님께서 내게 오셨습니까?"(마태복음 3:14)라고 말하면서 예수의 우월성을 인정한 것이다. 예수가 "지금은 그렇게 하도록 하십시오. 이렇게 하여, 우리가 모든 의를 이루는 것이 옳습니다"라고 말하자 "그제서야 요한이 허락하였다"고 성서는 증언한다(마태복음 3:15). 결국 세례자 요한은 예수가 하나님의 정의를 실현하며 '모든 의를 이루게' 하는 일에 도우미가 된다. 자신의 소명에 대한 책임에 충실하다.

"그(예수)는 여러분에게 성령과 불로 세례를 주실 것이오"(누가복음 3:16)라고 증언하고는 예수에게 세례를 주는 것이 요한은 부담이 되었을 것이다. 분별의 지혜와 책임 의식이 강한 1번 유형은 분에 넘치는 것을 꺼려하는 경향이 있기 때문이다. 그러나 그들은 그러한 책임감 때문에 자신이 해야 한다고 생각하는 일은 어떤 어려움이 있어도 수행한다.

요한은 예비자로서, 길을 닦는 사람으로서 사명이 있다. 그의 존재와 행동은 궁극적으로 예수를 증언하는 것으로 귀결된다. 이런 의미에서 「요한복음」의 기록은 돋보인다. 세례자 요한을 두고 '빛을 증언하러' 온 사람이라고 하니 말이다. "하나님께서 보내신 사람이 있었다. 그 이름은 요한이었다. 그 사람은 그 빛을 증언하러 왔으니, 자기를 통하여 모든 사람을 믿게 하려는 것이었다"(요한복음 1:6~7).

에니어그램 1번 유형이 변화하고 성숙해 덕목을 살리며 통합의 방향으로 계속 나아가면, 그들은 온유하고 부드러우며 맡은 일에 책임을 다하게 된다. 그러면서도 평정을 살리기 때문에 일도 즐겁고 행복하게 한다. 요한에 대한 기록 가운데 공관복음서와 대조적으로 「요한복음」에서는 그를 '빛을 증언'한다고 표현할 만큼 밝게 묘사한다.

세례자 요한이 증언한다. "보시오, 세상 죄를 지고 가는 하나님의 어린양입니다"(요한복음 1:29). "내가 전에 말하기를 '내 뒤에 한 분이 오실 터인데, 그분은 나보다 먼저 계시기에, 나보다 앞서신 분입니다' 한 적이 있습니다. 그것은 이분을 두고 한 말입니다"(요한복음 1:30). 이런 요한의 말을 듣고 요한의 두 제자는 예수를 따라갔다고 한다. 요한은 이렇게 자신의 생의 목적인 예수를 증언하는 일에 최선을 다한다.

그래서 사람들은 세례자 요한을 '돌아온/살아난 엘리야'라고 할 뿐 아니라, 예수 또한 "여자가 낳은 사람 가운데서 세례자 요한 보다 더 큰 인물이 없다"(누가복음 7:28)고 했다. 이는 1번 유형 개혁자가 들을 수 있는 최고의 찬사라 하겠다.

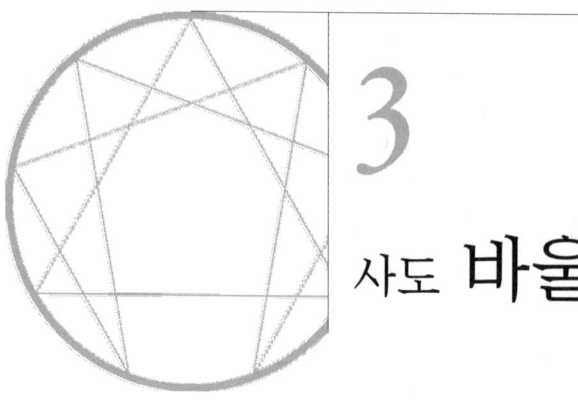

3 사도 바울

다마스쿠스로 가는 사울

성서에 등장하는 인물 가운데 바울만큼 주목받는 이도 흔하지 않고 또한 이렇게 주목받기도 쉽지 않다. 바울의 행적은 「사도행전」을 통해 자세히 객관적으로 소개될 뿐 아니라 수많은 편지를 통해서도 또한 많이 알려져 있다. 먼저 그에 대해 알려진 사실과 그의 삶이 알려진 내력부터가 독특하다. 이름이 바뀌거나 다르게 알려진 것은 이름마다 각기 다른 모습이나 삶을 드러내기 때문이다.

전통적으로 사울은 회심 또는 개종 이전의 이름이요, 바울은 그 이후의 이름이라고 사람들은 이해한다. 그러나 최근에 바울 신학의 새로운 지평을 열어 준 크리스텔 스텐달(Krister Stendahl)은 미국 하버드 대학 신학부에서 학생들을 가르칠 때 바울의 이름과 관련된 새로운 해석을 시도해 주목을 받았다. 그에 의하면, 사울이나 바울이란 이름은 각각 개종 이전과 이후의 이름이 아니라는 것이다.

사울은 유대인 세계에 살 때까지의 이름이고, 바울은 그레코로만

(Greco-Roman) 세계에서 쓰인 이름이라는 이야기다. 우리말 번역에서는 똑같이 '사울'이란 이름으로 표기되지만, 헬라어 원전에서는 저자인 누가가 그의 이름을 헬라어로 Saul이라고 쓴다. 이는 「사도행전」 9장 1절, 3절, 11절, 17절 등에서 확인할 수 있다. 그러나 빛 가운데서 만난 주님이 사울을 부를 때는 히브리어로 표기하면서 Saoul이라고 쓰는 것을 볼 수 있다. 이는 「사도행전」 9장 4절, 9절, 17절 등에서 나타난다.

에니어그램의 시각에서 보자면, '사울'이란 이름으로 불릴 당시에 그는 에니어그램 1번 유형의 격정을 여지없이 드러낸다. 「사도행전」 9장 1~2절을 보면, 그는 예수 그리스도의 부활을 믿는 신도들을 위협하고 살기를 띠었으며, 그들을 잡겠다고 대제사장에게 찾아가서 체포 영장을 편지로 써 달라고 요청한다. 그것도 국내뿐 아니라 외국까지 쫓아간다. 다마스쿠스로 가서 닥치는 대로 부활을 믿는 신도들을 묶어서 끌고 오려고 한다.

1번 유형은 완전주의 성향이 강한데 자신이 옳다고 생각하는 것에 목숨을 걸듯이 열정을 쏟는다. 옳은 것에 대한 욕망과 관심이 크고 원칙에 강한 만큼, 옳지 않은 것을 보면 짜증이 나다 못해 분노가 끓어오른다. 더욱이 자서전적인 내용을 담은 「빌립보서」 3장에서 스스로 밝혔듯이 사울은 히브리인 의식이나 바리새파 의식이 강한 데다 동족애가 강한 그로서는 잘못 믿는다고 생각되는 사람들을 가만 놔둘 수가 없었다.

「갈라디아서」에서도 자신에 대한 글을 쓰면서 밝힌 바와 같이 사울은 교회를 박해하고, 없애 버리려고까지 한다. 사도들 가운데 지도자인 베드로를 책망하기도 한다. 1번 유형은 자신의 의에 대한 확신과 다른 사람들의 잘못에 대한 판단이 명백하게 서면, 물러서지 못하고 양보하지 못한다.

에니어그램 1번 유형은 개혁가적 성향이 강하다. 그들은 완전이란 함정에 빠지면 분노가 끓어오른다. 그러나 완전주의자인 1번 유형은 분노를 표현하면 그것이 결코 완전한 일이 될 수 없기 때문에, 되도록 분노를 피하려 한다. 그러나 감정을 억제하고 분노를 기피하려고 참으면 참을수록 억압된 분노는 마침내 압축 공기가 큰소리를 내며 터지듯이 폭발하게 된다.

1번 유형은 화가 날 때 얼른 돌려서 생각하고 마음을 고쳐먹으면 금방 사그라질 것도 못내 참지 못하고 화를 냈다가 그것이 금세 확대되어 스스로 얼굴이 벌겋게 달아오르면서 더 큰 화를 내게 된다. 사울이 다마스쿠스로 갈 때의 모습이 바로 완전이란 함정에 빠져서 분노를 터뜨리고 그리스도인들을 박해하며 죽이려 들던 1번 유형의 건강하지 못한 모습이다.

세계로 가는 바울

이제 변화된 사람으로서 세계 선교의 전진 기지인 안디옥에서 성령의 지시에 따라 안수를 받고 선교사로 세워진 사울은 바나바와 함께 선교 여행을 떠난다. 그들이 실루기아로 내려가서 배를 타고 키프로스로 건너가 바보에 이르러 선교할 때만 해도 그는 사울이란 이름을 사용했다. 그러나 바보에서 배를 타고, 밤빌리아에 있는 버가로 건너갈 때에는 이미 바울이라고 불리기 시작했음을 알 수 있다.

앞서도 지적했듯이 예루살렘을 중심으로 유대 지방과 팔레스타인 지역에서 활동할 때는 사울로 불리던 그가 활동 무대를 그레코로만 세계로 옮긴 이후로는 바울이라고 불린다. 그러니까 유대인으로서 바리새파 사람으로 활동할 때는 사울이다가, 로마 시민이자 세계

시민으로서 그리스도인이 되어 선교사로 활동하면서는 바울이 된 것이다.

한국인들에게도 그렇지만 유대인들에게도 이름은 매우 중요하다. 이름은 존재를 대표할 만큼 중요하고 더욱이 전통문화 속에서는 이름이 사람의 특징과 함께 운명을 나타낸다고 믿기도 했다. 이런 문화적 배경 속에서 보면, 바울이란 이름이 사용되기 시작한 때는 에니어그램으로 보면 유대교적 열광주의에 사로잡혔던 사울이 변화해 그리스도의 증인이 되어 안정감을 찾는 상태로 들어서는 시기였다.

에니어그램 1번 유형은 격정(열광주의)에 사로잡혀 스트레스를 받고 불건강하면 강박관념에 빠져서 남을 도무지 관용하지 못하고, 그것도 모자라서 바닥에 떨어질 만큼 매우 불건강할 때는 틀렸다고 생각하는 사람들에게 복수하거나 벌을 주는 사람이 되고 만다. 다마스쿠스로 가던 당시의 정황을 떠올리면 사울은 영락없이 그런 사람이었다.

그러나 그리스도를 빛 가운데서 만나고 전향한 바울이 마침내 선교사로 안수받고 나선 시점에서는 적어도 평균 상태인 1번 유형으로서의 특징을 띠게 된다. 이때는 긴장하며 살면 완전주의에 입각해 남을 판단하기도 한다. 그러나 좀 더 발전해 향상되면 엄격한 논리를 내세우면서도 질서 정연한 사람이 된다.

선교 여행 초기에 바울은 논리가 분명한 사람이면서도 이상주의적인 개혁가의 특징을 드러낸다. 그에게 이상주의라 함은 신앙과 영성의 바탕에서 성령이 보여 주는 비전을 보며 그 비전을 세계와 역사 속에서 실현해 나가는 것이었다. 후일에 바울 자신이 「빌립보서」 3장에서도 밝히듯이 바리새파 사람으로서 지녔던 열정이 선교사로 나선 바울에게는 선교적 비전을 실현하는 열정으로 나타난다.
 고린도와 에베소, 데살로니가와 갈라디아, 골로새와 예루살렘, 키프로스와 크레타, 몰타, 아테네, 시라큐스와 로마 등지를 돌며 선교 여행을 하는 열정을 보라. 바울은 지중해 세계를 누비며 선교 여행에 여념이 없다. 그러나 그에게는 관광할 여유가 없다. '선교사라는 원칙'을 지키는 모습이 역력하다. 이런 상태는 건강한 수준에서도 곧잘 나타난다. 1번 유형의 특징을 바울이 잘 드러냈다고 볼 수 있는 측면이다.
 선교 여행에 함께 나섰던 마가라고 하는 요한이 바보를 떠나 버가로 건너가는 일행과 헤어져서 예루살렘으로 돌아갔기 때문에 바울은 나중에 바나바와 다툰 끝에 갈라서고 말았다. 요한이 자기들을 버리고 함께 일하러 가지 않았다는 이유에서였다. 바울이 「갈라디아서」를 쓰면서 화를 냈던 일이나, 안디옥에서 이방 사람과 함께 음식을 먹다가 유대주의자들이 두려워 베드로가 이중적인 태도를 취했다고 그를 질책한 데서도 격정을 분노로 표현하는 1번 유형의 특징이 보인다.

의식을 깨우는 바울

 '에니어그램은 우주의 상징이다. 에니어그램은 영속적 운동성이다'라는 말이 있다. 이 말은 우주의 생명이 끊임없이 이동하며 사람 또한 끊임없이 움직이고 변화한다는 뜻을 내포한다. 어떤 사람도 살아 있는 동안에 잠시라도 어느 한 자리 또는 어느 한 상태나 어느 한 수준에 고정되어 머무는 법이 없다. 마찬가지로 바울도 우리가 끊임없이 변화하는 연속태 속에 있음을 재확인한다.
 바울이 다마스쿠스에서 안디옥을 거쳐 세계 선교 여행길에 나설 때만 해도 그는 완전주의자 성격으로 자라 왔기 때문에, 완전하지 못한 것을 보면 격정에 사로잡혀 질풍노도처럼 화가 나서 달려가든가, 역정을 내며 질책하든가, 분노의 편지를 쓰곤 했다.

그러나 성격이 원만해지고 어느덧 신학도 영성도 무르익어 원숙한 경지에 이르면서부터 바울은 의식이 깨어나야 할 필요를 절실히 느끼며 이를 역설하기에 이른다. 이토록 내면에 깊은 통찰과 분별력을 가지고 의식의 잠에서 깨어날 것을 가르치는 일에 열정을 쏟기 시작하면, 사람들이 흔히 저지르는 일상생활에서의 잘못이나 실수에 대해서는 너그러워지고 스스로 평정을 이루게 된다.

에니어그램에서 말하는 인성, 즉 흔히 말하는 성격과 그 밑바닥에 자리 잡고 있는 격정을 두고 '겉사람'이라 이해하고, 하나님의 법을 따라 사랑을 이루고자 갈망하는 본성을 '속사람'이라 이해한 바울은 무엇보다 이 속사람과 겉사람 사이의 갈등과 싸움을 가장 중요하게 생각하고 가르치기 시작한다.

에니어그램에서는 인간의 의식을 크게 네 단계로 나눈다. 첫째는 잠자는 상태, 둘째는 선잠 깬 상태, 셋째는 자기를 의식하는 상태, 넷째는 객관적 세계와 우주를 의식하는 상태다. 사람들은 대부분 타성에 젖어서 기계적인 삶을 산다. 생각(지성), 느낌(감성), 행동(활동) 사이의 균형과 조화가 이루어지지 않은 채 살아간다. 왜 사는지도 모르고, 삶의 의미나 목적도 모른 채 산다.

어떤 이들은 이런 상태를 심지어 죽음이라고까지 표현한다. 그래서 바울은 "잠자는 사람아, 일어나라. 죽은 사람 가운데서 일어서라" (에베소서 5:14) 하는 찬양시를 인용하며 가르친다. "여러분은 지금이 어느 때인지 압니다. 잠에서 깨어나야 할 때가 벌써 되었습니다" (로마서 13:11) 하고 권면한다. 바울은 자신이 열광적인 믿음을 가지고 살 때는 격정에 사로잡혀 사는 줄도 모를 만큼 의식의 깊은 잠에 빠졌던 것을 깨닫고, 이제는 무엇보다 사람들이 의식의 잠에서 깨어나야 할 것을 역설한다.

바울은 더욱이 그리스도의 부활을 믿지 못하고 신도들을 박해했던 자신이 은총 가운데 주님을 만나고 부활을 믿으면서 의식의 잠에서 깨어나 '참 지식'에 이르게 됐음을 깨닫는다. 그는 에니어그램에서 말하는 '거짓 인성(성격)'인 겉사람을 벗어 버리고 본성인 '참 인성'을 되살려야 한다는 것을 가르치며 "새 사람을 입으십시오. 이 새 사람은 자기를 창조하신 분의 형상을 따라 끊임없이 새로워져서, 참 지식에 이르게 됩니다"(골로새서 3:10) 하고 강조한다.

참 지식에 이르는 과정에서는 끊임없이 생각(thinking), 느낌(feeling), 행동(doing), 즉 지성, 감성, 본능, 이 세 가지가 조화되고 균형을 이루도록 의식이 깨어 있어야 하고, 기계적 삶에 저항하며 살아야 하고, 늘 하나님의 형상을 회복해 가는 일에 열정을 쏟아야 한다. "늘 깨어 있어라"라고 하신 주님의 말씀을 연상하면서 바울이 가르친 것처럼 늘 깨어 있기 위해 우리는 거기에 합당한 '대가를 지불해야' 한다.

변화와 성숙을 가르치는 바울

에니어그램의 진리 체계가 가르치는 목표는 하나님의 형상을 회복하는 것이요, 하나님의 백성들이 "하나님의 나라와 그 의를 먼저"(마태복음 6:33) 구하며 살게 하는 것이다. 그러나 교회와 신자들은 대부분 이러한 그리스도의 본래적인 가르침을 우선적으로 받아들이지 않는다. 그들은 교회의 성장이나 개인의 구원과 축복에 집착하는 듯하다.

바울이 에니어그램에서 말하는 변화와 성숙을 이루며 통합의 방향으로 옮겨 가면서 건강 상태에 이를 때, 그의 어조가 달라진다. 신약에 실린 바울의 많은 편지를 보면, 그의 건강한 정도가 다양함을 느낄 수 있다.

이를 테면 신학자들은 「갈라디아서」를 흔히 '분노의 편지'라고 일컫는다. 이 편지를 쓸 때만 해도, 바울은 다마스쿠스의 체험을 한 상태로부터 성격상 통합은 채 이루지 못해 못마땅하거나 잘못됐다고 느끼는 것을 보면 화를 참지 못하고 분노를 터뜨리는 형편이었음을 알 수 있다.

이와 대조적으로 「빌립보서」나 「고린도후서」를 기록할 때에 가서는 바울이 변화와 성숙을 이룬 상태를 드러낸다. 에니어그램 1번 유형은 격정에 사로잡히면 분노를 기피하며 참으려 애쓰고 다짐하면서도 화를 낸다. 이때는 완전이란 함정에 빠지기 때문에 참으려고 하면 할수록 더 화가 나서 마침내 화가 폭발하듯이 터져 나온다. 그러나 완전이란 개념을 성숙으로 바꾸어 생각하면 이들도 평정을 이룰 수 있다.

1번 유형은 불완전의 영성을 가슴 깊이 끌어안고 사는 사람에게서 발견되는 참다운 회개가 이루어질 때 평화와 안정에 이른다. 회개는 곧 전향과 변환을 뜻한다. 오직 그리스도 한 분만이 완전함을 깨닫고 그 앞에 무릎 꿇는 것이다. 이쯤 되면 바울은 내부의 갈등과 다툼을 드러내는 빌립보 교회를 향해 '사랑의 편지'를 쓴다. 이는 「갈라디아서」를 쓰던 때와 대조를 이룬다.

이와 같이 바울의 후기 문서를 보면, 그 자신이 통합을 이루며 매우 건강한 상태가 되었을 때, "그리스도의 충만하심의 경지에까지 다다르게"(에베소서 4:13) 될 것을 믿고 희망하며 영성의 길을 온화한 마음으로 가는 모습을 볼 수 있다. 그가 예전과 다름없는 믿음을 지니고 있다 할지라도, 통합의 방향으로 이행할 때에야 비로소 평정을 이루는 것을 알 수 있다.

속사람과 겉사람 사이의 영적 투쟁으로서 '성전'을 끊임없이 수행하며 그리스도의 완전을 향해 성령을 따라 걸어간 바울은 에니어그램에서 말하는 '자발적 고난'을 견뎌 낸 사람이다. 그의 자서전적인 기록들 중에서도 「고린도후서」 11장을 보면 그 숱한 박해와 고난을 '필요한 고난'으로 받아들이고 인내하며 정진한 모습을 역력히 그려 볼 수 있다.

바울이 스스로 변화와 성숙을 이루며 건강한 마음과 성격으로 살 때, 그의 가르침이 힘이 있고 감동을 주는 것을 확인할 수 있다. 변화와 분별의 영성(로마서 12:1~2)이나 고난의 신학(로마서 5:3, 고린도후서 4:17)을 가르치고 본성의 회복과 '속사람'이 날로 새로워짐(고린도후서 4:16)에 대한 희망과 확신을 말하는 바울에게서 우리는 균형과 조화가 이루어진 통합된 성격과 온전한 영성을 본다.

사랑을 바탕으로 화해와 일치, 관용을 가르치는 바울은 자신이 겪은 필요한 고난과 자발적 고난을 이겨 낸 사람으로서 그 무엇에도 집착하지 않고 초연하게 사는 영성을 드러낸다(빌립보서 4:12~16). 그리스도를 닮고 그리스도와 하나가 되기를 열망하며 가파르게 영성의 길을 끊임없이 걸어간 바울이야말로 "달려갈 길을 다 가고, 선한 싸움(성전)을 다 싸운"(디모데전서 6:12) 성숙한 사람이다.

1번 유형

온화한 개혁가

1번 유형은 '얄미운 사람'이라기보다는 '아쉬운 사람'이란 말이 더 맞을 듯싶다. 이는 어려서부터 똑똑하고 책임감 있고 깔끔하다는 인상을 주는 1번 유형을 두고 자타가 느끼는 감정이다. 정의감이 높으나 그로 인해 나타나는 분노 때문에 독선적이란 인상을 주기 쉽다. 이들은 보면 화를 내지만 않으면 더 좋을 텐데 하는 아쉬움이 든다. 인격이나 리더십에서 2퍼센트 부족함을 준다. 모세, 세례자 요한, 사도 바울을 대면하면서 누구나 이 점을 아쉬워한다.

민족의 영웅인 영도자 모세가 엄혹한 광야의 난민 생활을 이겨 내고도 약속의 땅을 멀리서 바라보기만 하고 들어가지 못한 까닭도 마찬가지다. 모세는 누구도 따를 수 없는 카리스마와 리더십을 갖추었으나 분노를 이기지 못했다. 그를 세우신 하나님도, 백성들도 모두 아쉬워한 뼈아픈 일이다.

모세가 왕도 교육을 받으며 왕궁에서 생활할 때는 그야말로 귀족적인 '평정(serenity)'을 지니며 품격을 유지했다. 왕과 공주의 권위에 맞춰야 하는 것 말고는 문제가 없었다. 다른 사람들은 모두 자신에게 복종하며 자신의 뜻에 맞춰 줬기 때문이다. 그러나 왕궁 밖으로 나가면서 분노의 격정이 나타나자 문제가 심각해졌다.

세례자 요한은 제사장 가문 출신이지만 기득권에 안주하지 않고 광야에서 은둔 생활을 한다. 요한이 부르짖는 정의와 변화에 온 나라가 들썩일 만큼 사람들이 그에게 반응하며 모여든다. 그의 인기는 하늘을 찌를 듯했다. 민중들은 그가 오기로 되어 있는 메시아가 아닐까 생각했다. 그러나 대안을 제시하지 않고 비판만 너무 강하게 하다 보면 뜻을 이루기가 어렵다. 우리는 그를 보면서 "세례자 요한보다 더 큰 인물이 없다. 그러나 하나님 나라에서는 가장 작은 자라도 요한

보다 더 크다(누가복음 7:28)"라고 평한 예수의 속뜻을 되새기게 된다.

1번 유형은 대체로 속마음이 따뜻하고 사랑이 많지만, 틀린 것을 바로 잡으려는 마음이 앞서 심각해지는 경향이 있다. 세례자 요한도 사랑보다는 정의를 앞세우는 마음이 비판으로 나타났다. 정의를 주창하고 실현하는 것도 결국은 사랑을 이루기 위한 것임을 언제나 마음속에 새겨야 한다. 사랑을 위해 정의를 어떻게 다루어야 할지 깊이 생각할 필요가 있다.

사도 바울은 예수의 열두 제자에 들지 못했다. 그러나 역사가들이 하나님 나라 복음을 선포한 이는 예수지만 기독교의 토대를 세운 이는 바울이라 할 만큼 바울은 빼어난 인물이었다. 그러나 정의감이 완전주의의 옷을 입고 나타날 때는 그도 날카롭게 행동하고 좁은 시야에 빠지게 하는 분노의 격정에 사로잡혔다. 그 문제만 아니었으면 그에게서 정의가 사랑과 조화됐을 것이다.

사도 바울이 처음 교회 지도자들에게 인정받게 된 데는 무엇보다 바나바의 도움이 컸고, 그다음으로는 사도 베드로의 지도력이 크게 작용했다. 그러나 바울은 완전주의적 성향과 분노의 격정으로 교회의 수장인 베드로를 공개적으로 비판했으며, 선교 여행 도중에는 바나바와 서로 다른 길로 가 버렸다. 우리는 이를 통해 정의감 때문에 생긴 갈등을 어떻게 관리해야 하며, 사랑과 화해를 어떻게 이루어야 하는지를 깊이 생각하게 된다.

모두들 그토록 빼어난 인물들이었음에도 분노를 다스리지 못한 점은 아쉬움이 남는다. 누구나 느끼겠지만, 특히 자기 자신이 1번 유형이라고 동일시하는 사람들은 분노의 격정을 다스릴 필요를 깊이 인식해야 한다. 아무도 완전할 수 없음을 먼저 떠올려야 한다. 하나님 밖에는 완전한 이가 없다. 금조차도 순도가 99퍼센트 아닌가!

짜증 나거나 화날 일이 없는 환경에서는 1번 유형도 온화하고 착하며 낙천적이고 재미있게 산다. 그러나 인생은 장미 꽃밭도 아니고 온실도 아니다. 1번 유형은 어쩌다 화를 내면 그것을 의식하면서 점점 더 화가 나고, 완전주의 성향 때문에 분노를 기피하느라 참고 참다가 결국 폭발하는 식으로 분노가 표출된다. 격정이 마음속에 있는 줄 모르고 살다가 어떤 상황에서 그것이 자극되거나 유발되면 분노의 격정에 사로잡히는 것이다. 이들은 이런 경험을 반복하면서 격정을 조금이나마 의식하게 되는데, 격정에 대한 지식과 이해가 부족하고 격정을 다루는 법을 모르기 때문에 분노의 격정을 생각하면서도 걸려 넘어지는 일이 반복된다. 그들은 배우고 수련을 하지 않으면 평생토록 그 틀 안에서 살 수밖에 없다.

개혁가 기질이 있는 1번 유형은 '완전'이란 개념을 '성숙'이란 개념으로 변환시키고, '평정'에 초점을 맞춰야 한다. 화가 잘 나는 사람 속에는 온화하고 착한 마음이 있다. 크게 성공했더라도 분노의 격정을 다루지 못하면 그 분노 때문에 낭패를 당한다. 1번 유형은 분노의 격정을 다스리고 바르게 다루면서 평정의 덕목을 살리는 쪽으로 변화해야 한다.

우리는 이 변화 과정에서 덕목을 생각하고 의식하는 방향으로 무게중심을 옮겨 가야 한다. 모세와 바울, 세례자 요한 같은 사람에게 평정의 덕목이 돋보인다면 이보다 더 좋을 순 없다. 이제 마음속에 있는 평정을 끌어내는 일만이 남아 있다. 앞서 언급한 인물들을 생각하면서 1번 유형의 자기 관리와 위기관리에 대해 살펴보자.

1번 유형은 성취형으로 개혁자 기질이 강하다. 그들은 완벽주의자이며 원칙주의자라서 불완전하거나 무원칙한 것을 보면 분노가 올라온다. 그러나 스스로 분노가 불완전함을 드러내는 것인 줄 알기 때문에 분노를 기피하며 참는다. 억제 심리가 강해 표정이나 분위기에 긴장이 감돌고, 주변 사람들도 그들 때문에 긴장하기 쉽다. 유능하고 책임성이 강해 리더십이 있으나 교훈적이며 비판적인 말을 많이 해 진지하고 엄격한 모습이 잘 드러나고 특히 격정에 사로잡히면 이런 면이 강하게 나타난다.

1번 유형은 만 여섯 살을 전후해 무섭고 엄격하며 냉정하거나 또는 부재중인 아버지와의 경험으로 인해 아버지에게 부정적인 기억을 가진 유형이다. 커서도 아버지 같은 선생님이나 상사 앞에 서면 긴장하며 완벽주의가 강한 유형이다. 이들은 어려서부터 '바른 아이 콤플렉스'를 가지고 살아서 완벽을 추구할 뿐 아니라 욕먹을까 봐, 잘못을 지적당할까 봐 두려워한다. 리더가 되어서도 비판이나 충고를 잘 받아들이지 못하고, 지나치게 책임감을 느끼는 성격이라 매사를 확인하며 실수와 오류가 없는 무결점을 추구하다가 독선적 분노가 나타날 수 있다.

그러나 1번 유형이 분노의 격정을 사로잡고 완전보다는 성숙을 지향하며 평정의 덕목을 살리면, 이들은 원칙을 중시하면서도 온화하고 너그러운, 오류를 인정하고 개선책이나 대안을 제시하는 미래 지향적인 지혜를 살려 나가게 된다. 아울러 정의와 평화를 추구하는 리더가 될 수 있다.

개혁자 기질이 강한 에니어그램 1번 유형은 위기 상황에서 스트레스가 심하면 독선과 독단에 빠지고 교조적이며 엄격해질 수 있기 때문에 남다른 정의감과 책임감, 분별력과 판단력을 살려 위기를 관리해야 한다. 평정을 지니면 그들의 마음을 잘 살릴 수 있다. 사랑을 앞세우며 정의와 조화를 이루려고 노력할 때 평화와 화해가 완성된다. 이들은 정의가 중요하고 필요하더라도 그것을 위한 관심과 노력이 행여 지나칠까 조심할 필요가 있다. 지나침은 모자람만 못하다. 1번 유형은 평정과 나란히 서는 것이 중용과 절제임을 마음에 깊이 새겨야 한다.

2번 유형

겸손한
봉사자

롯
막달라 마리아
사도 요한

TYPE
2

I 룻

함께 가는 룻

세상에는 자기밖에 모르고, 자기만 생각하며 사는 사람이 많았던 것 같다. 사도 바울이 빌립보 교우들에게 보낸 편지를 보면, 디모데를 천거하면서 "모두 다 자기의 일에만 관심이 있고, 그리스도 예수의 일에는 관심이 없습니다"(빌립보서 2:21)라 한 말이 있다.

지금도 크게 다를 바 없는 세상이지만, 그래도 남에게 무엇이든지 잘 주고 돕고 돌보며 봉사를 잘하는 사람들이 있다. 에니어그램 2번 유형이다. 이들은 자신보다 남에게 뭐가 필요한지를 얼른 알고 다가가서 도와주는 데 선수들이다. 성서에도 이런 인물들이 많이 있다. 그중에서도 룻은 특기할 만하다.

에니어그램으로 조명하지 않더라도 룻은 특기할 사항이 많다. 그는 본디 유대인이 아니라 모압 여인이었다. 그럼에도 다윗 왕의 증조모가 되었고, 예수의 조상이 되었다. 문학 형식으로 말하자면, 선민사상에 대한 저항문학이다. 성서에 여성의 이름이 붙은 책은 「에스더」와 「룻기」뿐이다. 외경에는 「유딧」이 하나 더 있다. 그만큼 여성이 희귀한데, 그중에도 룻은 이방 여인이었다.

사사 시대에 기근이 극심해지자 한 이스라엘 가족이 모압으로 이주한다. 엘리멜렉이라고 하는 유대 베들레헴 태생의 한 남자가 그의 아내 나오미와 두 아들을 거느리고 모압 땅으로 건너가 거기서 살게 된 것이다. "그러다가 나오미의 남편 엘리멜렉이 죽자, 나오미와 두 아들만 남았다. 두 아들은 다 모압 여자를 아내로 맞이하였는데, 한 여자의 이름은 룻이고, 또 한 여자의 이름은 오르바였다. 그들은 거기서 십 년쯤 살았다. 그러다가 아들 말론과 기룐이 죽으니, 나오미는 남편에 이어 두 아들마저 잃고, 홀로 남았다"(룻기 1:3~5).

여기에는 룻이 주인공으로 등장하는 배경이 급전직하로 그려진다. 때마침 고향에 풍년이 들었다는 소식을 들은 나오미가 살던 곳을 떠날 때에, 두 며느리도 함께 떠나서 유대 땅으로 돌아가려고 길을 나선다.

길을 가다가 나오미가 두 며느리에게 "너희는 제각기 친정으로 돌아가거라. 너희가, 죽은 너희의 남편들과 나를 한결같이 사랑하여 주었으니, 주께서도 너희에게 그렇게 해주시기를 빈다"(룻기 1:8)라고 하면서 축복해 주며 작별하려고 할 때, 며느리들이 큰소리로 울면서 말했다. "아닙니다. 우리도 어머니와 함께 어머님의 겨레에게로 돌아가겠습니다"(룻기 1:10).

그들의 작별은 결코 쉽지 않았다. 오랜 실랑이 끝에, 작은 며느리 "오르바는 시어머니에게 입 맞추면서 작별 인사를 드리고 떠났다. 그러나 룻은 오히려 시어머니 곁에 더 달라붙었다"(룻기 1:14)고 한다. 그러면서 룻이 말한다. "나더러, 어머님 곁을 떠나라거나, 어머님을 뒤따르지 말고 돌아가라고는 강요하지 마십시오. 어머님이 가시는 곳에 나도 가고, 어머님이 머무르시는 곳에 나도 머무르겠습니다. 어머님의 겨레가 내 겨레이고, 어머님의 하나님이 내 하나님입니다" (룻기 1:16). 룻의 입에서 나오는 말은 구구절절이 시요, 신앙고백이요, 충효의 결단이다.

자신의 필요보다 남의 필요를 먼저 생각하고 돌보는 2번 유형의 특성이 이보다 더 웅변적으로 드러날 수가 없다. 인간적인 견지에서 보면 나오미가 말한 것처럼 시동생이 남아 있어서 그와 결혼(levirate)을 할 형편도 아니고 아무것도 기대할 수 없는 처지에서 끝까지 시어머니와 함께 가겠다는 룻의 결단이 돋보인다. 자기의 처지보다도 시어머니의 처지를 생각해 함께 가는 룻의 아름다운 모습이다.

이삭 줍는 룻

룻이 시어머니와 함께 베들레헴에 돌아왔을 때는 보리를 거두기 시작할 무렵이었다. 베들레헴에는 룻의 시아버지 엘리멜렉의 친척 가운데 재력이 있는 보아스가 살고 있었다. 룻은 시어머니 나오미와 의논해서 추수하는 밭에 나가 이삭을 줍기로 했는데 그곳은 우연히도 보아스의 밭이었다. 보아스 역시 남의 필요는 재빨리 알아채고 돕는 2번 유형이었다. 그는 룻의 특성을 빨리 간파한 듯했다.

자기 관찰과 자기 수련을 하며 사는 사람은 다른 사람의 인성을 잘 파악한다. 그중에서도 자기와 같은 성격 유형이면 그만큼 동질감을 느끼며 더 빨리 그 특성을 알아차린다. 보아스의 눈에 비친 룻이 그랬을 것이다. 특히 보아스는 룻을 배려하며 자상하게 도와줄 뿐 아니라, 이미 나오미에게 룻이 "어떻게 하였는지를, 자세히 들어서 다 알고"(룻기 2:11) 있었다.

2번 유형은 남의 필요를 잘 알아채는 것처럼 남의 사정에도 밝고,

정보도 많이 알고 있다. 어쩌면 룻이 보아스의 밭을 찾아간 것이나, 보아스가 룻을 만나기 전에 이미 그에 관해 잘 알고 있었던 것도 그런 특징이 나타난 결과일지 모른다. 보아스는 룻에게 다른 밭으로 가지 말고 자기 밭에만 있으면서, 일꾼들이 곡식을 거두는 밭에서 눈길을 돌리지 말고 이삭을 주우라고 일렀다.

게다가 보아스는 젊은 남자 일꾼들이 룻을 건드리지 못하게 조처하는 동시에 목이 마를 때 물 단지에 가서 물을 마실 수 있는 특권을 준다. 룻은 감격해서 이마를 땅에 대고 절을 했다. 그는 감당하기 어려운 은혜를 받았다고 생각했던 것이다. 그러나 이는 시어머니와 둘이서만 사는 룻이 시어머니에게 효도를 한 사실이 이미 알려진 덕이었다.

에니어그램 2번 유형은 남의 필요를 빨리 알고 돕는 대신 자기 자신의 필요는 잘 보지 못하는 탓에 자기가 한 일을 남에게 자랑함으로써 자신의 문제를 해결하려는 성향이 있다. 남의 필요를 인식하는 만큼 자기 자신의 필요를 알고 대처하게 되면 2번 유형은 자랑하지 않고 침묵하면서 겸손해진다. 룻에게서 나타난 겸손도 시어머니에 대한 효성을 더욱 빛나게 했을 것이다.

보아스는 룻이 자기 밭에서 이삭을 주울 때 더할 수 없이 너그럽게 배려하며 조치할 뿐 아니라 룻이 한 일은 주님이 넉넉히 갚아 주신 것이요, "이스라엘의 하나님의 날개 밑으로 보호를 받으러 왔으니, 그분께서 댁에게 넉넉히 갚아 주실 것이오"(룻기 2:12)라고 축복해 준다. 이는 의미심장한 말이다.

이 대목에서 「룻기」의 저항문학이 지닌 핵심이 드러난다. 이는 에즈라, 느헤미야가 시도한 개혁에 저항해 기록한 것으로 보인다. 결국 이방 여인도 하나님을 섬기기로 하면 "하나님의 날개 밑으로 보호를 받으러" 온 것으로 인정된다는 이야기다. 따라서 룻은 이방 여인이지만 유대교로 개종해 다윗 가문에 편입되고 다윗 왕의 증조모가 된다.

그토록 너그럽게 대해 준 보아스에게 룻이 다가갈 수 있는 지혜는 시어머니 나오미가 가르쳐 준다(룻기 3:1~5). 룻이 "어머님께서 일러주신 대로 다 하겠습니다" 하며 보아스에게 "다가가서 보아스의 발치를 들치고 누웠다"(룻기 3:7). 보아스가 자다가 놀라서 깨었을 때 룻이 말한다. "어른의 종입니다. 어른이야말로 집안 어른으로서 저를 맡아야 할 분이십니다"(룻기 3:9).

한결같은 사람, 룻

나오미의 다른 며느리 오르바처럼 룻도 자기 고향 친척 집으로 돌아갈 수 있었지만 그는 시어머니에게 효를 다했을 뿐 아니라 야훼 하나님을 섬기는 유대인이 되어 고난을 무릅쓰고 시어머니와 함께 살기 위해 이삭을 주웠다.

에니어그램 2번 유형은 흔히 두 얼굴의 휴머니스트라 한다. 무엇이든지 잘 주고, 무슨 일이든지 잘 돕고, 봉사를 잘하는 모습은 분명히 휴머니스트다. 그러나 이는 한편으로 보면 남을 사랑하기 때문에 그리하는 면보다 실은 자기가 사랑받고자 하는 욕망 때문에 남에게 무엇이든지 잘 주고, 무슨 일이든지 잘 돕고, 봉사하는 성향이 있어서 나오는 말이다.

이타심은 따지고 보면 이기심의 다른 면이나 마찬가지다. 건강한 사랑은 순전하고 단순한 법이다. 어떤 목적이 있어서가 아니라 사랑하기 때문에 사랑하는, 그저 단순한 사랑이다. 꼬리표가 달리지 않은 순수한 사랑이다. 2번 유형이 이런 사랑을 하면 한결같은 사람이 된다. 이런 사랑은 뭘 해서가 아니라 평소에 자기는 사랑받을 사람이라는 확신과 자존감이 있어야 가능한 일이다.

　봉사를 하는 것도 사랑을 받기 위해서 하다 보면 늘 자기중심성을 벗어나기 어렵다. 그래서 한결같기가 어렵다. 자기가 생각하고 느끼는 만큼 사랑받지 못하든가, 관심이나 사랑이 돌아오지 않으면, 그렇게 되도록 만들려는 충동을 느끼게 된다. 따라서 조작을 한다. 인위적으로 사랑을 끌어내려 한다. 그렇게 해서도 안 되면 이중, 삼중으로 자존심이 상하고 화가 난다.

　그래서 남달리 자존심이 강한 2번 유형이 한결같은 사람이 되는 것은 답답하고 느리게 보일지언정 관성의 법칙이 강한 9번 유형에 비해서는 많이 힘든 편이다. 또한 2번 유형은 변덕이 심하거나 공격성이 나타나기 쉽다. 평소에 남에게 무엇이든지 잘 주고 돕는 것과는 딴판으로 보이기 십상이다. 그래서 두 얼굴의 휴머니스트가 된다.

　남들보다 에너지도 강하고 특히 봉사해야 된다는 유혹이나 강박관념이 함정처럼 작용하는 2번 유형은 지칠 줄 모르고 종일 돌아다니며 일을 한다. 그러면서도 내면의 평화를 유지하면서 우아하고 한결같은 사람이 되는 비결은 자신의 필요는 스스로 해결하는 동시에, 자기는 어떤 행동을 하지 않아도 사랑받을 사람이라는 자신감을 갖는 것이다.

　룻은 2번 유형 중에서도 한결같은 사람으로 돋보이는 인물이다. 성서에 나오는 인물들 중에서도 별별 사람이 다 있는 것처럼, 같은 2번 유형 중에서도 건강한 사람과 그렇지 못한 사람이 있다. 룻은 특별히 흠잡을 데가 없는 사람처럼 보이는데, 언제나 한결같은 사랑으로 살아가는 모습으로 나타난다. 2번 유형이 이런 상태로 살아가면, 지위나 환경이 어떻든 간에 우아한 사람으로 인정받는다.

더욱이 이방 여인은 유대인 사회에 받아들여지고 인정을 받는다는 것이 간단하지 않다. 에즈라(에즈라 10:2)와 느헤미야(느헤미야 13:23)가 개혁을 단행할 때, 유대인과 결혼해 살던 이방 여인들을 쫓아 보냈던 사실을 생각하면 그만큼 어려운 일이었다. 그런 상황에서 신분도 지위도 현격한 차이가 있는 보아스에게 룻이 높이 평가받고 인정 받았던 것은 다름이 아니라 룻이 지닌 아름다운 영혼과 한결같은 사람의 인품 때문이었다.

후일에 신학자들이 「룻기」를 편협한 선민사상뿐 아니라 지나치게 다윗 왕권을 강조한 것에 대한 저항문학으로 보는 까닭도 결국은 주인공인 룻이 돋보이는 인물이었음을 빼놓을 수 없는 중요한 요인이었다. 룻은 그야말로 흠잡을 데 없는 여성이다.

인성 유형이 어떻고, 성격이 어떻든 간에 한결같은 사람이 되는 것은 수련의 목표다. 한때 잘하는 것은 누구에게나 가능하다. 날마다 수련하며 의식이 깨어 있으며 겸손할 때에만 한결같은 사람이 될 수 있음을 여기에서 재확인할 수 있다.

아름다운 사람, 룻

룻은 이름값을 한 사람이다. 그 뜻이 '아름다움'이기 때문이다. 웬만큼 건강하게 사는 2번 유형도 남을 잘 돕고 봉사를 잘하며 많은 사람에게 기쁨을 준다는 말은 들어도 '아름다운 사람' 또는 '우아한 사람'이란 말을 듣기는 쉽지 않다. 이들은 자부심과 자의식이 너무 강하기 때문이다. 그러나 룻은 주변의 모든 사람들이 칭송할 만큼 아름다운 사람이었다.

2번 유형이 건강할 때는 감정이입이 잘되어 공감(empathy)을 잘하고, 다른 사람들과 더불어 살면서도 남들 때문에 애끓지 않고 부드럽고 넉넉한 마음을 가진다. 역지사지란 말처럼 남들의 처지에 자기를 놓고 보며 늘 상대방의 입장에 서서 생각한다. 가슴이 따뜻하고 남들의 장점을 발견하고 인정하며 용기를 북돋아 준다. 봉사하면서 남의 마음을 편하게 해 준다. 상대방이 행여나 빚진 감정을 느낄까 조심하며 배려한다.

이들은 남들을 생각하는 마음으로 깊이 배려하기 때문에 감동을 준다. 순전한 감정을 느끼게 하고 우아한 인상을 준다. 자기 자신을 있는 그대로 인정하고 꾸밈없이 남들에게 다가간다. 봉사를 잘하며 겸손한 사람이 되니 칭송받을 만하다. 룻이 그런 사람이었을 듯싶다. 우리는 여기에서 기록으로 남아 있는 주변 사람들의 이야기를 살필 가치가 있다.

시어머니가 헤어지자고 했을 때 룻이 고백과 결단으로 시를 읊듯이 진심을 토로하자, 시어머니인 "나오미는 룻이 자기와 함께 가기로 굳게 마음먹은 것을 보고, 더 이상 말리지 않았다"(룻기 1:18). 이는 룻이 심지가 굳은 여인임을 보여 준다. 일꾼들도 룻을 보고 말한다. "아침부터 와서 지금까지 저렇게 서 있습니다. 아까 여기 밭집에서 잠깐 쉬었을 뿐입니다"(룻기 2:7).

집안 어른인 보아스도 말한다. "남편을 잃은 뒤에 댁이 시어머니에게 어떻게 하였는지를, 자세히 들어서 다 알고 있소"(룻기 2:11). 여기서는 자기가 잘한 것을 자랑하지 않았던 면을 볼 수 있다. 뿐만 아니라 시어머니가 시키는 대로 자기를 보아스의 손에 맡기려 했을 때도, 보아스는 이를 기꺼이 맞아들이며 룻에게 말한다. "룻, 그대는 주님께 복받을 여인이오. 가난하든 부유하든 젊은 남자를 따라감직한데, 그렇게 하지 않으니, 지금 그대가 보여 준 갸륵한 마음씨는, 이제까지 보여 준 것보다 더욱더 값진 것이오"(룻기 3:10). 이렇게 룻은 상대방에게 감동을 안겨 준다.

마침내 보아스와 결혼해 룻이 아들을 낳았을 때, 이웃 여인들은 나오미에게 룻을 두고 이렇게 말한다. "시어머니를 사랑하는 며느리, 아들 일곱보다 더 나은 며느리가 아기를 낳아 주었으니, 그 아기가 그대에게 생기를 되찾아 줄 것이며, 늘그막에 그대를 돌보아 줄 것입니다"(룻기 4:13). 그 아기가 바로 오벳이다. 이새의 아버지요, 다윗의 할아버지가 되는 아기다. 룻은 이토록 주변 사람 모두에게 인정받고 칭송을 듣는데, 그들의 표현과 묘사 속에 담긴 룻의 인품은 '아름다움' 그 자체다.

2번 유형이 이렇게 살 수 있는 것은 조화와 균형에서 나온다. 남의 필요를 잘 아는 것과 자신의 필요를 알고 인정하는 것을 균형 잡는 것이 그 첫걸음이다. 그렇게 되면, 자기가 한 일이나 봉사에 대해 더 이상 자랑할 필요가 없다. 자신이 하는 어떤 행위도 사랑을 받기 위해 또는 자기를 위해 하는 것이 아니라 숨은 동기(ulterior motivation)조차도 순수한 사랑의 표현으로 할 따름이다.

공감과 뜨거운 동정심(compassion)으로 봉사하며 사랑으로 일관할 때 2번 유형은 사심 없이 도우며 봉사하는 사람의 순전하고 순수한 사랑으로 남에게 감동을 줄 뿐 아니라 스스로에게도 감동이 되는 삶을 누리게 된다. 그렇게 되면 그들은 아름다운 룻과 동행하는 사람이 될 수 있다.

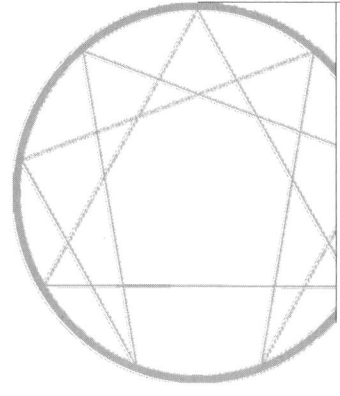

2

막달라 마리아

소문난 여자, 막달라 마리아

성서에 나오는 인물들 가운데 이름난 여성은 그리 많지 않다. 남성 중심 사회의 전통과 문화적 배경을 생각하면 어쩔 수 없었으리라 생각된다. 그러나 성서에 등장하는 여성은 한결같이 빼어난 여성들이다. 그중에서도 특히 신약에는 마리아라는 이름을 가진 이들이 많다. 예수의 어머니 마리아를 비롯해 마르다의 동생 마리아, 글로바의 아내 마리아, 그리고 막달라 마리아 등 여럿이 등장한다.

신약에 등장하는 수많은 마리아 가운데 동정녀 마리아를 제외하면, 단연 막달라 마리아가 돋보인다. 그는 고향이 막달라로 알려진 인물이다. 그가 소문난 여자로 알려진 것과 고향의 이름으로 알려진 것은 인습적이기는 하지만 그 고장을 특별히 살펴볼 필요가 있다.

막달라는 오늘날 메즈델에 해당되는 곳이다. 그곳은 예수가 펼친 갈릴리 선교의 한 거점인 가버나움에서 서쪽으로 약 십 리 떨어진 해변가에 위치한다. 막달라는 상업적으로 번창한 부촌이었던 만큼 도덕적으로는 좀 문란했던 모양이다. 이런 환경에서 자란 마리아가 소문난 여자로 등장한 배경을 고려할 수 있다. 복음서에는 그에 대한 다양한 묘사가 있다. 먼저 "죄인"(누가복음 7:37)으로 설명되는 이 여인은 "일곱 귀신이 떨어져 나간"(누가복음 8:2) 여자로 묘사된다.

사람을 이해하는 데는 먼저 가치관과 성격을 파악하는 것이 중요하다. 눈높이(CE⁴-Level=see-level), 곧 가치관이 형성되는 과정과 배경에는 문화(culture), 교육(education), 경험(experience), 환경(environment), 기대(expectation)라는 다섯 가지 요소가 작용한다. 맹모삼천설을 상기할 수도 있지만, 부유하나 부도덕한 고장에서 자라났다는 사실을 간과할 순 없을 듯하다.

이른바 대처에서 자라나고, 부도덕한 환경에서 살았기 때문에 모두가 다 부도덕해지는 것은 당연히 아니다. 그러나 그런 환경에서 유혹을 받을 가능성이 성격에 따라 좌우되는 것은 어쩔 수 없는 일이다. 이런 관점에서 막달라 출신 마리아의 성격 형성 과정을 살펴보도록 하자.

사복음서에 고르게 소개되었다는 사실만 봐도 이 여인에 대한 관심이 높았던 것은 자명하다. 소문난 여자로 등장해 부활하신 주님을 맨 먼저 만났고, 또 제일 처음으로 부활의 기쁜 소식을 전한 증인이 되었다는 점만으로도 그가 파란만장한 삶을 살았음을 알 수 있다. 그런데 마리아가 드러낸 단면들을 통틀어 생각하자면 그가 건강하지 못했을 때나 건강할 때를 막론하고 공통적으로 드러낸 특징은 남에게 무엇이든지 잘 주고 누구나 잘 돌보는 성격이라는 점을 알 수 있다.

에니어그램 2번 유형의 성격을 잘 드러내는 사람이 바로 막달라 마리아다. 2번 유형은 먼저 주는 사람, 돕는 사람, 돌보는 사람으로 성격의 특징이나 성향이 묘사된다. 이런 사람은 자기 자신의 필요는 기피하면서 '나 몰라라' 하고 사는데 비해, 남의 필요는 어려서부터 잘 아는 사람이다. 심지어는 아침에 눈을 뜨면 먼저 자신의 손길이나 도움이 필요한 사람들이 쭉 늘어선 것처럼 보이듯이 봉사해야 한다는 함정에 빠지기 쉽다.

2번 유형이 빠지는 함정을 다른 관점에서 보면, '자유'라고 할 것이다. 어떤 것에도 묶이지 않으려는 자유에의 욕망이 강하기 때문이다. 심리적으로나 정신적으로 건강하지 못하면 이런 성향에다 야심과 함께 허영에 들뜨기 쉬워 '궁핍'을 기피하려 한다. 따라서 가정형편이 어려우면, 소문난 여자가 될 가능성이 커지기 쉽다.

섬기는 여인, 막달라 마리아

남에게 무엇이든지 잘 주고 누구나 잘 돌보는 2번 유형은 만 여섯 살 전후로 아버지와 애증이 엇갈린 상태에서 자란다. 아버지가 자신을 사랑하는 줄은 알겠는데 왠지 편하게 사랑을 받아들일 수만은 없다. 아버지가 싫지는 않지만 그리 편하지도 않다. 자연히 아버지의 사랑을 자신이 편하게 받아들이지 못하는 데 대해 어린 마음에도 일종의 죄책감을 느낀다.

이렇게 아버지 또는 아버지 같은 인물과 애증이 엇갈린 상태로 동일시하며 자란 어린아이는 아버지에게 무엇이 필요한가를 열심히 찾으며 그것을 채워 줌으로써 보상하려는 심리가 발달한다. 그러자니 자연히 아버지로부터 시작해 가족들에게 필요한 것을 주며 봉사하는 특징이 강화된다. 그리고 마침내 자기 주변의 모든 사람에게 이런 성향을 보인다.

'죄인'이라 묘사된 믹딜라 바리아는 바리새파 사람들의 눈에는 부도덕한 사람으로 보일 것이다. 사회학적으로 당시 '죄인'이라는 말은 소외된, 밀려난 사람을 일컫는 말이었다. 먹고살기 힘들어서 안식일을 지키지 못한 가난한 사람들까지 여기에 포함된다. 전통적으로 창녀로 알려진 막달라 출신 마리아가 물질적으로 궁핍한 것을 기피하려고 애썼을 가능성이나 아니면 허영에 들떠서 쾌락을 좇다가 그만 소문난 여자가 되었을 가능성도 배제할 수는 없다.

막달라 마리아에게서 "일곱 귀신이 떨어져 나간" 사실을 떠올려 보더라도, 그에게는 정신적으로나 심리적으로 적잖은 문제가 있었을 가능성을 인정할 수 밖에 없다. 그러나 예수의 치유로 건강을 회복한 마리아는 예전의 그를 보는 사람들에게는 아직도 '죄인'이었을지라도 사람들의 관습이나 상상을 뛰어넘어서 섬김의 뚜렷한 모습을 드러낸다. 그는 이제 섬길 줄 아는 사람의 전형을 보인다.

'옥합을 깨뜨린 여인'으로도 잘 알려진 막달라 마리아는 필요에 따라서 큰마음을 먹고 무언가 주기로 하면 보통 사람들이 계산하는 것을 훌쩍 뛰어넘는다. 그가 "향유가 담긴 옥합"(누가복음 7:37)을 가져와서 "예수의 등 뒤에 발 곁에 서더니, 울면서, 눈물로 그 발을 적시고, 자기 머리털로 닦고, 그 발에 입을 맞추고, 향유를 발랐다"(누가복음 7:38)고 누가는 상세히 기록한다.

「마가복음」의 저자가 전하는 이야기는 이보다 더 극적이다. 그는 "한 여자가 매우 값진 순수한 나드 향유 한 옥합을 가지고 와서, 그 옥합을 깨뜨리고, 향유를 예수의 머리에 부었다"(마가복음 14:3)고 기록했다.

이 광경을 지켜보던 이들 중에서 "몇몇 사람이 화를 내면서 자기들끼리 말하였다. '어찌하여 향유를 이렇게 허비하는가? 이 향유는 삼백 데나리온 이상에 팔아서, 그 돈을 가난한 사람들에게 줄 수 있었겠다!' 그리고는 그 여자를 나무랐다"(마가복음 14:4~5). 한 데나리온이 노동자의 하루 품삯인 점을 고려해 보면, 상관도 없는 사람들이 허비한다고 화를 낼 만큼 엄청나게 값진 향유는 한 노동자가 일년 내내 벌어서 먹지도 쓰지도 않고 모아야 살 수 있는 것이었다.

막달라 마리아가 이토록 값진 향유를 흔쾌히 예수에게 바치며 헌신적인 봉사를 한 것은 에니어그램 2번 유형의 특유성이 돋보인다. 장차 예수를 넘겨줄 가룟 유다가 앞서 사람들이 언급한 불평을 대표로 발언한 것(요한복음 12:4~5)과는 대조적으로, 예수가 말했다. "그대로 두어라. 그는 나의 장사 날에 쓰려고 간직한 것을 쓴 것이다. 가난한 사람들은 언제나 너희와 함께 있지만, 나는 언제나 너희와 함께 있는 것이 아니다"(요한복음 14:7~8).

사심 없는 봉사자, 막달라 마리아

성격 유형이 어떻든지, 누구나 건강하면 성자 같고 천사 같이 된다. 막달라 마리아도 예수를 만나기 이전에는 자신의 성격과 격정 때문에 정신 상태가 건전하지 못했고, 유혹을 이기지 못해 타락했으며, 소문난 여자로 창녀 생활까지 했다.

그러나 예수가 "일곱 귀신이 떨어져 나"가게 해 준 이후로, 에니어그램으로 말하자면 격정에 사로잡힌 상태에서 벗어난 이후로, 막달라 마리아는 건강한 삶을 살게 되었다. 누구나 격정에 사로잡히면 불건강해지기 마련이고, 자신의 단점을 여지없이 드러낼 뿐 아니라, 평소에 드러날까 봐 전전긍긍하면서 감추려고 애쓰던 추한 모습, 부끄러운 단면까지 몽땅 드러내고 만다.

이와 대조적으로 격정을 꽉 붙잡으면 자신의 장점과 아름다운 덕목이 나타난다. 막달라 마리아가 부활절 첫새벽에 무덤에 갔던 일을 떠올려 보면, 그가 사심 없는 봉사자로서의 특징을 잘 살리고 있음을 알 수 있다. 에니어그램 2번 유형은 남에게 무엇이든 잘 주며 상대를 잘 보살피면서도, 걱정이 자랑으로 잘 나타난다. 그러나 건강해져서 '하나님의 은총을 함께 나누었다'고 생각하면, 스스로 자랑하는 것을 멈추거나 포기하기 때문에 겸손해진다.

2번 유형이 이처럼 자신이 한 일에 대해 침묵을 지키며 오로지 사람들에게나 하나님에게 감사하게 될 때, 그는 스스로 겸허하게 사심 없는 봉사자가 된다. 막달라 마리아는 부활절 새벽에 예수의 무덤으로 달려가면서 자신의 안전 같은 것은 생각할 겨를이 없었다. 당시에 유대인들이 무서워서 문을 걸어 잠그고 숨어 있었던 제자들(요한복음 20:19)과는 대조적으로, 막달라 마리아는 주님이 묻히신 무덤으로 달려갔다.

2번 유형은 정신 건강이 평균 상태를 유지할 때에도 남에게 친밀하면서 소유욕이 강해, 가까운 사람들을 마치 자신이 소유한 것처럼 느끼며 산다. 감정 표현을 해도 거창하게 잘하고, 남이 듣기 좋은 말을 하려는 성향 때문에 아부성 발언도 서슴지 않는다. 또한 자신은 항상 지나치게 선의적이라고 생각한다. 가까운 사람들이 버거워할 정도로 제안을 잘한다. 그리고 그 제안이 받아들여지지 않으면 심기가 불편해진다.

그러나 이런 상태에서 벗어나 통합의 방향으로 이행하면서 건강해지면, 아주 너그러운 마음으로 남을 키워 주는 협조자가 된다. 사랑받기 위해 남을 도와줘야 한다는 강박관념에서 해방된다. 자신은 있는 그대로 사랑받을 수 있는 사람이라는 사실을 믿고, 꼬리표가 달리지 않은 도움을 준다.

2번 유형이 스스로 격정을 다루는 상태에 이르면, 사랑받지 못할까 봐 두려워하던 마음에서 벗어나게 되고, 자기가 남에게 무엇을 주든 안 주든, 남을 돌보든 안 돌보든 자신감을 가지고 살게 된다. 또한 자기 자신의 필요나 욕구도 외면하지 않고 인정하며 거기에 대처할 뿐 아니라, 남의 필요를 간파하거나 감지하게 됐을 때, 편한 마음으로 그들을 소박하게 돌보는 사람이 된다.

이런 마음을 가지고 살 때, 에니어그램 2번 유형은 스스로 건강한 자신감을 갖게 되며, '나는 돌보는 사람이다'라고 자신을 이해하게 된다. 다른 사람들에게 감정이입을 잘하고, 공감을 잘한다. 2번 유형이 건강해지면 4번 유형의 덕목을 향해 움직인다. 따라서 감정에 균형이 잡히고 침착해지며, 예술 감각이 풍부해진다. 직관력 또한 풍부해지며, 다른 사람의 아픈 곳이나 상처를 싸매 주고 위로하는 일도 잘하게 된다.

돌보는 사람이 입는 영광

'끝이 좋으면 모든 것이 좋다'는 말이 있다. 이는 끝을 아름답게 장식하면 모든 흠을 덮을 수 있음을 말해 준다. 성서에 등장하는 수많은 인물 중에서도 끝 부분에 분명히 초점이 맞춰진 사람이 바로 막달라 마리아다. 예전에 그가 어떤 사람이었고 어떻게 살았고 행실이 어떠했는가는 더 이상 이야기될 필요가 없다.

「누가복음」에 의하면, 예수의 활동을 돕는 일단의 여인들이 있었다고 한다. 선교 활동에는 열두 제자가 동행했다. 그러나 "자기들의 재산으로 예수의 일행을 섬겼다"(누가복음 8:3)고 기록된 장본인은 바로 그 여자들이었다. 헤롯의 재무 대신인 구사의 아내 요안나와 수산나, 그리고 그밖에 다른 여자들도 있었는데, 막달라 마리아는 그 여자들 가운데 한 사람이었다.

그런데 놀라운 점은 「누가복음」을 기록한 이가 그 여자들을 언급하면서, 제일 먼저 막달라 마리아의 이름을 꼽는다는 사실이다. 그만큼 비중을 두고 있음을 알 수 있다. 여기에서는 막달라 마리아가 예수에게 향유를 부은 사건(누가복음 7:36~50)에 이어서 이렇게 기록하고 있음을 주목할 필요가 있다.

「마가복음」의 저자는 다른 각도에서 막달라 마리아를 돋보이게 보도한다. 먼저 예수의 머리에 향유를 부은 사건을 기록하면서, 그 끝에다 이렇게 덧붙인다. "이 여자는, 자기가 할 수 있는 일을 하였다. 곧 내 몸에 향유를 부어서, 내 장례를 위하여 할 일을 미리 한 셈이다. 내가 진정으로 너희에게 말한다. 온 세상 어디든지, 복음이 전파되는 곳마다, 이 여자가 한 일도 전해져서, 사람들이 이 여자를 기억하게 될 것이다"(마가복음 14:8~9).

도무지 이보다 더 큰 영광을 누가 감히 바랄 수 있겠는가. 어디 그뿐이랴. 부활 기사에서도 예수에게 발라 주려고 향료를 사 가지고 무덤으로 갔던 사람 가운데 제일 먼저 언급되는 이름이 막달라 마리아다(마가복음 16:1). 예수가 십자가에 달려 죽을 때에도 남성 제자들은 간 데 없이 사라졌는데 끝까지 "멀찍이서 지켜보고" 있었던 여자들 가운데 막달라 마리아의 이름이 제일 앞에 나온다(마가복음 15:40).

예수의 시신을 십자가에서 "내려다가 그 삼베로 싸서, 바위를 깎아서 만든 무덤에 그를 모시고"(마가복음 15:46) 장례를 치를 때에도 끝까지 지켜보고 있었던 이들 가운데 막달라 마리아가 가장 먼저 거명된다. 부활하신 예수가 제자들에게 나타난 기록을 살펴봐도 "맨 처음으로 막달라 마리아에게 나타나셨다"(마가복음 16:9)고 명백히 쓰여있다.

무엇보다도 부활의 기쁜 소식을 역사상 제일 먼저 선포한 사람이 막달라 마리아다. 그는 "마리아는 예수와 함께 지내던 사람들이 슬퍼하며 울고 있는 곳으로 가서, 그들에게 이 소식을 전하였다"(마가복음 16:10). 그는 부활의 증언에 있어서만 제일인자가 아니다. "그러나 그들은, 예수가 살아 계시다는 것과, 마리아가 예수를 목격했다는 말을 듣고서도, 믿지 않았다"(마가복음 16:11)는 기록을 뜯어보면, 남성 제자들은 예수를 따라다니면서 내내 '맹목성'을 보이며 청맹과니(blindness)처럼 굴던 모습을 여기서도 다시 드러내는 데 반해, 막달라 마리아는 부활 신앙에 있어서도 탁월성을 보여 준다.

예수가 한 말처럼(마가복음 14:9), 복음이 전파되는 곳마다 막달라 마리아가 한 일도 전해져서 사람들이 그를 기억한다. 여성신학의 발전과 더불어 그에 대한 평가와 존중이 나날이 새로워질 따름이다. 이토록 큰 영광을 입게 되는 건강한 2번 유형은 무엇보다 하나님의 뜻과 거룩한 의지를 드러내는 데 빼어난 사람이다.

3 사도 요한

사랑받던 제자 요한

요한의 이미지는 극적인 사건으로 강렬하게 기억된다. 예수가 배반당할 것을 예고하는 최후의 만찬 자리에서다. "제자들 가운데 한 사람, 곧 예수께서 사랑하시는 제자(요한)가 바로 예수의 품에 기대어 앉아 있었다. 시몬 베드로가 그에게 고갯짓을 하여, 누구를 두고 하시는 말씀인지 여쭈어 보라고 하였다"(요한복음13:23~24).

요한은 시몬 베드로까지도 인정할 만큼 예수의 사랑을 받았다. 에니어그램 2번 유형에게는 사랑받는 것, 특히 선생님이나 지도자 같은 어른이나 힘 있는 사람의 사랑을 받는 것이 중요한 일이다. 요한의 삶을 들여다보면, 2번 유형의 특징을 지녔음을 알 수 있다.

열두 제자 가운데 한 사람인 요한은 예수의 부름을 받을 때부터 중요한 대목마다 그의 형 야고보와 늘 함께한다. 당시 흔한 이름들 가운데 사도 요한은 '사랑받는 제자(beloved disciple)'로 잘 알려졌다. 그의 형 야고보는 '큰 야고보(James the Greater)'라 불렸다. 예수를 따르던 사람들 가운데 또 다른 야고보가 있었는데, 예수가 십자가에 달렸을 때, "여자들도 멀찍이서 지켜보고 있었는데, 그들 가운데는 막달라 출신 마리아도 있고 작은 야고보와 요세의 어머니 마리아도 있고 살로메도 있었다"(마가복음 15:40)고 기록되어 있었다.

이렇게 '작은 야고보'라는 사람도 있었다. '살로메'에 대해서는 설명이 없는데, 동방교회 전승에서는 세베대의 아내 곧 '큰 야고보'와 요한의 어머니로 전한다. 야고보와 요한은 늘 함께 있는 듯이 보인다. 부름을 받던 때에도, 중대한 사건 현장에도 함께 있었다.

2번 유형은 늘 다른 이들과 함께한다. 보통 혼자 나서서 무슨 일을 하기보다 다른 사람이 제 역할을 하도록 도우며 뒤에서 협력하는 형태를 취한다. 때로는 이런 모습이 '뒤에서 조작 또는 조종'하는 것으로 비치기도 한다.

기독교 전승에서 요한은 야고보, 베드로와 더불어 제자들 가운데 요즘 말로 '삼총사(big three)'라 할 수 있다. 2번 유형은 그러잖아도 권력에 가까이 있으며 권력 있는 사람의 측근이 된다. 주로 막후에 있으나 핵심 그룹에 속하곤 한다. 중요한 장면마다 이 삼총사는 예수와 동행하며 증인이 된다. 예수가 야이로의 딸을 살릴 때(마가복음 5:37), 다볼 산에서 영광 가운데 변모하실 때(마가복음 9:2), 겟세마네 동산에서 기도하실 때(마가복음 14:33)처럼 중대한 사건에는 어김없이 예수와 그들 세 사람만 따로 동행한다.

최후의 만찬을 준비하는 데도 베드로와 요한 두 사람만 보낸다(누가복음 22:8). 예수가 붙잡혀 갈 때에도 "시몬 베드로와 또 다른 제자 한 사람이 예수를 따라갔다"(요한복음 18:15)고 기록되어 있는데, 이는 「요한복음」에서만 밝히고 있다. 여기에서 '또 다른 제자'는 요한으로 전해진다.

그뿐만 아니라 예수가 십자가에 못 박혔을 때에도 남자들은 대부분 달아나고 없었다. 공관복음서의 기록도 여자들이 멀찍이 서서 지켜보고 있었다고만 되어 있다. 오로지 「요한복음」만 십자가 곁에 요한이 있었다고 보고한다.

여기서도 확인할 수 있는 것처럼 에니어그램 2번 유형은 사랑받는 것에 대한 관심도 높지만, 남의 필요를 보면 자기 자신을 돌볼 겨를도 없이 남을 도우며 그들에게 봉사한다. 더욱이 자기가 사랑하는 사람을 위해서라면 순교자적인 특성을 발휘한다. 고난의 현장에서도 마지막 순간까지 견디는 모습을 요한에게서도 확인할 수 있다.

지위를 바라는 요한

에니어그램으로 본 인성은 저마다 격정에 사로잡힐 때 자신의 특징을 가장 뚜렷이 드러낸다. 요한 같은 2번 유형의 격정은 자만 또는 자랑이다. 2번 유형은 어린 시절에 아버지와 싫기도 하고 좋기도 한 양가적 관계 속에서 자랐다. 자부심이 강하기 때문에 자신의 필요나 욕구를 인정하지 않으며, 마치 그런 것은 없다는 듯이 산다. 반면에, 남의 필요는 재빨리 알아본다. 따라서 다른 사람에게 봉사하거나 무언가 잘 주고 그들을 돕는다.

상대방의 필요를 발견하고 돕는 데서 사람들은 자신의 우월성을 느끼며 자만할 수 있다. 자신의 필요를 받아들이면 상대방과 같아질 수 있고, 따라서 열등한 자리에 서게 된다고 생각할 수 있다. 그러나 이렇게 격정이 작용하는 것은 거의 무의식적으로 나타난다. 그래서 이것이 심해지면 허영에 사로잡힐 위험마저 생긴다.

특히 2번 유형은 스트레스를 많이 받게 되면 다른 사람에 대한 소유욕이나 지배욕이 작용한다. 자신이 남을 돕고 봉사하고 보살핀 데 대한 반응이 없거나 보상이 이루어지지 않는다고 느낄 때, 이들은 사람들이 깜짝 놀랄 만큼 공격적으로 변하며 버럭 화를 낸다. 그때까지 잘 돕던 것과는 너무 다른 모습을 연출한다. 그래서 2번 유형이 스트레스를 받으면 8번 유형처럼 강한 지배자로 등장하기 쉽다.

그럴 때 이들은 권력을 지향하는 경향이 나타난다. 예를 들자면, 요한은 예수가 '사랑하는 제자'로서 가만히 있어도 최측근이다. 그러나 남을 의식하고 경쟁하며 스트레스를 받으면, 조급해지면서 지위를 추구하게 된다. "세배대의 아들들인 야고보와 요한이 예수께 다가와서 말하였다. '선생님, 우리가 요구하는 것은, 무엇이든지 해 주시기 바랍니다'"(마가복음 10:35). "선생님께서 영광을 받으실 때에, 하나는 선생님의 오른쪽에, 하나는 선생님의 왼쪽에 앉게 하여 주십시오"(마가복음 10:37).

이렇게 요한은 노골적으로 지위와 권력을 요구했다. "그런데 열 제자가 이것을 듣고, 야고보와 요한에게 분개하였다"(마가복음 10:41)고 기록되어 있다. 야고보와 요한의 요구에 응답하는 과정에서 예수가 이미 "너희가 구하는 것이 무엇인지를 모르고 있다"(마가복음 10:38)고 설파했는데도 모든 제자들이 똑같이 예수의 뜻을 깨닫지 못하는 모습이다.

그런 상황에서 예수는 열두 제자 모두를 "곁에 불러 놓고"(마가복음 10:42) 권력과 친교, 봉사에 대한 중대한 가르침을 준다. 요한의 요구 때문에 촉발된 분위기를 바로잡음과 동시에 봉사에 대해 누구보다 민감한 요한을 비롯한 모든 제자들에게 섬김의 도를 가르친다. 예수는 "인자는 섬김을 받으러 온 것이 아니라 섬기러 왔으며, 많은 사람을 구원하기 위하여 치를 몸값으로 자기 목숨을 내주러 왔다"(마가복음 10:45)고 말하면서 자신의 정체성과 소명을 천명한다.

남에게 무엇이든지 잘 주고 남을 잘 도우며 봉사하는 2번 유형이 지만, 자신의 사랑이 인정되지도 않고 보상받지도 못한다고 느낄 때, 특히 자신의 사랑과 봉사가 무시된다고 느낄 때는 순간적인 분노와 공격성이 자타가 놀랄 정도로 나타난다.

야고보와 요한에게서도 이런 모습이 나타난 때가 있었다. "예수께서는 예루살렘에 가시기로 마음 굳히시고 심부름꾼을 앞서 보내셨다. …… 예수를 모실 준비를 하려고 사마리아 사람의 한 마을에 들어갔다. 그러나 그 마을 사람들은 …… 예수를 맞아들이지 않았다. 그래서 제자인 야고보와 요한이 이것을 보고 말하였다. '주님, 하늘에서 불이 내려와 그들을 태워 버리라고 우리가 명령하면 어떻겠습니까?'"(누가복음 9:51~54).

평소에 사랑과 봉사를 남보다 잘 실천하는 2번 유형인 요한은 더욱이 선생님의 '사랑을 받는 제자'지만, 격정에 사로잡히면 신경질적인 반응을 하며 순간적으로 감정이 치솟아 분노를 느껴 이렇게 공격성을 나타낼 수 있다. 이는 봉사 잘하던 모습을 순간적으로 뒤집어엎는 것 같다. 2번 유형은 감정이 예민한 만큼, 감정을 순화시키고 부드럽게 해야 할 필요를 더 느껴야 한다.

균형 잡힌 요한

부활의 첫날 아침에 요한이 보여 준 균형 감각은 2번 유형의 건강한 상태를 나타낸 것으로 이해할 수 있다. 막달라 사람 마리아가 이른 새벽에 '빈 무덤'을 발견하고 와서 보고했다. "누가 주님을 무덤에서 가져갔습니다. 어디에 두었는지 모르겠습니다"(요한복음 20:2). 베드로와 요한이 무덤으로 갔다. "둘이 함께 뛰었는데, 그 다른 제자(요한)가 베드로보다 빨리 달려서, 먼저 무덤에 이르렀다. 그런데 그는 몸을 굽혀서 삼베가 놓여 있는 것을 보았으나, 안으로 들어가지는 않았다"(요한복음 20:5).

요한이 결국은 전승 속에서 부활을 제일 처음 믿은 제자이자 사도로 인정받기는 했으나, 그 순간에는 베드로가 무덤 안에 먼저 들어가도록 배려했을 만큼 그는 균형이 잡혀 있었다. 이뿐만 아니라 그 뒤에 예수가 디베랴 바다에서 일곱 제자들에게 나타났을 때도 그랬다. 밤새도록 고기를 한 마리도 못 잡은 제자들에게 예수가 "그물을 배 오른쪽에 던져라"(요한복음 21:6)라고 했을 때, 요한이 그대로 했더니 그물을 끌어올릴 수가 없을 정도로 고기를 많이 잡았다. 그때 요한이 베드로에게 "저분은 주님이시다"(요한복음 21:7)라고 말을 했는데, 막상 예수에게 다가가려고 바다로 뛰어내린 사람은 베드로였다.

이렇게 늘 베드로와 균형과 조화를 이루는 모습이 안정되고 균형 잡힌 2번 유형의 겸손하며 건강한 모습이다. 요한복음 공동체를 들여다보면, 수제자이자 으뜸 사도로 인정받은 베드로와 리더십을 공유하며 상호 보완적인 입장에서 활동하는 데서도 그의 겸손을 엿볼 수 있다.

예수의 승천과 성령 강림 사건 이후 처음 교회를 세우고 이끌어가는 데도 요한은 베드로와 함께 탁월한 역할을 한다. '아름다운 문' 곁에 앉아서 구걸하고 있던 지체장애인을 고칠 때에도 베드로와 요한은 함께 성전에 올라가던 길이었다(사도행전 3:1~10). 부활을 증언하며 설교하다가 붙잡혀 가서 감옥에 갇힌 때에도 베드로와 요한은 함께 있었다(사도행전 4:1~3).

베드로 중심과 요한 중심이 따로 형성될 법도 한데 둘이 합쳐져서 요한복음 공동체가 이루어졌다고 신학적으로 알려져 있다. 요한의 균형 잡힌 겸손한 태도가 이를 가능하게 했을 것이다. 처음으로 교회에 충격적이고 중대한 사건이 발생했다. 바로 사마리아에 복음이 전해지고 사마리아 사람들이 '주 예수의 이름으로' 세례를 받은 것이다. 이 소식을 전해 듣고 예루살렘의 사도들이 베드로와 요한을 대표로 파견했다. 그들은 대단히 중요한 대표성을 함께 감당했다.

사도 바울과의 관계에 있어서도 요한은 베드로와 함께 중요한 역할을 했던 것을 알 수 있다. 바울의 기록은 다음과 같다. "그래서 기둥으로 인정받는 야고보와 게바(베드로)와 요한은, 하나님이 나에게 주신 은혜를 인정하고, 나와 바나바에게 오른손을 내밀어서, 친교(코이노니아)의 악수를 하였습니다. 그렇게 하여, 우리는 이방 사람에게로 가고, 그들은 할례 받은 사람들(유대사람들)에게 가기로 하였습니다"(갈라디아서 2:9).

선교 영역과 역할 분담에 대한 합의가 이루어진 역사적 사건에서 요한이 균형자 역할을 감당한 셈이었다. 2번 유형은 평상시에 사랑받는 것이 기본적인 욕망으로 작용하지만 최상의 상태에서는 그런 욕망을 뛰어넘어 사심 없는 사랑을 베풀며 침착하고 감정의 균형이 이루어진 상태에서 우아하게 행동한다. 부활의 증인이 되어 베드로와 함께 리더십을 발휘하는 요한에게서 2번 유형의 최고로 건강한 모습을 본다.

예수의 어머니 마리아를 모시는 요한

'사랑받던 제자' 요한이 바로 '사랑하는 사도'가 된다. 건강한 2번 유형이 그렇듯이 요한은 자기가 사랑받는 것에 구애받지도 연연하지도 않고 그저 사랑할 뿐이다. 자기는 '돌보는 사람', '사랑하는 사람'이란 건강한 자신감을 가지고 살기 때문이다. 사랑하는 사람의 표본이 된 요한은 「요한복음」에서 보여지듯이 기독교 예술사에서 뚜

럿한 이미지로 나타난다.

예수 상을 그릴 때는 기본적으로 십자가상을 그린다. 이는 역사적으로 세 가지 경향을 보인다. 처음 교회가 박해 상황 속에서 카타콤에서 예배를 드릴 때는 숨어서 지내던 시기였다. 그러다가 콘스탄티누스 대제가 기원후 313년에 밀라노 칙령으로 기독교에 대한 박해를 끝내고 이를 정식 종교로 공인했다. 그 이후 기독교는 십자가를 '승리의 십자가'로 표현하며 힘의 상징으로 삼기 시작했다. 두 번째 경향은 '사랑의 십자가'요, 세 번째 경향은 '고난의 십자가'였다.

첫 번째 '승리의 십자가'는 예수를 근육질의 강한 형체로 그리거나 심지어 승리자 예수의 검으로도 표현한다. 두 번째 '사랑의 십자가'는 십자가 위의 예수가 아래로 내려다보며 어머니 마리아와 사랑하는 제자 요한에게 사연을 말하는 장면으로 묘사된다. 세 번째 '고난의 십자가'는 고통으로 일그러진 얼굴이나 앙상한 모습과 함께 팔도 온 몸도 축 늘어진 형상으로 예수를 그린다.

이런 전형적인 십자가상 가운데 두 번째 성향은 바로 가상 칠언, 즉 '예수가 십자가 위에서 남긴 마지막 일곱 마디 말씀'으로 기록된 대목(요한복음 19:26~27)에서 찾아볼 수 있다. 사복음서를 통틀어 십자가 곁에 남은 남성 제자는 요한이 유일하게 기록되어 있다. 요한은 사랑의 상징이다. 레오나르도 다빈치의 명화 〈최후의 심판〉에서도 요한은 사랑받는 제자로 묘사된다. 그밖에 한스 멤링(Hans Memling) 같은 수많은 성화 작가들도 한결같이 요한을 여성처럼 묘사하곤 한다.

어떤 에니어그램 연구자들은 미국에 2번 유형의 남성은 없다고 단정짓는다. 타당한 말은 아니지만, 이는 2번 유형인 남성들이 사랑에 민감할 만큼 섬세한 여성성(feminity)을 가졌거나, 아니마(anima)

가 다른 남성들에 비해 훨씬 강하기 때문에 나온 말이라고 본다. 예수가 십자가에 못 박혔을 때에도, 십자가 곁에 남은 사람들은 여성들이었는데, 그중 남성은 요한만 있었던 것도 사랑에 강한 2번 유형의 여성성이 지닌 강점을 드러낸다고 할 수 있다. 특히 십자가에서 곧 운명할 예수가 어머니에 대한 사랑과 효심의 극치를 보이는 순간에 평소 사랑하던 제자 요한에게 자신의 어머니를 의탁하는 장면은 사랑의 극치라 묘사함이 당연하다. 그 자리에는 요한의 어머니도 함께 있었던 것으로 기록되어 있다. 즉 "그들 가운데는 막달라 출신 마리아와 야고보(작은 야고보)와 요셉의 어머니 마리아와 세베대의 아들들(큰 야고보와 요한)의 어머니가 있었다"(마태복음 27:56). 요한은 이제 예수의 어머니를 자신의 어머니로 모시게 된 것이다. 2번 유형이 건강한 상태로 성숙되고 통합될 때, 그들은 사심 없는 도움과 사랑을 실천할 뿐 아니라 대의를 위해 자기희생을 마다하지 않는 순교자적 자세를 취한다.

요한은 예수의 사랑을 받은 제자로서 또한 그의 어머니를 사랑하는 사도로서 존경을 받은 인물이다. 심지어 "믿는 사람들 사이에 퍼져 나가서, 그 제자(요한)는 죽지 않을 것이라고들"(요한복음 21:23) 했을 정도로 소문이 났다. 물론 예수의 말씀이 잘못 해석되고 전달되기는 했으나 요한에 대한 관심이 그만큼 높았음을 알 수 있다.

전설에 의하면 요한은 예수의 어머니 마리아를 모시고 박해를 피해 에베소에 가서 살았다고 한다. 요한의 상징이 독수리인 만큼 그의 사랑과 영성이 하늘 높이 치솟은 듯하다. 결국 인생이 남기는 것은 결국 어떻게 사랑하였느냐다.

2번 유형
겸손한 봉사자

　남에게 무언가 잘 주고 남을 잘 도우며 봉사하는 사람들은 대개 자아가 강하고 자존심이 세기 때문에 우리는 도움을 받으면서도 거북해하기 쉽다. 처음에는 잘 몰라도 계속해서 도움을 받다 보면 '꼬리표'가 붙어 있는 느낌이 든다. 그런데 도움을 주고 봉사하는 사람이 겸손하기만 하면 세상에 이보다 더 좋을 수 없다.

　이방 여인이면서 다윗 왕의 증조모가 된 룻이나, 소문난 여자였음에도 사심 없는 봉사자가 된 막달라 마리아, 그리고 '사랑받던 제자' 요한은 모두 훌륭한 봉사자였다. 그러나 그 특징은 각자 다르게 나타난다.

　룻은 극진한 사랑과 효심으로 순종하며 시어머니를 공경하지만 자랑하지 않는 겸손을 지녔다. 이런 모습은 성격 유형에 상관없이 성숙한 사람에게 나타난다. 이는 특히 2번 유형으로서는 더욱 아름답다 할 수 있고, 룻의 처지를 감안한다면 더 말할 것도 없다. 남편을 여의고 남의 밭에서 이삭을 주우며 연명해야 할 정도로 궁핍한 형편인데도 홀로 된 시어머니를 지극 정성으로 모실 뿐 아니라 겸손하기까지 하다니! 이는 2번 유형의 덕목인 겸손을 잘 보여 주는 사례다.

　막달라 마리아는 열두 제자를 포함한 주변 사람들에게 논쟁을 불러일으킬 정도로 잘 나서는 성격이었다. 그는 옥합을 깨뜨려 예수의 머리에 향유를 바르고 발을 씻기는 대담성을 보이기도 한다. 보통 사람들은 마음을 먹어도 그것을 잘 표현하지 못한다. 막달라 마리아의 행동은 지극한 사랑이 아니라도 2번 유형의 '연극적(histrionic)' 성향 때문에 나타난 것일 수도 있다. 그러나 막달라 마리아는 어느 때보다도 절절한 마음으로 목숨을 건 사랑과 공경심을 보인다. 가장 순수한 사랑이 자신의 체면도 주변의 이목도 뛰어넘게 한 데서 비롯된 표현이다.

예수에게 '사랑받던 제자'로 잘 알려진 사도 요한은 남성이지만 감성이 풍부하고 여성성이 강하다. 십자가에서 최후를 맞이하는 예수가 그에게 자신의 어머니를 부탁할 만큼 그는 사랑과 신뢰를 받은 제자다. 그러나 권력과 지위를 추구하는 모습이나 사마리아 사람들을 유황불로 징벌하려고 했던 모습에서는 자랑과 자기 과시적인 격정을 드러낸다.

2번 유형이 그런 격정을 드러내는 까닭은 힘에 민감하기 때문이다. 예수가 예루살렘에 입성하기 전에 요한은 자기의 형 야고보와 함께 간청했다. "선생님(주님)께서 영광을 받으실 때에, 하나는 선생님의 오른쪽에, 하나는 선생님의 왼쪽에 앉게 하여 주십시오"(마가복음 10:37). 그러나 요한은 전면에 나서기보다는 뒤에서 조종하며 섭정하는 스타일이다.

2번 유형은 남의 필요는 잘 아는 데 비해서 자신의 필요는 '나 몰라라' 하면서 기피하는 성향 때문에 자랑을 해결책으로 끌어안곤 한다. 그러나 '사랑받기 위해' 사랑하고 봉사하는 것이 아니라 자기 자신의 필요도 잘 파악하면서 단순한 마음으로 순수하고 겸손하게 봉사하면 남들에게 더욱 인정받고 사랑받는 사람이 되는 것을 우리는 룻의 일화에서 찾아볼 수 있다.

룻은 시종여일하게 겸손하며 탁월한 봉사자로 살았다. 봉사를 지속적으로 하는 사람에게는 겸손이 받쳐 주지 않으면, 봉사가 힘의 근거로 작용하기 쉽다. 또한 그들은 자기만 봉사하면서 희생한다는 생각에 순교자 콤플렉스에 빠지기 쉽다. 반대급부가 없다고 생각할 때, 조작하려는 성향이 나타날 수 있고, 관계나 사람을 독점하려는 유혹을 받는다. 룻에서 이런 모습을 찾아볼 수 없는 이유는 바로 겸손 때문이다.

막달라 마리아는 악명 높았던 소문난 여자에서 부활의 기쁜 소식을 제일 먼저 전한 이로 역사에 이름을 남겼다. 이는 예외적이며 아주 특별한 일이다. '개천에서 용이 났다'고 할 만하며, '해가 서쪽에서 뜬다'고 할 만하다. 남성 중심적인 전통 사회에서 예수의 수제자 베드로와 사랑받던 제자 요한을 제치고 소문난 여자였던 막달라 마리아가 복음의 핵심인 부활을 선포한 선두 주자가 됐다는 사실은 당시 사람들에게 용납하고 인정하기 쉽지 않은 일이었다. 막달라 마리아의 사랑과 봉사, 겸손이 그의 위치를 굳건히 했기에 가능한 일이었음을 우리는 다시 생각하게 된다.

요한은 예수의 어머니 마리아를 박해를 피해 끝까지 모셨다. 사랑받던 제자 요한이 이렇게 할 수 있었던 데는 특별한 계기가 있었다. 예수는 십자가 위에서 운명하기 전에 요한에게 자신의 어머니를 부탁했다. 전통적으로 '사랑의 십자가'가 표현되기 시작한 결정적인 모티브다. 예수가 십자가에서 아래에 서 있는 요한과 자신의 어머니 마리아를 내려다보는 장면에서는 지극한 사랑이 나타난다. 사랑받던 제자는 사랑하는 제자로 변화한다.

앞서 살핀 이들은 성숙한 모습에서 2번 유형의 겸손이 돋보인다. 그리스어로 겸손은 humilitas라 하는데, 사람은 humanitas, 땅은 humus라 한다. 어원이 같은 데서 우리는 그 뜻을 엿볼 수 있다. 대지와 같은 겸손한 마음으로 살아갈 때 사람다운 사람이 될 수 있으리라. 겸손이 없는 봉사는 오만과 지배의 벼랑으로 끌어내는 힘으로 작용하기 쉽다. 우리는 '첫째도 겸손, 둘째도 겸손, 셋째도 겸손'이라는 영성가들의 태도를 되새겨야 한다. 2번 유형은 자랑과 자만의 격정에서 겸손의 덕목으로 끊임없는 변화 과정을 거친다. 봉사가 겸손의 표현이란 확신을 가지고 속에 있는 겸손을 부단히 끌어내야 한다. 겸손한 마음으로 봉사하며 살았던 세 인물들을 생각하면서 2번 유형의 자기 관리와 위기관리에 대해 살펴보자.

2번 유형은 협조형으로서 봉사자 기질이 강하다. 자신의 필요는 기피하면서도 남의 필요는 잘 알고 남달리 봉사를 잘한다. 다른 사람들이 자신의 봉사를 필요하게끔 하는 힘이 강하고, 격정에 사로잡히면 무언가 조작하거나 사람들을 소유하려고 한다. 이들은 봉사 정신이 넘치는 리더십이 있으니 주변 사람들을 '사랑과 봉사의 포로'가 되게 하는 경향도 강하다. 제안을 잘하고 충고도 잘하며 자존심도 강하다. 남이 듣기 좋아할 말을 잘하지만 허영심을 드러낼 정도로 과장하기도 하며 자신이 한 일도 자랑을 잘한다.

2번 유형은 어려서부터 사랑을 받고자 하는 욕구가 강하고, 남에게 잘 주고 봉사하는 것도 '사랑 못 받을까 봐' 두려워하는 숨은 동기에서 시작된다. 이들은 리더가 되면 순교자 콤플렉스를 느낄 정도로 희생한다. '지나치게 선의적인' 사람이 되고자 하는 유혹을 이기지 못하고 함정에 빠지면 쉬지 않고 봉사해야 한다는 강박에 시달려 허영에 빠지며 힘들어진다.

2번 유형은 어린 시절 아버지와 양가적 관계를 경험하며 자랐다. 아버지가 자신을 사랑하는 만큼 자신은 아버지를 사랑하지 못한다는 죄책감 때문에 아버지에게 무언가 해 드리려 한 행동이 습관처럼 되어 '나의 필요는 몰라도 남의 필요는 잘 아는' 봉사자로 성장한다. 그들은 누군가를 사랑해서 도와주기보다는 사랑을 받고 자신의 자존심과 우월감을 만족시키기 위해 봉사를 한다. 그러나 '자랑/자존심'의 격정을 사로잡고 '은총'을 함께 나눈다는 생각과 자세로 봉사한다면 다정다감하고 우아한 섬김의 리더가 됨과 동시에 남달리 겸손한 봉사자가 될 수 있다.

봉사자 기질이 강한 2번 유형은 위기 상황에서 스트레스가 심하면 공격적이고 조작적이며 자기중심적인 태도가 강해질 수 있다. 그러므로 이들은 남다른 이타심과 희생·봉사 정신, 겸손한 마음과 사랑을 살려서 위기를 관리해야 한다. 또한 겸손은 자기 비움(kenosis), 곧 자기부정으로 가능함을 명심해야 한다.

3번 유형

신실한 성취자

야곱
사무엘
가롯 유다

TYPE
3

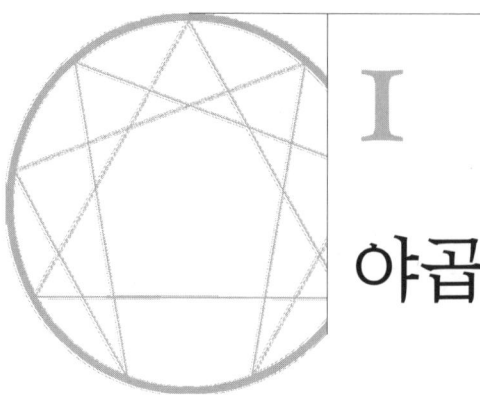

I 야곱

형의 발뒤꿈치를 잡고 나온 야곱

세계적인 비평가 노스롭 프라이(Nothrop Frye)는 성서를 Great Code라 이름 붙여 책을 쓴 일이 있다. 그 뜻은 '위대한 경전'도 되고, '위대한 암호'도 된다. 이를테면 재미있는 말장난을 한 셈이다. 어쨌든 그의 표현을 빌리자면, 성서에는 풍부한 상징이 있다. 은유와 이미지, 비유가 가득하다. 그런데 그런 상징적 언어가 오히려 우리가 일상에서 쓰는 직설적 표현보다 더 리얼리티를 잘 드러낸다.

예를 들자면, 야곱이 어머니 배 속에 있을 때 쌍둥이 형인 에서와 "태 안에서 서로 싸웠다"(창세기 25:22)거나, 야곱이 나면서 "그의 손이 에서의 발뒤꿈치를 잡고 있어서, 이름을 야곱이라고 하였다"(창세기 25:26)고 기록된 것 등은 앞으로 그 둘의 관계가 어떠할 것인가를 미리 내다보게 하는 면이 있다.

또 한편으로 생각할 것은 성서가 위대한 구원 역사의 드라마(salvation history drama)라는 점이다. 구원의 역사가 도도한 물결을 이루며 흐를 때, 아름다운 사람들의 삶이 대서사시로 이어지는가 하면, 믿음의 조상이란 사람들의 치부 또한 가차 없이 드러난다는 데 놀라지 않을 수 없다. 성서는 위대한 역설이기도 하지만, 믿음의 조상들의 부끄러운 이야기를 통해 삶의 진실을 발견하게 만드는 힘도 대단히 강하다.

아마 에니어그램의 기초를 이해하는 사람은 누구라도 야곱의 이름을 들으면 얼른 에니어그램 3번 유형을 떠올릴 것이다. 3번 유형은 외모에서부터 성격의 특징까지 가장 눈에 잘 띄는 성향이 있다. 항상 '날 좀 보소' 하는 신호를 무의식적이라 할 만큼 자동적으로 내보낸다. 이는 자기가 세운 목표나 뜻을 이루려는 의지가 강해서 그럴 뿐 아니라 남에게 인정받고 칭찬받으려는 욕망이 강하기 때문이다.

이를 한마디로 말하자면, '자기 확장 의지'가 강하다고 할 수 있다. 그래서 능률과 성공이 강박관념으로 작용하거나 함정이 되기도 한다. 목표 지향적이기 때문에 한번 마음먹으면, 어떤 방법으로라도 그것을 성취해야 된다. 흔히 말하듯이 '목적이 수단을 정당화한다'는 논리를 앞세운다. 성공을 위해서는 수단과 방법을 가리지 않는다. 이렇게 밀어붙이기 식으로 나갈 때 사람들은 소위 '드라이브'가 강하다고 한다.

3번 유형이 이토록 목표를 향해 그야말로 '정신없이' 앞만 보며 달릴 때, 주변 사람들의 이목이나 더욱이 관계 당사자의 사정 같은 것은 별로 고려의 대상이나 관심거리가 되지 않는다. 따라서 이들은 일을 처리하는 과정이나 스케줄도 자기중심적으로 짜기 십상이다.

이런 심정이 될 때, 성공은 해야겠고 실패는 피해야겠다고 강력히 자기 암시를 하다 보면, 3번 유형은 그들의 격정인 기만에 사로잡힌다. 자기 자신도 속이고 남도 속인다. 남을 속이면서도 스스로는 정당화하며 알리바이를 찾는다. 이는 남에게 변명을 하기 위해서만이 아니라 자기를 달래면서 합리화하려는 격정이 작용하는 것이다.

야곱이란 이름은 그 자체가 형의 '발뒤꿈치를 잡다'라는 뜻이며, 동시에 '속이다'라는 뜻임을 생각해 보면, 「창세기」 기자가 야곱이 에니어그램 3번 유형이라는 것을 한마디로 표현했음을 알 수 있다. 에니어그램의 체계에서는 성격 유형이 만 여섯 살에 결정된다고 본다. 그러나 성서는 어떤 특징을 묘사하기 위해 드라마틱하게 상징성을 동원한다는 것을 동시에 생각해야 한다. 어쨌든 야곱의 일대기는 「창세기」 절반에 걸쳐서 펼쳐지니까 3번 유형의 변화와 성숙을 추적해 볼 수 있다.

꿈꾸는 야곱

꿈꾸는 사람을 말하면 사람들은 요셉을 먼저 떠올린다. 그런데 야곱도 실은 기묘한 꿈을 꾸었다. 일생일대의 꿈이다. 성서는 숨김없이 야곱이 사기꾼이라는 것을 드러내는데, 그러면서도 그가 꾸었던 희한한 꿈을 특별히 다룬다.

실은 모두가 속임수를 쓸 가능성이 있다. 성서에 등장하는 인물들 가운데 유독 야곱만 속임수를 쓴 것은 아니다. 믿음의 조상들 모두 예외가 아니다. 이는 누구나 남을 속일 수 있다는 것을 말한다. 다만 성서가 거룩한 경전이면서도 그런 이야기를 숨김없이 실었다는 사실이 오히려 이상하다고 할 만큼 솔직하다. 이것은 성서가 바로 인생과 인성에 대한 리얼리티를 드러내고 있음을 뜻한다.

누구나 다 목표 달성에 집착하거나 특히 결과에 집착하다 보면, 수단과 방법을 가리지 않고 달려간다. 그렇게 되면, 설령 속임수를 쓰게 되더라도 스스로 합리화하면서 양심의 가책도 느끼지 않는다.

그래서 자신이 속임수를 쓴다는 사실을 느끼지 못하거나 굳이 느끼지 않으려고 애써 외면한다. 그러면서 시간이 흐르고 목표 달성에만 집중하면, 남의 눈에는 보이는 진실이 자기 눈에만 보이지 않게 된다. 누구나 이런 함정에 빠질 가능성이 있다. 그런데 에니어그램으로 보면, 3번 유형이 두드러지게 이런 면이 강하다.

야곱이 에서의 장자권을 탐내며 눈독을 들인 것은 하루 이틀의 일이 아니었다. 그야말로 호시탐탐 기회를 노렸는데, 드디어 절호의 기회가 찾아왔다. 눈에 불을 밝히고 찾는 사람이 아니면 기회가 와도 보지 못하기 쉬운 법이다. 그러나 야곱처럼 목표 달성과 성공에 대해 남달리 집념이 강한 3번 유형은 기회를 만들지언정, 제 발로 굴러들어 온 기회를 놓칠 일은 없다.

야곱은 그렇게 얻은 기회를 잡아 멍청한 에서에게 팥죽 한 그릇을 주고 그 어마어마한 장자의 상속권을 얻어 내는 데 성공한다. 그러나 그 일은 아버지 이삭의 축복을 받아야 할 형의 복을 가로채는 일에 종지부를 찍는 것이다. 그래서 어머니 리브가와 공모해 희대의 사기극을 벌인다. 어머니의 각별한 사랑을 받은 야곱이 한 짓이다.

일차적인 목표를 달성한 야곱은 그다음 단계에서 에서가 두려워졌다. 그래서 야곱은 에서가 자신을 죽이려고 하는 음모를 피해 달아난다. 형의 분노가 풀릴 시간도 벌 겸, 부모의 권유대로 아내감을 얻으러 밧단아람으로 길을 떠난 야곱은 하란으로 가다가 어느 곳에 이르러 하룻밤을 지내게 되었다. "그는 돌 하나를 주워서 베개로 삼고, 거기에 누워서 자다가, 꿈을 꾸었다"(창세기 28:11~12).

꿈속에는 하늘까지 닿은 사다리가 보였다. 천사들은 그 사다리를 오르락내리락했다. 하나님이 그 사다리가 닿는 데에 서서 말씀하셨다. "네가 지금 누워 있는 이 땅을, 내가 너와 너의 자손에게 주겠다.

너의 자손이 땅의 티끌처럼 많아질 것이며, 동서 남북 사방으로 퍼질 것이다"(창세기 28:13~14).

하나님이 하시는 일은 사람의 생각이나 이해를 넘어선다. 야곱에게는 은총이 주어진 것이다. 꿈이 계시의 경로가 됨을 동시에 확인할 수 있다. 야곱은 하나님의 메시지를 꿈을 통해 받았다. 꿈에서 깨어난 야곱이 어떻게 했는지 우리는 기억한다. 그는 그곳을 베델이라 이름 짓고 하나님에게 섬김과 십일조를 서원했다. 이 장면 하나만 놓고 봐도 이는 대단히 중요하다. 그러나 야곱의 인성, 즉 성격이 어떻게 변화하고 성숙하는가를 지켜보다 보면 우리 눈에 비친 모습은 우리를 두 번 생각하게 한다.

장엄한 패배

나면서부터 경쟁적인 사람으로 생각되는 야곱은 이름부터가 '발뒤꿈치를 잡았다'는 뜻을 지녔음을 상기해 보라. 이는 우리가 흔히 하는 말로 남이 앞서 가는 것을 못 보는 사람을 '딴죽을 건다'고 표현하는 것과 맥이 통한다. 그런데 사람의 성격은 사실 타고나는 유전 인자보다도 환경 인자가 더 크게 작용한다.

에니어그램의 체계에 입각해 말하면, 만 세 살부터 성격이 형성되면서 만 여섯 살에 그 유형이 확정된다. 그러니까 야곱이 경쟁적인 사람이라는 것을 부각할 때는 거기에 부합되는 이야기가 연결된다. 탄생에 관한 일화도 그런 연결 고리로 볼 수 있다. 그러나 성서에는 "야곱은 성격이 차분한 사람이 되어서, 주로 집에서 살았다"(창세기 25:27)고 기록되어 있음을 주목해야 한다.

현실 속에서 관찰하며 얻는 상식으로 보더라도, 어릴 적에 몸이 튼튼하고 밖에서 잘 뛰놀며 또래들 사이에서 힘자랑이나 하는 아이는 그만큼 머리를 써야 할 필요를 덜 느낀다. 반면에 몸이 작거나 약한 아이는 또래들 사이에서 자기 위치를 지키고 살아남기 위한 생존 전략으로 생각을 그만큼 더 하고 지혜를 키우기 마련이다.

나면서부터 털투성이어서 에서라는 이름을 붙인 것처럼, 에서는 자라서는 "날쌘 사냥꾼이 되어서 들에서 살"(창세기 25:27)았다. 이와 대조적으로 "야곱은 성격이 차분한 사람"(창세기 25:27)이었다. 게다가 "이삭(아버지)은 에서를 사랑하였고, 리브가(어머니)는 야곱을 사랑하였다"(창세기 25:28). 사람의 성격은 워낙 복합적이기 때문에 웬만한 속성이나 성향은 공유하는 것이 많다. 그중 성격 유형이 확정되는 데 가장 결정적인 영향을 끼치는 것은 부모의 사랑을 느끼고 받아들이는 경험이다.

에니어그램에서 말하는 유아기 기원은 부모가 어떻게 사랑하는가도 중요하지만 더욱 중요한 것은 어린 자녀가 어떻게 부모의 사랑을 편하게 받아들이고 경험했느냐다. 이런 관점에서 야곱은 3번 유형으로 자란 것이 분명하다. 어머니의 사랑을 받고, 어머니와 적극적인 관계로 자란 사람이 3번 유형이다.

다 자란 뒤에도 어머니와 공모해 아버지 이삭을 속이며 축복 기도를 받는 것을 보면, 야곱이 어머니와 적극적이며 긴밀한 관계를 형성하며 살아온 것을 짐작할 수 있다. 이미 지적한 대로 3번 유형의 특성은 야곱이 밧단아람으로 가서 외삼촌 라반과 함께 살면서 벌이는 성공 드라마 속에서도 그대로 나타났다.

라반의 집에서 재산을 비롯해 두 아내와 자녀까지 얻을 것을 다 얻은 야곱은 이제 성공한 사람으로서 귀향길에 오른다. "야곱이 길을 떠나서 가는데, 하나님의 천사들이 야곱 앞에 나타났다"(창세기 32:1). 이토록 천사들의 환영을 보고 아울러 그들에게 도움을 받은 야곱이지만 에서를 만날 것을 생각하면 두려움이 앞설 수밖에 없었다. 그때도 역시 목표를 앞에 놓고 빠른 두뇌 회전과 용이주도함이라는 3번 유형의 특징이 발휘된다.

여전히 결과에 집착하며 속임수를 쓰는 야곱은 결국 얍복 나루터에서 하나님과 만나서 날이 새도록 씨름을 했다. 엉덩이뼈를 다칠 만큼 목숨을 건 씨름이었다. 이것은 에니어그램의 체계로 이해하자면 영성의 세계, 즉 내면의 세계에서 겉사람과 속사람 사이에 벌인 '성전'이었다. 이는 야곱이 경험한 장엄한 패배였다.

그러나 하나님은 이 장엄한 패배를 통해 사기꾼 야곱이 이스라엘로 바뀌게 한다. 평생을 경쟁과 기만의 격정에 사로잡혀 살던 야곱이 '불경쟁 선언'을 하는 이스라엘이 되게 한다.

이스라엘이 된 야곱

얍복 나루터에서 하나님의 천사와 더불어 씨름한 경험(창세기 32:28, 35:10) 이후로 이스라엘의 출현은 개인의 이야기일 뿐 아니라 민족을 의인화한, 새로운 백성의 출현을 의미한다. 오늘날 기독교 신자의 입장에서는 영적 이스라엘의 출현으로 볼 수 있다. 어쨌든 이스라엘은 '불경쟁 선언'이라는 큰 뜻을 내포한다.

"하나님과도 겨루어 이겼고 사람과도 겨루어 이겼으니, 이제 네 이름은 야곱이 아니라 이스라엘이다"(창세기 32:28). 그러므로 여기에는 다시는 사람과 더불어 겨루지 않는다는 깊은 뜻이 담겨 있음을 알 수 있다. 에니어그램 3번 유형은 평균 상태에서 늘 경쟁심이 강하고, 남과 경쟁하며 지위를 추구하고, 이미지 투사와 관리에 꽤나 신경을 쓴다.

야곱이 얍복 나루터에서 장엄한 패배를 경험하고 새 사람이 되기 이전의 모습이 주로 그러했을 뿐 아니라, 한층 더 스트레스를 받고 목표와 결과에 집착하며 살던 때에는 형도 속이고, 어머니와 공모해 아버지도 속이고, 자기 형성과 성취의 바탕이 된 외삼촌도 속였다. 그의 목적과 목표에 대한 집착 앞에서는 누구라도 못 속일 사람이 없었다. 기회주의와 이중성이 극히 자연스러운 사람이었다.

그러나 하나님의 천사와 더불어 씨름한 사건은, 야곱이 자신의 거짓 인성을 깨닫고 겉사람의 습관적이며 기계적인 속성인 기만의 '환도뼈(엉덩이뼈)'가 부러지는 사건이었다. 3번 유형이 모든 것을 하나님의 뜻에 맡기는 결단을 할 때, 비로소 그들에게 진정한 회개가 이루어진다. 그래야 비로소 그들은 신실의 덕목을 갖출 수 있다.

온전함의 영성을 추구하는 모든 사람이 갖추어야 할 덕목은 투명의 영성과 초연함의 영성이다. 그중에서도 특히 3번 유형이 회개와 변화를 거치며 드러내는 덕목은 모두에게 탁월한 모범이 된다. 그것은 영성 수련의 전통으로 이어 오는 가르침을 훌륭하게 대변한다. 즉, '결과에 대한 집착으로부터 자유로워지라'는 것이다. 우리는 여기에서 동방의 지혜인 진인사대천명(盡人事待天命)을 재확인할 수 있다.

균형 잡힌 3번 유형이 6번 유형을 향해 통합의 방향으로 갈 때, 이스라엘이 된 야곱이 드러내는 것처럼 비로소 다른 사람과 자신을 동일시하게 되고, 견실하며 헌신적인 사람이 된다. 자신을 더 깊이 발전시키며 하나님에게 모든 것을 맡기고 전적으로 의지하는 사람이 된다. 사람들과 지속적으로 친밀한 관계를 맺고, 경쟁심이란 무기를 내려놓은 무장해제 상태에서 다른 사람을 지원하고 감동을 줄 수 있는 사람이 된다.

이스라엘이 된 야곱이 마침내 형 에서와 더불어 화해하는 모습(창세기 33)은 그 뒤로 끊임없이 이스라엘이 내적 지향성을 강화하고 하나님의 뜻을 찾으며, 스스로 속사람이 진정한 사람으로 살아가도록 수행하는 여생의 과정을 미리 보여 주는 듯한다.

이스라엘이 된 야곱이 열두 지파를 이룰 아들들에게 마지막으로 유언을 남기면서 예언과 축복을 남기는 장면은 신실한 사람의 예지와 확신이 엿보이는 장엄한 모습이다. "그(야곱)는 아들 하나하나에게 알맞게 축복하였다"(창세기 49:28)는 기록을 보면, 야곱은 형 에서를 속이던 것도, 아들 요셉을 편애하던 것도 다 뛰어넘은 신실한 사람으로서 마지막 '진인사대천명'의 자세를 보이며 자신이 진정한 사람의 뛰어난 모범임을 우리에게 다시 확인시켜 준다.

격정에 사로잡히던 사람이 변화해 격정을 사로잡을 때, 거기에서 나오는 최상의 에너지는 비전을 가지고 목표를 향해 최선을 다하게 한다. 그러면서도 결과에는 집착하지 않는 신실이 3번 유형의 아름다운 덕목이 되는 모습을 우리는 이스라엘에게서 찾을 수 있다.

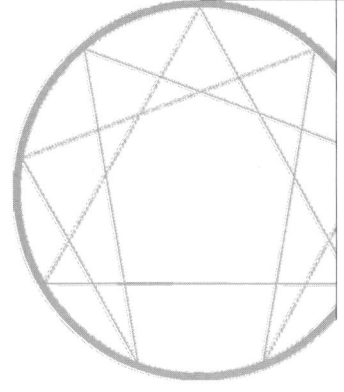

2
사무엘

기도하는 사무엘

조슈아 레이놀즈(Joshua Reynolds)가 그린 그림 〈어린 사무엘〉은 먼저 기도하는 사무엘의 이미지를 많은 사람들에게 심어 주었다. 사무엘은 일생을 두고 신실한 사람으로 살았다. 에니어그램 3번 유형이 건강하게 살면 누구보다 신실하다는 사실을 입증이나 하듯 말이다.

성서 속 등장인물이 모두 다 신실한 사람은 아니듯이 모두가 성공한 사람도 아니다. 더욱이 인성을 살피다 보면 저마다 단점이 드러나기 마련이다. 이런 점에서 볼 때 사무엘도 완전한 사람은 아니었으나, 그래도 성서 인물들 가운데 출중한 인물이었다. 그의 역사적 비중과 위치를 봐도 그렇거니와 무엇보다 하나님과 사람들 앞에 신실했기 때문이다.

사무엘은 이스라엘 역사에서 사사 시대의 마지막 사사/판관이었으며, 예언자 시대의 첫 번째 대예언자로서 두 시대를 잇는 과도기적 지도자였다. 뿐만 아니라 그는 이스라엘 왕국의 처음 두 임금 사울과 다윗에게 기름 부어 왕정 시대를 연 인물이었다. 하나님의 은총을 크게 입은 바도 있으나 사람들에게 신뢰와 존경을 받은 바도 컸다.

사무엘은 출생 과정부터 독특하다. 그의 어머니 한나가 아기를 낳지 못하자 "괴로운 마음으로 주님께 나아가, 흐느껴 울면서 기도하였다"(사무엘상 1:10). 어찌나 애절하였던지 "마음 속으로만 기도를 드리고 있었으므로, 입술만 움직이고 소리는 내지 않았다"(사무엘상 1:13). 이를 본 제사장 엘리는 한나가 술에 취해 그러고 있는 줄로 생각했을 정도였다.

한나의 간절한 기도에 하나님이 응답해서 한나는 사무엘을 낳았다. 그 이름 자체가 '하나님의 이름'이란 뜻도 되고, '하나님께 구함'이란 뜻도 된다. 이렇게 특별한 출생의 과정을 거친 사무엘을 그의 어머니 한나가 지극 정성으로 보살피며 사랑으로 키웠다. 이는 어머니의 사랑을 듬뿍 받고 자란 아이가 3번 유형이 되는 본보기라 할 수 있다.

한나는 아들을 낳게 해 달라고 기도할 때, 이미 아들을 얻으면 "아이의 한평생을 주님께 바치고" 나실인으로 키우겠다고 서원까지 했다(사무엘상 1:11). 그야말로 하나님의 종으로 키우면서 어머니가 얼마나 아들을 사랑했을까 상상할 수 있다. 게다가 기도의 어머니 한나가 아들을 기도로 키웠다는 사실도 염두에 둘 필요가 있다.

세상에는 아들을 사랑하는 수많은 어머니가 있다. 사랑하는 아들에게 어떤 뜻과 정신을 심어 주는지가 사랑과 함께 중요하다는 사실을 자연히 생각하게 된다. 어머니가 어떤 철학과 영성을 지녔는지는 더욱 중요하다. 한나의 기도(사무엘상 2:1~10)는 후일에 예수의 어머니인 마리아의 '마리아 찬가'(누가복음 1:46~55)를 연상하게 하는 기도다.

그렇게 깊은 영성으로 기도하며 사무엘을 키운 어머니 한나는 아들을 제사장 엘리에게 맡긴 뒤에도 철이 되면 "모시 에봇을 입고 주님을 섬겼"(사무엘상 2:18)던 사무엘에게 "작은 겉옷을 만들어서 가져다 주었다"(사무엘상 2:19).

사무엘은 열세 살이 됐을 즈음에 한밤중에 하나님의 부름을 받고 기도한다. "말씀하십시오. 주님의 종이 듣고 있습니다"(사무엘상 3:10). 그는 기도의 한 표본, 특히 '듣는 기도'의 본을 보여 주었다. 기도하는 사무엘이었기에 "사무엘이 자랄 때에, 주님께서 그와 함께 하셔서, 사무엘이 한 말이 하나도 어긋나지 않고 다 이루어지게 하셨다"(사무엘상 3:19)고 기록되어 있다.

이스라엘이 경청한 사무엘

사무엘은 3번 유형 중에서도 건강하게 산 신실한 인물이었음을 여러 면에서 볼 수 있다. 3번 유형은 최상의 상태에서 신실하게 살면 용기가 치솟는다. 주변 사람들의 사랑과 존경을 한 몸에 지니게 되며, 감동적인 인물이 된다. 어린 사무엘을 하나님이 부르신 것을 안 엘리는 이튿날 "주님께서 너에게 무슨 말씀을 하시더냐? 나에게 아무것도 숨기지 말아라. 주님께서 너에게 하신 말씀 가운데서 한마디라도 나에게 숨기면, 하나님이 너에게 심한 벌을 내리고 또 내리실 것이다"(사무엘상 3:17) 하고 사무엘을 다그쳤다.

"사무엘은 자기가 환상으로 보고 들은 것을 엘리에게 알리기를 두려워하였다"(사무엘상 3:15). 그러나 결국 하나님이 엘리의 집을 심판하여 영영 없애 버리겠다고 말씀하신 것을 "사무엘은 그에게 하나도 숨기지 않고 모든 것을 말하였다"(사무엘상 3:18). 이렇게 하나님의 말씀을 전하기 시작한 사무엘은 진실을 드러내는 표본적인 인물이 되었다. 그는 신실할 뿐 아니라 하나님이 함께하셨기에 '하나님의 사람'으로 권위가 있었다. 그래서 "사무엘이 말을 하면 온 이스라엘이 귀를 기울여 들었다"(사무엘상 4:1)고 했다.

그러나 3번 유형이 다 그런 것은 아니다. 불건강하고 스트레스를 받으면, 그들은 기만하거나 이기주의와 체면에 집착하고, 현실보다도 자신의 생각에 빠져 살곤 한다. 사울 왕이 그랬고, 이스라엘 백성들이 그런 면을 드러냈다. 사무엘의 말에 귀를 기울여 들으며 그의 권위를 인정하면서도 자기들 좋은 대로 우상숭배에 깊이 빠졌다.

엘리가 죽은 뒤에 사무엘은 본격적으로 지도력을 발휘했다. 그는 전역을 두루 돌면서 가르치고 사사로서, 예언자로서, 제사장으로서 여러 가지 역할을 수행했다. 그는 무엇보다도 백성들로 하여금 우상숭배로부터 돌아설 것을 촉구했다.

하나님의 백성들은 전적으로 하나님만 의지하지 않고 우상을 숭배하면서 블레셋의 압박과 침공을 20년 동안이나 계속적으로 당한다. 심지어 그들은 언약궤까지 빼앗겼다. 법궤가 돌아오면서 사무엘이 이스라엘을 다스리게 된다. 영성 회복에 뜻을 둔 사무엘은 "이스라엘 사람들을 모두 미스바로 모이게 하였다"(사무엘상 7:5). "미스바는 사무엘이 이스라엘 자손 사이의 다툼을 중재하던 곳이다"(사무엘상 7:6). 사무엘은 통치의 중심인 이곳에 백성들을 모아 역사적인 미스바 성회를 열었다. 주님을 거역한 죄를 온 백성들이 고백하며 참회했다. 사무엘의 지도력이 강화되면서 국방도 튼실해졌다. 성서에는 "사무엘이 살아 있는 동안에는 주님의 손이 블레셋 사람을 막아 주셨다"(사무엘상 7:13)고 기록되어 있다. 이는 사무엘의 지도에 따라 온 백성들이 하나님 앞에 신실하게 섰다는 증거다.

3번 유형은 개인이나 집단이나 건강하면 누구보다 신실하다는 것을 여기서 다시 확인하게 된다. 그들은 감동적이다. 그러나 신실하지 못하면, 3번 유형의 강한 주장이나 특기인 설득이 저항을 불러일으킨다. 3번 유형은 목표 의식뿐 아니라 성취욕도 크기 때문에 말을 하는 스타일도 설득적이며 주장이 강한 편이다. 그래서 상대방의 마음을 움직이면 감동적이고 공감을 불러일으키지만, 아니면 그만큼 강한 저항에 부딪힐 수도 있다.

신실한 3번 유형인 사무엘은 훌륭한 지도력을 발휘해 빼앗겼던 성읍들을 되찾고, 아모리 사람들과도 평화롭게 지냈다(사무엘상 7:14). "사무엘은 살아 있는 동안 이스라엘을 다스렸다"(사무엘상 7:15). 그는 평생토록 지도력을 훌륭히 행사했다. 각 지역을 돌면서 분쟁을 중재하고, 자기 고향 라마로 돌아와서는 사사로 활동하며 제사장 역할도 담당했다. "그는 라마에 주님의 제단을 쌓았다"(사무엘상 7:17)고 했다. 그는 신실한 지도자였다.

번민하는 사무엘

"사무엘은 늙자, 자기의 아들들을 이스라엘의 사사로 세웠다"(사무엘상 8:1). "그러나 그 아들들은 아버지의 길을 따라 살지 않고, 돈벌이에만 정신이 팔려, 뇌물을 받고서, 치우치게 재판을 하였다"(사무엘상 8:3).

평생을 신실하게 살며 백성들의 존경과 신뢰를 받았던 사무엘로서는 무척 괴롭고 불편했을 것이다. 큰 지도자 사무엘이 자식을 잘못 키웠다는 자책도 있었을 것이다. 공인으로서 자신의 아들들을 사사로 세운 데 대한 책임감도 컸을 것이다. 사무엘의 번민과 고뇌가 얼마나 컸을까 짐작이 간다.

새로 세운 사사들이 부정과 부패로 얼룩지자 민심이 흉흉해졌다.

그 결과, "이스라엘의 모든 장로가 모여서, 라마로 사무엘을 찾아갔다. 그들이 사무엘에게 말하였다. '보십시오. 어른께서는 늙으셨고, 아드님들은 어른께서 걸어오신 그 길을 따라 살지 않습니다. 그러므로 이제 모든 이방 나라들처럼, 우리에게 왕을 세워 주셔서, 왕이 우리를 다스리게 하여 주십시오.'"(사무엘상 8:4~5).

사무엘은 "장로들의 말에 마음이 상하여, 주님께 기도를 드렸더니, 주님께서 사무엘에게 말씀하셨다. '백성이 너에게 한 말을 다 들어 주어라. 그들이 너를 버린 것이 아니라, 나를 버려서 자기들의 왕이 되지 못하게 한 것이다'"(사무엘상 8:6~7). 아들들의 그릇된 행태 때문에 번민하는 사무엘에게 장로들은 더 큰 번민을 안겨 주었다. 그러나 하나님은 그의 괴로운 심정을 알고 사무엘을 위로한다. 장로들의 청을 들어주라고 하실 뿐 아니라, 장로들이 버린 것은 사무엘이 아니라 하나님 자신이라고 밝힌다.

늘 하나님 앞에 신실하던 사무엘은 하나님의 말씀을 들으면서 위로를 받기보다는 하나님을 생각해 더욱 괴로웠을지 모른다. 자신이 못난 아들들을 사사로 세운 결과가 이 지경에 이르렀고, 하나님이 왕이 되어 다스리는 신정(theocracy)이 거부당하는 상황이 되고 보니 사무엘은 하나님에게 죄송한 마음이 컸으리라 본다.

아버지가 건강하지 못하면, 자식이 잘못하는 일을 부추기지는 않아도, 그대로 묵인하고 만다. 불의에 둔감해져 돈과 뇌물이 들어오는 것을 반길 수 있다. 그러나 아버지가 건강하고 정의로우면, 자식의 잘못 때문에 번민하게 되고, 하나님을 더욱 두려워하기 마련이다. 이런 관점에서 볼 때, 번민하는 사무엘의 모습이 눈에 선하다. 사무엘의 고뇌를 인정하신 하나님은 결국 왕정 시대가 열릴 것을 허락하신다. 그러나 대신 백성들에게 "왕의 권한이 어떠한 것인지를 알려 주어"(사무엘상 8:9) 경고하라고 사무엘에게 명하신다. 이렇게 결정적인 단계에 들어섰을 때, 그에게는 한편으로 정리가 될 법도 하면서, 또 한편으로는 불편한 심기가 남아 있었을 것이다.

3번 유형은 남달리 목표 의식도 강하고, 성취욕도 강하다. 그래서 자신의 뜻이 거부당하거나, 더욱이 자신의 존재가 배척당한다 생각하면 가장 견디기 어렵다. 인정 욕구가 강하고, 남에게 수용되고 인정받는 것을 기본적 욕망으로 지니고 사는 사람들이기 때문이다. 게다가 사무엘은 하나님을 생각하기에 더욱 힘들었을 것이다.

그러나 하나님에게 신실한 사무엘은 하나님의 말씀을 듣고, 큰 번민에서 벗어나 체념하고 마음을 정리했다. "그래서 사무엘은 이스라엘 사람들에게, 각자 자기의 성읍으로 돌아가라고 일렀다"(사무엘상 8:22). 그러나 먼저 왕정으로 인해 백성들이 "울부짖을" 날이 올 것을 경고해 두었다(사무엘상 8:18).

다윗 왕을 세운 사무엘

마침내 이스라엘의 첫 임금을 세우는 날이 다가온다. '잘생긴 젊은이' 사울이 등장한다. "이스라엘 사람들 가운데 그보다 더 잘생긴 사람이 없었고, 키도 보통 사람들보다도 어깨 위만큼은 더 컸다"(사무엘상 9:2). 그야말로 기골이 장대한 데다 빼어난 미남이었던 모양이다. 3번 유형은 어려서부터 어머니의 인정과 사랑을 듬뿍 받으며 자랐기 때문에, 언제나 남에게 인정받고 사랑받으려는 욕망이 크다. 그래서 얼굴에 그 에너지가 나타나 탄력이 있고, 입꼬리도 붓끝으로 그린 듯하며, 사람을 끄는 매력이 있다. 필경 사울도 이런 유형이었을 것으로 추측된다.

사울은 아버지 기스가 잃어버린 암나귀를 찾아 나섰다가 사무엘을 만난다. "사울이 오기 하루 전에 주님께서 사무엘에게 알리셨다"(사무엘상 9:15). "너는 그에게 기름을 부어 나의 백성, 이스라엘의 영도자로 세워라"(사무엘상 9:16). 그래서 사무엘은 "기름병을 가져다가 사울의 머리에 붓고"(사무엘상 10:1) 그를 영도자로 세웠다. 결국 미스바 성회로 모인 백성들에 의해 사울이 왕으로 뽑혔다.

그리고 나서 사무엘은 온 이스라엘 백성들에게 고별사를 했다(사무엘상 12). 젊어서부터 평생토록 백성들을 지도한 사무엘이 자기 행적에 대해 말하고 나서 "당신들이 나에게서 아무런 잘못도 찾지 못한 것에 대하여 오늘 주님께서 증인이 되셨고, 주님께서 기름부어 세우신 왕도 증인이 되셨습니다"(사무엘상 12:5)라고 말했다.

백성들의 지도자가 이런 고별사를 할 수 있다는 것은 크나큰 은총이요 축복이다. 그의 신실함이 이보다 더 웅변적으로 증명될 수는 없을 것이다. 사무엘은 그러나 신실하지 못한 사울 때문에 또다시 괴로움을 겪는다. 주님이 사무엘에게 말씀하셨다. "'사울을 왕으로 세운 것이 후회된다. 그가 나에게서 등을 돌리고, 나의 명령을 따르지 않는다.' 그래서 사무엘은 괴로운 마음으로 주님께 부르짖었다"(사무엘상 15:11).

사무엘은 하나님에게 순종하지 않은 "사울 때문에 마음이 상하여, 죽는 날까지 다시는 사울을 만나지 않았다"(사무엘상 15:35). 사울을 왕으로 세우신 것을 후회하신 주님은 "사울이 다시는 이스라엘을 다스리지 못하도록, 내가 이미 그를 버렸다"(사무엘상 16:1)고 사무엘에게 말씀하셨다. 그리고 이새의 아들 가운데서 왕이 될 사람을 한 명 골라 놓았다고 말씀하셨다(사무엘상 16:1).

그러나 위기를 느낀 사무엘은 여쭈었다. "내가 어떻게 길을 떠날 수 있겠습니까? 사울이 이 소식을 들으면, 나를 죽일 것입니다"(사무엘상 16:2). 3번 유형은 임기응변에 능하기에 자칫 선을 넘으면 남을 기만하게 되고, 그러지는 않을지라도 매우 타산적으로 보일 수 있다.

사무엘이 다윗을 왕으로 세우려고 가는 길에 주님이 방법을 일러주시기는 하지만, 결과적으로 사람들에게 나타나 보이는 사무엘의 행동은 영락없는 3번 유형의 행태다. 신실한 3번 유형이라도 위기 상황에서는 전략적 사고와 행동이 재빨리 나온다.

기골이 장대한 미남 사울을 왕으로 세웠던 사무엘이 또 한 번 이새의 아들 엘리압을 마음에 두었을 때 주님은 이렇게 일러 주신다. "준수한 겉모습과 큰 키만을 보아서는 안 된다"(사무엘상 16:7). 그래서 사무엘은 다른 아들들을 다 보고 나서 마침내 막내아들 다윗을 데려오게 해 만난다. "그는 눈이 아름답고 외모도 준수한 홍안의 소년이었다"(사무엘상 16:2). 그래서 그는 주님의 지시대로 다윗에게 기름을 부었다.

사무엘은 신실하게 살아온 3번 유형의 본보기라 할 수 있다. 죽을 수도 있는 위기를 헤쳐 나오는 과정에서 속임수는 아니더라도 문제가 생기지 않는 방도를 모색했다. 그러다 결국 '진인사대천명'의 자세로 모든 것을 신의 뜻에 맡겼다.

3 가롯 유다

성공주의자 가롯 유다

어머니 배 속에서부터 사랑을 극진히 받고 자란 아기는 나면서부터 기가 세다. 어머니가 적극적으로 애정 표현을 하면서 양육자로서 긍정적인 관계와 환경을 만들어 주면 아이는 밝게 자란다. '우리 아이가 제일이다' 하면서 키우니까, 세상에서 제일 좋은 어머니가 자기를 '제일'이라고 하니까 아이는 그렇게 알고 자란다. 이렇게 자라나는 아이는 3번 유형이 되는데, 이들은 인정 욕구가 강하고 경쟁심을 키우면서 1등 하려는 생각으로 사니까 자연히 목표 의식도 강하다. 이들에게는 성공주의와 야망이 일찍부터 형성된다.

3번 유형의 성향이 뚜렷한 가롯 유다는 성서에서 많은 자료나 정보를 얻을 수가 없다. 그러나 성서의 어떤 인물보다도 가장 많은 집중을 받았고 다양한 해석을 불러일으켰다. 해석의 여지도 크다. 그런 만큼 가롯 유다는 3번 유형의 상징 동물 가운데 하나인 카멜레온을 떠올리게 하는 인물이다. 일찍이 가정에서부터 1등으로 인정받고 자란 3번 유형이 사회 속에서는 같은 성향이나 속성을 지닌 사람들 사이에서 또 1등을 하려면 그만큼 집념을 가지고 노력해야 한다. 그들은 1등을 놓치거나, 성공을 못하거나, 인정을 못 받으면 큰일이라고 생각한다. 가롯 유다의 삶에서 묻어나는 성격의 특성들이 그와 같다. 예수의 열두 제자는 가롯 유다만 빼고 모두가 북부 갈릴리 사람들인데, 가롯 유다만 남부 출신이다. 가롯(Kerioth)은 베들레헴 남쪽에 있다. 그의 아버지 시몬이 가롯 사람이기에 붙여진 이름이지만, 어쨌든 유다는 남쪽 출신으로 되어 있다.

여기에서는 전통 사회에서 고향이 다른 유일한 가롯 사람 유다가 갈릴리 출신이 대세를 이룬 열두 제자 사이에서 돈주머니를 관장하는 중책을 맡았다는 사실이 두드러져 보인다. 이는 예수의 신임이 있었기 때문에 가능한 일이요, 따라서 그 자체가 지위를 추구하고 신분 상승을 바라는 3번 유형으로서는 성공이다. 이제는 그다음 단계의 성공으로 갈 일만 남았다.

동서고금을 막론하고 어느 조직에서나 회계는 중책이다. 그러나 가롯 유다가 제자 그룹에서 회계가 된 것은 그에게 1단계 성공일 뿐, 예수에게 인정받는 삼총사인 베드로, 요한, 야고보는 그에게 넘어야 할 벽이다. 변화 산상에 올라가서 예수가 영광 가운데 변화하신 자리에 동행할 수 없었던 것이 가롯 유다에게는 '인정받지 못하고, 거부당한 느낌'으로 다가왔고, 그래서 이는 실패를 경험한 일이 될 수 있다. 그는 다른 제자들과 견주어 예수에게 인정받을 기회를 집요하게 찾을 수밖에 없었을 것이다. 3번 유형은 목표가 설정되면, 그것을 달성하기 위해 수단, 방법을 가리지 않는 상태로 빠져들고, 결국은 '기만'의 격정에 사로잡히게 된다. 그렇게 되면 '목적이 수단을 정당화한다'고 믿는 합리화나 자기 정당화의 논리가 강화된다.

가룟 유다의 행적은 그리 많지 않다. 그러나 역사상 그에 대한 해석은 문학, 예술, 철학 그리고 신학을 통해서 가장 다양하게 시도됐다. 이런 면에서도 열두 제자 가운데 가룟 유다가 단연 1등이다. 예수를 팔아 넘겼다든가 배신하였다든가 하는 것도, 가룟 유다의 입장에서 보면, 실패했기 때문에 받는 역사적 해석이요, 판단일 뿐이라고 생각할 수 있다.

만약에 다른 제자들도 생각했던 것처럼 하나님이 "열두 군단 이상의 천사들을"(마태복음 26:53) 세워 주셨다면, 로마 군대와 부패한 권력자를 몰아내고 예수가 등극해서 가룟 유다의 계략은 성공했다고 할 것이다.

배신자 가룟 유다

'왕따'는 누구에게나 어려운 경험이다. 더군다나 '인정 욕구'가 강한 3번 유형은 기본적으로 '거부'나 '배척'에 대한 두려움을 지니고 산다. 가룟 유다는 남부 출신이기 때문에 소외되거나 차별당하는 경험을 했을지도 모른다. 가룟(Iscarioth)이라는 이름을 시카리(sicarri)와 연관 지어 해석하는 일부의 의견에 따르면, 그 이름은 독립투사적인 기질을 지닌 것으로서, 다른 제자들보다 '운동권' 의식을 가졌기에 별나게 보였을 수도 있다.

이런저런 까닭으로 가룟 유다는 인정받으려는 끈질긴 노력을 하면서도, '왕따'나 '차별'에 대한 반작용으로, 그들을 능가하거나 압도해야 할 조건을 만들어야 한다는 성공주의자의 강박관념이나 강박충동(compulsion)이 작용했을 것이다. 골똘히 생각하고 계획하면, 3번 유형은 그 '생각'이 곧 현실로 받아들여질 정도로 착각한다. 따라서 배신을 하면서도 자신은 배신하는 것이 아니라 생각할 수도 있다.

이런 여지는 가룟 유다가 예수를 배신한 까닭에서도 나타난다. "가룟 유다가, 대제사장들에게 예수를 넘겨줄 마음을 품고, 그들을 찾아갔다. 그들은 유다의 말을 듣고서 기뻐하여, 그에게 은돈을 주기로 약속하였다"(마가복음 14:10~11). 여기에서는 산헤드린의 대제사장들과 음모와 타협이 진행되고 있었음을 엿볼 수 있다.

이런 상황을 배경으로 보면 가룟 유다가 어떻게 활동했는지 알 수 있다. "대제사장들과 율법학자들은 예수를 없애버릴 방책을 찾고 있었다. 그들은 백성을 두려워하였다. 열둘 가운데 하나인 가룟이라는 유다에게 사탄이 들어갔다"(누가복음 22:2~3). 유다에게는 이제 '하나님의 일'이 아니라 '사람의 일'만 생각하는 지경에 이른 것이다.

죄인이나 노예 한 사람의 몸값에 해당되는 은돈 서른 닢을 주고받는 것은 타협의 조건으로 보인다. 돈이 목적이었으면, 가지고 도망쳤을 법도 한데, 실은 그러지 않았다. "예수를 넘겨준 유다는, 예수가 유죄 판결을 받으신 것을 보고 뉘우쳐, 그 은돈 서른 닢을 대제사장들과 장로들에게 돌려주"(마가복음 27:3)었다.

'가룟'이란 별명의 뜻이 '거짓말쟁이'라든가 '빨강 머리'라든가 하는 것도 배신자를 두고 하는 말일 수 있다. 모의에 성공하면 충신이 되고, 패하면 역신이 되는 것처럼 유다는 실패해 영원한 배신자가 되었다. 잘못 생각하고, 잘못 믿으면서, 몽환적인(disillusioned) 꿈을 꾼 것이 죄라면 가장 큰 죄였을 것이다.

그가 꾼 꿈이 성취됐다면, 그는 1등 공신이요, 성공한 모사요, 지략가요, 실력자가 됐을 것이다. 모든 제자들이 예수를 '주님'이라 부르는 데 반해 유다만 끝까지 그를 '선생님'이라 불렀다. 이렇게 예수의 생각에 충실하지 못한 것이 배신의 뿌리였다. 돈을 밝힌다든가 도둑이라는 말을 듣게 된 연유도 같은 맥락에서 다시 볼 수 있다.

유다에게 가장 핵심적인 문제는 예수의 뜻과 생각을 깊이 이해하고 따르려는 자세를 보이지 않고, 자기 생각만 앞세우며, 그 생각에 빠져서 제멋대로 행동했다는 데 있다. 이스라엘의 독립과 국권 회복이 목적이었다 하더라도, 그 일에 대해 예수의 생각을 존중하고 따르는 자세가 앞서야 했다.

자신의 본능적 판단과 생각이 고정관념과 함께 계획적으로 이어지면, 이성적 판단은 뒤로 밀린다. 3번 유형인 유다는 감정이 단절된 상태에서 '본능적 생각과 계획'이 강력한 드라이브를 걸어서 그것이 반역이나 배신으로 이어질지 가릴 겨를도 없이 목표 지점을 향해 집요하게 달려갔다. 스스로 세운 목표의 달성과 성공에 대한 집착이 배신이라는 결과로 치달은 것이다.

거짓 영웅 가룟 유다

3번 유형은 어느 자리, 어느 무대에서나 중심인물이 되고, 주인공이 되어야 하는 사람이다. 그래서 주인공 의식이나 영웅심이 강하다. 그런데 영웅은 스스로 되고자 해서 나서면 소영웅이나 거짓 영웅이 된다. 영웅으로 인정받고 존경받도록 과정을 충실하게 사는 것이 중요하다.

영웅은 언제나 국가나 국민, 공동체와 공동선을 우선하고 역사의식을 가지면서도 미래 지향적으로 산다. 과정에 충실하며 현재에 성실히 노력한다. 이에 반해 거짓 영웅은 허영심에 잡혀서 개인의 이익이나 자신의 성공에 집착하고, 스스로 세운 목표를 우선하며, 목표에 집착하게 되니까 편의주의와 승리주의에 빠진다.

3번 유형의 나르시시즘이 작용하면 인기를 조작해서라도 매명욕(賣名慾)을 채우려 하고 조작도 마다하지 않는다. 심하면 '안 되면, 말고' 하는 식으로 뛴다. 가롯 유다가 동료 제자들에게 어떻게 인식되었는가는 분명치 않으나, 막달라 여자 마리아가 예수의 발에 나르드 향유를 부었을 때 그의 반응을 보면 이를 조금이나마 엿볼 수 있다. "이 향유를 삼백 데나리온에 팔아서 가난한 사람들에게 주지 않고, 왜 이렇게 낭비하는가?"(요한복음 12:5).

그리고 이런 단서가 붙는다. "그가 이렇게 말한 것은, 가난한 사람을 생각해서가 아니다. 그는 도둑이어서 돈자루를 맡아 가지고 있으면서, 거기에 든 것을 훔쳐내곤 하였기 때문이다"(요한복음 16:6). 가롯 유다가 그런 반응을 보인 것은 소영웅심의 발로로 생각해 볼 여지가 있다.

더욱이 "예수께서 말씀하셨다. '그대로 두어라. 그는 나의 장사 날에 쓰려고 간직한 것을 쓴 것이다. 가난한 사람들은 언제나 너희와 함께 있지만, 나는 언제나 너희와 함께 있는 것이 아니다.'"(요한복음 12:7~8). 이 대목을 보면, 가롯 유다는 예수의 인식과도 큰 차이를 드러낸다. 선생님에게 인정받고자 하는 욕망은 누구보다 컸을 유다가 상황 판단이나 역사 인식에 있어서는 예수와 동떨어진다. 그러면서도 가장 앞장서 비판한다.

가롯 유다가 소영웅심에 사로잡혀 사는 '거짓 영웅'임을 암시하는 예수의 말씀은 의미심장하다. 가롯 유다가 배반할 것을 미리 말씀하실 때였다. "'종이 주인보다 높지 않으며, 보냄을 받은 사람이 보낸 사람보다 높지 않다.' 너희가 이것을 알고 그대로 하면, 복이 있다"(요한복음 13:16~17).

선생님의 어떤 생각이라도 제자들은 존중해야 할 것이다. 더군다나 예수는 모두가 '주님'으로 모시는 분이였고, 가롯 유다 또한 '선생님'으로 모시는 분이었다. 가롯 유다는 그분과 인식을 달리하면서도 자신의 생각을 앞세우는 모습을 우리에게 확인시켜 준다. 대부분의 3번 유형처럼 가롯 유다도 그렇다. 자기 생각과 주변 사람들의 생각이 다를 때, 자기 합리화나 자기 정당화의 속성이 강하고 자기방어 기제가 강해서 자기 생각과 태도를 더욱 굳힌다.

마리아가 향유를 부었을 때 그 분위기에서 예수에게 한마디 들은 일로 유다의 마음은 굳어졌을 것이다. 배신할 결심을 이때 굳혔다고 해석하는 이들도 있다. 최후의 만찬 자리에서 예수가 배반할 사람에게 경고했을 때에도 그는 돌이켜 회개하는 것이 아니라, 배신할 마음을 굳힌 것으로 보인다. 예수가 빵 조각을 포도주에 적셔 주었다. "그가 빵조각을 받자, 사탄이 그에게 들어갔다"(요한복음 13:27). 예수의 말씀은 귀에 들어가지 않고, 사탄이 주는 생각이 들어갔다. 자기 중심적인 독선이 굳어진 거짓 영웅의 모습이다.

비극의 주인공 가롯 유다

성서의 인물들 가운데 가롯 유다보다 더 큰 비극의 주인공은 꼽기가 어렵다. 그는 예수의 열두 제자 가운데 한 사람이었다. 예수의 부름을 받고 공생애 3년 동안 함께 생활하며 배운 사람이었다. 예수가 선교 사명과 함께 주신 능력으로 복음을 전하고 병을 고치고 귀신도 내쫓은 사람이었다. 그런데 예수를 배반했다. 이런 비극이 또 어디 있겠는가?

유다는 열두 제자 중에서도 회계의 중책을 맡았던 사람이다. 지배자들과 예수 사이에 긴장이 높았을 때 그 사이를 오갈 수 있는 사람도 그였다. 상대적으로 다른 제자들보다 사회의식이나 역사의식이 비교적 높았을 것으로 추측된다. 3번 유형이 대체로 그렇듯이 가롯 유다도 또래들이나 동료들 사이에서도 똑똑하고 유능하고 설득력이 있는 사람이었을 것이다. 이런 사람이 선생님의 생각을 깊이 이해하고 그 뜻을 이루는 일에 목표를 세우며 그 과정에 충실했더라면, 그는 그 누구보다 유능하면서도 신실한 제자가 되었을 것이다. 주님이 가르쳐 주신 기도를 온 마음과 뜻, 정성을 기울여 실천하지 못한 것이 그의 비극의 큰 원인이다. 예수가 가룟 유다에게 "네가 할 일을 어서 하여라"(요한복음 13:27) 하고 말씀했을 때, "거기 앉아 있는 사람들 가운데서 아무도, 예수께서 그에게 무슨 뜻으로 그런 말씀을 하셨는지를 알지 못하였다"(요한복음 13:28). 그는 그 상황에서 깨닫고 회개할 기회를 붙잡을 수 있었으나 그러지 못했다. 생각과 현실을 착각하고 자기 정당화하는 강한 속성은 가룟 유다가 이를 자신이 품은 기획을 실천에 옮기라고 허용하는 말씀으로 받아들이게 했을 것이다.

바로 이런 결정적 순간을 보면 '성격이 운명이다(Ethos Anthropoi Daimon)'라는 격언이 실감이 난다. 유다에게는 또 한 번의 기회가 최종적으로 주어졌다. "예수를 넘겨준 유다는 그가 유죄 판결을 받으신 것을 보고 뉘우쳐, 그 은돈 서른 닢을 대제사장들과 장로들에게 돌려주고, 말하였다. '내가 죄 없는 피를 팔아 넘김으로 죄를 지었소'"(마태복음 27:3~4).

뉘우치려면 예수 앞에서 뉘우쳤어야 하고, "죄를 지었소" 하고 말하려면 하나님 앞에서 고백했어야 한다. 자기가 음모를 꾸미고 조작해 예수가 체포되더라도 하나님은 놀라운 권능으로 오히려 사태를 반전시켜 로마 군대를 몰아내실 것으로 잘못 생각할 수는 있다. 그런데 그 잘못을 깨끗이 인정하고 예수 앞에, 그리고 하나님 앞에 회개하지 못한 것이 결정적 문제였다. 이것이 성격 때문에 어쩔 수 없었던 모양이다.

3번 유형은 스트레스를 받으면 자기 계발에 나태해져 스스로 개선의 여지를 차단시키고, 나르시시즘에 빠져서 자기 생각을 끝까지 미화하거나 정당화한 나머지, 충고나 경고도 받아들이지 못하고 무시한다. 스스로 체면이 깎이고 손상된다고 생각하는 일이면 죽어도 못한다는 성향이 강하다. 마지막까지 가롯 유다에게서 나타나는 안타까운 성향이다.

감정이 단절된 것 같은 상황에 빠진 가롯 유다는 자기감정에도 정직하지 못하게 된다. 스스로 기만하게 된다. 그에게는 무엇보다도 거짓된 자존심이 너무 강하다. 스스로 꺾지 못하는 허영심이다. 모든 계획이 수포로 돌아갔고, 꿈은 사라졌다고 느꼈을 때, 가롯 유다는 모든 것이 끝났다고 결정한 듯하다. 평소에 품고 왔던 3번 유형의 기본적 공포인 '배척'을 당하고, 예수에게도 하나님에게도 버림받았다고 느꼈을 때, 가롯 유다는 유일한 해결책으로 자살을 택한다. 그는 '잘못은 인간의 일이나, 용서는 하나님의 일이다'라는 말씀 앞에 신실하지 못했다.

3번 유형

신실한 성취자

어려서부터 1등을 좋아하던 사람은 '성공 DNA'가 강하다는 말을 듣는다. 성공에 집착하면 실패를 피하려고 수단, 방법을 가리지 않는 유혹을 받기에 이른다. 자기도 모르게 기만의 격정에 사로잡힌다. 그러나 성공을 생각할 때, 자신의 야망을 이루는 성공이냐, 하늘의 뜻을 이루는 성공이냐, 또는 돈 벌고 출세하는 성공이냐, 인격을 이루는 성공이냐를 깊이 성찰하면 이야기는 달라진다.

믿음의 조상 가운데 한 사람인 야곱은 축복마저 가로채며 성공하려 할 만큼 기만적이었다. 그는 성취동기가 유별나게 강하다. 이런 유형은 성공하면 모든 것이 '정당화'된다고 믿는다.

역사의 대전환기에 지도자였던 사무엘은 사울 왕과 다윗 왕 두 사람에게 기름을 부어 왕으로 세우며 왕조 시대를 열었던 인물이다. 그는 끝까지 신실하게 살았지만 아들들의 타락을 소홀히 여긴 데서 자기를 기만한 흠을 남긴다. 목적이 뚜렷하고 목표 설정이 분명하면 누구나 자신의 일에 한눈팔지 않고 매진하게 된다. 사무엘은 맡은 일이 워낙 막중하다 보니 직무 수행에만 몰두했고 결과적으로 자녀 교육에는 소홀하게 됐다. 한 가지 일에 매진하다가 주변을 둘러보지 못한 셈이다. 자신이 중요하게 여기는 공적인 책임에 충실한 것은 대단히 필요하고 가치 있는 일이나 그것이 가장으로서 아버지로서 책임을 소홀히 하는 것을 정당화할 수는 없는 법이다.

가룟 유다는 두뇌 회전이 빠르고 고위층과 교제할 만큼 사교성도 있는 능력자였으나, 선생님의 생각보다 자기 생각을 앞세우고, 하늘의 뜻보다 제 뜻을 앞세우며 성공에 집착한 나머지, 예수를 배반하고 비극적인 자살로 생을 마감한다. 그는 목표를 세우고 치밀히 계획을 짜서 선생님의 생각을 포함해 다른 사람들의 생각까지도 자기 생각으로 환원시킨다. 선생님도 다른 제자들도 잘못 생각하는 것으로 치부한다. 자신의 야망을 성취하기 위해서 모든 것을 끝낼 태세로 밀어붙인다. 실패는 죽음과도 같다. 더욱이 나르시시즘이 강한 3번 유형은 체면 손상을 도저히 못 견딘다.

이렇듯 3번 유형은 성공에 집착하기 시작하면 자기도 모르게 '자신의 생각'을 곧 현실로 착각하며 그대로 받아들이고 집요하게 밀어붙이는 성향이 있다. 그들은 자기 생각이나 뜻을 바꾸려 하지도 않거니와 일단 발설하고 나면 철회할 수가 없다. 그 자체가 실패요, 체면을 잃게 되는 일이기 때문이다. 남들이 보면 객관적으로 옳지 않은 생각까지도 끝까지 주장하고 설득하는 과정에서 궤변이나 강변으로 다른 사람들이 이를 받아들이게 하며 강요하기도 한다. 자신의 생각이 곧 현실이라고 착각한다. 그러나 본인은 그것이 착각인 줄 모른다.

그러나 야곱은 얍복 나루터에서 일대 전환점을 맞이한 장엄한 패배 이후 '누구와도 경쟁하지 않는다'는 불경쟁 선언을 하면서 '이스라엘'로 변화하며 신실한 믿음의 조상이 된다. 진정한 의미의 경쟁은 바로 자기 자신과의 경쟁임을 웅변적으로 보여 주는 사건이다. 마치 목숨을 건 투쟁에서 살아남듯이 내적 갈등을 견뎌 냈을 때 우리는 비로소 새 사람이 된다. 목적 달성을 위해서는 수단과 방법을 가리지 않고 속임수나 권모술수를 총동원해서라도 경쟁에서 이기고 성공하려 했던 사람이 진실을 추구하는 신실한 사람으로 변화한다. 세계관이 바뀌고 눈높이가 달라진다.

훌륭한 선생님 밑에서 배우더라도 잘 성장하기란 말처럼 쉬운 일이 아니다. 하물며 엘리처럼 하나님과 사람들에게 인정받지 못하던 제사장 밑에서 자란 사무엘은 어떠했겠는가. 그런 사무엘이 바르게 설 수 있었던 바탕은 경청이었다. "말씀하옵소서 주의 종이 듣겠나이다"(사무엘상 3:10). 소년 사무엘이 했다는 이 말은 우리에게 잘 알려져 있다. 하나님의 말씀을 듣고, 자기 내면의 소리를 듣는 명상 수련은 경청을 위한 수련이었음을 우리는 여기서 다시 확인한다.

사무엘은 하나님을 경청함으로써 이스라엘 백성들이 경청하는 지도자가 되었다. 지도자나 선생님 같은 윗사람에게 인정받기 위해서 온갖 노력을 다 기울이는 3번 유형은 말솜씨를 비롯한 능력을 갖추었으며 임기응변에도 능하다. 그들은 인정받고자 하는 목표에 모든 것을 건다. 그리고 일단 인정을 받으면 자기 생각이나 계획을 관철시키는 데 집중한다. 선생님을 따르는 제자로서 예수의 깊은 뜻을 헤아려 그 뜻을 이루는 데 초점을 맞추기보다는 자신의 뜻을 펴려 한 것이다. 이는 진실이 부족한 상태에서 결과에만 집착할 때 거두는 비참한 열매다.

능력에 성실을 겸비할 때 진정한 능력이 된다. 그때야 비로소 목표를 향해 가는 과정에서 신실함이 인정받고 입증이 된다. 앞서 살핀 인물들을 생각하면서 3번 유형의 자기 관리와 위기관리에 대해 살펴보자.

아무리 1등을 하고 성공할 만큼 능력이 있다 하더라도 성공에 집착하면 기만의 격정에 사로잡혀 불행에 빠질 수 있다. 그러나 하늘의 뜻을 바라며 결과에 집착하지 않고 다만 자신에게 감동이 될 만큼 과정에 최선을 다하면, 3번 유형은 신실한 성취자가 된다. '인격을 이루는 것이 진정한 성공이다.' 이 말은 누구에게나 맞는 말이지만 특히 3번 유형이 새겨들어야 할 말이다. 우리는 존재와 행동, 사람과 일의 관계를 깊이 생각할 필요가 있다. 성공과 실패에 상관없이 바람직한 사람이 되는 것이 우선이다. 인정받고 존경받는 인격이 되는 것이 첫 번째다. 그러고 나서 일도 결과도 잘되면 더할 수 없이 좋은 법이다. 인격이 어떻게 되든 간에 성공하고 보자 했을 때, 성공하고 나서 모든 것을 잃는 경우가 너무 많다. 보다 큰 뜻, 보다 높은 뜻을 품고 인류를 위해 일하며 살겠다는 마음으로 나갈 때, 그 삶 자체가 성공이다. 이때 내뿜는 열정은 숭고한 뜻을 이루기 위한 '숭고한 광기'로 나타난다. 과정 자체가 아름답고 감동적인 삶이 된다.

3번 유형은 성공형으로서 지위를 추구하고 동기를 부여하는 기질이 강하다. 이들은 남달리 인정 욕구가 강하며 능률과 성공에 대한 집념이 강해서 실패를 기피하며 몹시 두려워한다. 실패담을 성공담으로 둔갑시킬 만큼 기만의 격정에 빠지면 정당화 내지 합리화하는 과정에서 거짓과 속임수를 쓰고자 하는 유혹에 빠진다. 또한 이들은 말을 잘하고 목표 의식이 강해서 동기 부여를 잘하고 설득력이 있으며 '목적이 수단을 정당화하는' 논리에 강하다.

3번 유형은 어려서부터 어머니에게 1등으로 인정받으며 자라서 자신감이 넘친다. 집 밖에서도 1등으로 인정받는 또래들 사이에서 1등을 차지하려니 경쟁심이 강화됐다. 말하는 것에서부터 공부하는 것과 노는 것까지 누구에게도 뒤떨어지면 안 된다는 강박관념이 일찍부터 강하게 박혀 있다. 말을 하면 설득력이 강한 반면에 달변이 궤변으로 비치기도 한다. 일구이언이라든가 거짓말을 한다는 인상을 주는 경우도 흔하다. 스트레스가 심하면 배척 내지 거부당할까 봐 두려워지고, 자기 계발의 나태에 빠지면 잘하던 일도 그만 내려놓게 된다.

그러나 기만의 격정을 사로잡으면, 성공보다는 하나님의 뜻을 앞세우며 결과에 집착하지 않고 과정에 충실함으로써 유능하면서도 용감하고 신실한 리더가 된다. '진인사대천명'의 신념을 지니면 감동적인 리더가 될 수 있다. 동기 부여를 잘하는 3번 유형은 위기 상황에서 스트레스가 심하면 실패를 두려워할 수 있으나 남다른 내적 지향성과 신실함으로 결과에 집착하지 않고 과정에 충실함으로써 위기를 관리해야 한다.

4번 유형

침착한
예술가

의인 욥
요나
이사야

TYPE
4

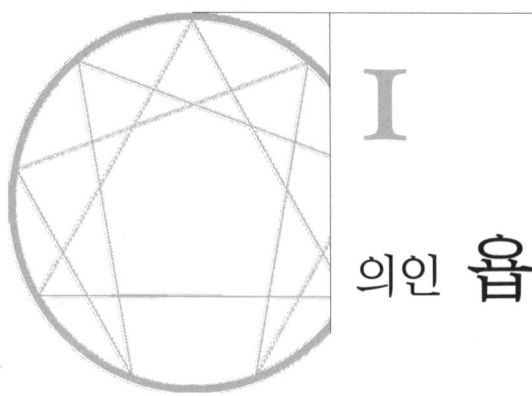

I
의인 욥

고난받는 욥

　세상은 고해와 같다고 한다. 누구나 고난을 겪는다. 아무도 고난으로부터 자유롭지 못하다. 문제는 고난을 어떻게 견디고 이겨 내느냐는 것이다. 동서고금을 막론하고 고난을 잘 견디며 이겨 낸 사람은 원하던 바를 성취하고 성숙한다. 그러나 고난을 견디지 못하고, 견디기 힘들어서 체념하고 포기한 사람은 실패했다.

　에니어그램 수련에서도 고난을 견디는 법을 터득하는 것이 무엇보다 중요하다. 그래서 예부터 어떤 형태의 고난이든지 그것을 '필요한 고난'으로 보게 가르쳤다. 인간의 변화와 성숙에 필요하기 때문이다. 그래서 고난을 피하지 말고, 마음먹고 견디는 법을 배우라 했다. '자발적 고난(voluntary suggering)'을 견디는 법을 배우고 익히며 수련하면, 우리는 마침내 성숙할 수 있다.

　성서의 수많은 인물들 가운데 고난에 관한 표본을 우리는 욥에게서 찾는다. 스스로 저지른 잘못 때문에 겪는 고난일지라도 잘 견뎌 내면 변화하고 성숙하는 법이다. 하물며 욥은 잘못을 저지르기는커녕 '의인'으로 칭송받던 사람인데 뜬금없이 고난을, 그것도 말로 표현하기 힘든 고난을 받고도 상상을 넘어서는 인내로 하나님만을 의지하며 견뎌 냈다.

욥은 고난을 이겨 낸 상징이다. 육체적 고난과 정신적 고난을 견뎌 낸 원형이다. 욥은 "어째서 선한 사람에게 악한 일이 생기는가?"라는 질문을 할 수 밖에 없는 사람들의 표본이다. 하나님도 자랑하는 욥이었다. 하나님은 그를 두고 "흠이 없고, 정직한 사람, 그렇게 하나님을 경외하며 악을 멀리하는 사람은 없다"(욥기 1:8)고 말씀하신다.

그런 욥에게 혹독한 시련이 닥친다. 사람으로서는 이유를 알 수 없는 고난이 찾아온 것이다. 성서에는 사탄이 하나님에게 이의를 제기해 사단이 벌어지는 것으로 기록된다. 사탄이 주님에게 아뢰었다. "욥이 아무것도 바라는 것 없이 하나님을 경외하겠습니까?" 욥의 경외심을 신뢰하신 하나님이 사탄에게 말씀하셨다. "그가 가진 모든 것을 다 네 손에 맡겨 보겠다." 그리고 나서 재난이 닥쳤다. 사람으로서는 알 수 없는 원인이 하늘에서 시작됐다.

결국 욥은 느닷없이 양 7천 마리, 낙타 3천 마리, 겨릿소 5백 쌍, 암나귀 5백 마리 등 온갖 재산을 박탈당한다. 상상을 초월한 상실이다. 게다가 일곱 아들과 세 딸도 잃는다. 갑자기 광야에서 강풍이 불어와서 잔치를 벌이던 그들에게 재난이 일어나 집이 무너져 깔려 죽었다. 그 소식을 전해 들은 욥은 충격과 슬픔에 빠졌다.

그러나 "욥은 겉옷을 찢고 머리털을 민 다음에, 머리를 땅에 대고 엎드려 경배하"(욥기 1:20)였다. "빈 손으로 태어났으니, 죽을 때도 빈 손으로 돌아갈 것"(욥기 1:21)이라 밀하며 주님의 이름을 찬양했다. 다른 사람 같으면 하나님을 저주하고 신앙도 경외심도 버릴 만한 지경이었다. 그러나 욥은 "주신 분도 주님이시요, 가져가신 분도 주님이시니, 주님의 이름을 찬양할 뿐입니다"(욥기 1:21)라고 했다.

욥이 재산을 빼앗기는 정도로는 안 되는 것을 보고 사탄이 재차 시험했다. 이것도 사람으로서는 알 수 없는 발단이다. 결국 욥은 "발바닥에서부터 정수리에까지 악성 종기가 나서 고생하게"(욥기 2:7) 됐다. 욥이 잿더미에 앉아서 옹기 조각을 가지고 자기 몸을 긁고 있는 것을 본 그의 아내가 "차라리 하나님을 저주하고서 죽는 것이 낫겠습니다"(욥기 2:9) 할 정도로 참혹했다.

체념하는 욥

에니어그램 4번 유형은 상상력과 감정이 풍부하고, 고통이나 고난에 대해 민감하다. 상처에 대해서도 예민한 편이다. 그래서 같은 조건과 환경 속에서도 남들보다 힘들어한다. 그러나 건강하고 성숙하면 이들은 '하나님과의 일치'를 지향하며 직관력도 높고 텔레파시도 강할 뿐 아니라 감정의 균형이 이루어지면서 침착해진다. 이들이 입을 열어 말을 하면 감동을 주고 설득력이 높다.

성서 속 욥은 이처럼 건강하고 행복한 4번 유형의 표본으로 등장하는데, 지상에 사는 사람들로서는 예측도 못하고 원인도 알 수 없는 고난을 겪게 된다. 그 고난이 얼마나 극심한지, 의인으로 칭송받는 욥, 4번 유형의 건강 상태로 보면 최상의 경지에 있다고 볼 수 있는 욥에게도 견디기가 쉽지 않았을 것이다. 하나님을 전적으로 의지하기에 흔들림 없이 침착하긴 해도 고통에 대해 민감하기는 마찬가지였을 테니 말이다.

욥은 그야말로 억울한 고난과 고통을 당하는 상징이다. 4번 유형은 자기감정을 살피고 분석하고 느끼는 데 많은 시간을 보낸다. 특히 고난을 당하면 동정심을 유발하거나 상황을 비극적으로 말하는 것도 따지고 보면, 깨야 할 자기 이미지의 일부다. 이와 함께 극복해야 할 것이 '과거 지향성'이다. 특히 욥과 같은 처지가 되면 풍요로웠던 삶을 회상하고 현재를 둘러보며 자괴감과 부족감이 생기기 쉽고, 그래서 시기의 격정이 끓어오르기 쉽다.

    4번 유형은 문제가 생기면, 현실을 도피하면서 눈을 감고 환상 속에서 해결책을 찾으려는 성향이 있다. 그러므로 환상을 깨고 문제와 고통, 고난을 직시해야 한다. 피하려고 할수록 그것은 '불필요한 고난'으로 생각되고 4번 유형을 환상 속으로 내몬다. 그래서 현재에 깨어 있어야 한다. 고난을 직시하고, 있는 그대로 받아들이며, 현실 속으로 들어가야 한다. 고난을 견뎌 내면 성취하고 성숙한다는 신념을 갖고 나서는 4번 유형 특유의 통찰력과 직관력으로 고난을 '필요한 고난'으로 수용하고, '자발적 고난'을 견디는 법을 배우고 익히게 된다. 끝내 이들은 하나님과의 일치를 경험하며 더할 수 없이 침착해진다.

    그러나 결과적으로는 이렇게 된다고 해도, 거기에 이르는 과정, 특히 욥이 겪는 고난의 '과정'은 말처럼 쉬운 것이 아니다. 하지만 명백한 것은 견디기 어려운 만큼, 견디고 이겨 내면 그 결과가 다른 무엇과 비길 수 없을 정도로 좋다는 점이다. 이런 뜻에서 고난은 시험이요 시금석이다. 신앙도 인생도 고난을 이겨 내면 무언가 성취하고 성숙한다.

    그러나 여기까지의 과정이 어렵다. 고난도 밑바닥까지 내려가야 올라오는 법이다. 그 과정에서 분노도 불평도 원망도 일어난다. 끝내 체념하는 데까지 이른다. 4번 유형은 이런 상황에 놓이면 극심한 스트레스로 인해 '동굴' 속으로 들어가는 심정이 된다. 방에 콕 처박히는 '방콕' 상태가 된다. 이때는 모든 것을 체념하고 포기하고 싶을 것이다.

고난을 당하지만 하나님과 일치를 이루는 상태에 있던 욥은 자신의 부인이 "차라리 하나님을 저주하고서 죽는 것이 낫겠습니다"라고 말했을 때도 흔들림이 없었다. 그러나 고통이 참기 어려워지고 습진이 견디기 어려워지니까 몸도 마음도 지치고 힘들어서 자기 출생을 저주하고 원망하는 데까지 마음이 기운다. 그러나 "욥은 이 모든 어려움을 당하고서도, 말로 죄를 짓지 않았다"(욥기 2:10)고 한다.

4번 유형은 감정을 직접적으로 표현하지 않으려는 성향이 있다. 말로는 아니더라도 마음으로는 원망하고 불평할 수 있다. 하나님을 저주하지는 않아도, "드디어 욥이 말문을 열고, 자기 생일을 저주하면서 울부짖었다"(욥기 3:1~2). 이는 신실함을 체념하는 모습이다.

고난과 씨름하는 욥

고난은 인간에게 피할 수 없는 원초적 문제다. 누구라도 고난을 피할 수만 있다면 피하려 한다. 인지상정이라 할 수 있다. 그러나 더 이상 피할 수 없는 상황이 되면 고난을 대면하게 되고 고난과 씨름하게 된다. 그 방식은 성격 유형에 따라 다르다.

에니어그램 4번 유형은 고난에 대해 민감하다. 고통을 현실로 받아들이기보다는 고통으로 인해 느끼는 감정을 가지고 씨름하는 경우가 많다. 욥이 느닷없이 고난에 직면한 초기에는 스스로 건강하게 살던 때라, 상상하기 어려운 충격과 상실을 경험했음에도 모든 일을 있는 그대로 받아들였다. 고난을 그야말로 '필요한 고난'으로 받아들였고 '자발적 고난'으로 견뎠다.

재산을 잃고 자녀까지 잃었을 때만 해도 견디던 욥이지만, 참기 어려운 악성 습진이 안겨 주는 고통은 그를 지치고 움츠러들게 했다. 게다가 고통을 당할 때 누구보다 힘이 되고 위로가 되며 의지할 수 있었던 부인조차 그를 힘들게 했다. 그것도 모자라서 친구들마저 도전하고 비판하며 속을 뒤집어 놓고 신경을 건드렸다.

어떤 상황 속에서도 하나님을 찬양하며 하나님에게 충성하려던 욥도 격심한 고난과 씨름하면서, 오히려 자기감정을 가지고 씨름하기에 이른다. 고통에 민감해지면서 자기 자신에게 몰입하고 스스로 위축되며 현실을 도피하게 된다. 욥은 자연히 체념하면서 자기 내면 속에 깊이 빠져들며 스스로를 제한시키고 깊은 상실감을 느낀다.

이쯤 되었을 때, 욥은 감정 표현을 직접적으로 하지 않는 4번 유형의 속성을 드러냈다. "욥은 이 모든 어려움을 당하고서도, 말로 죄를 짓지 않았다". 입술로 부정한 말이나 참람한 말을 하지 않았다는 표현은 '마음속으로' 죄를 지었을 가능성을 암시한다. 4번 유형은 이런 경우에 격정에 사로잡히게 되는데, 욥도 예외가 아니었다. 시기는 자신에게 없는 것을 남이 가지고 있을 때 나오는 것이다. 사람들은 자신이 고통을 겪을 때 남이 잘나가는 것을 보면 시기가 난다.

욥에게는 시기를 드러내는 방식이 있다. 욥은 누구나 공감하기 쉬운 표현을 택한다. 그는 "내게 일어난 일은 기억에 떠올리기만 해도 떨리고, 몸에 소름이 끼친다"(욥기 21:16)고 말하고 나서, 대조적으로 말한다. "어찌하여 악한 자들이 잘 사느냐? 어찌하여 그들이 늙도록 오래 살면서 번영을 누리느냐?"(욥기 21:7). 욥은 친구들에게 항변하는 가운데 시기의 격정을 드러내고 만다.

자기 생일을 저주하면서 울부짖음 수밖에 없고(욥기 3:1), 스스로 당하는 고통을 기억하고 싶지도 않을 상황에서 더욱이 누구라도 할 수 있는 말을 한 것을 시기라 볼 수 있을까 싶을 정도다. 그러나 고난과 씨름하는 4번 유형의 내면에서 솟구치는 격정이 그런 것이다.

"내가 겪는 고난을 모두 저울에 달아 볼 수 있고, 내가 당하는 고통을 모두 저울에 올릴 수 있다면, 틀림없이 바다의 모래보다 더 무거울 것"(욥기 6:2~3)이라 말하며 자기 말이 거칠었던 것을 항변하는 데서도 마음속에서 소용돌이치는 감정이 표현된다. "하나님이 나를 부수시고, 손을 들어 나를 깨뜨려 주시면, 그것이 오히려 내게 위로가 되고, 이렇게 무자비한 고통 속에서도 그것이 오히려 내게 기쁨이 될 것이다"(욥기 6:9~10). 고난과 씨름하는 욥의 모습이 처절하게 느껴진다.

하나님과 일치하는 욥

에니어그램 영성의 핵심은 변화의 영성이다. 누구나 격정에서 헤어나 덕목으로 나아가는 데 그 초점이 있다. 4번 유형인 사람들은 시기의 격정에서 헤어나 감정의 균형, 곧 침착의 덕목에 이를 때 성숙하고 자유로워진다. 그렇게 되면 그들은 최상의 상태가 되어 매우 독창적이며 감동적인 표현을 하게 된다. 그때는 스스로 갱신해 새로워지며 자신의 창의성으로 남을 구하는 특징을 갖는다. 4번 유형은 그들의 모든 가능성을 살려서 경험이나 감정, 또는 뭔가 가치 있는 것으로 변화시키는 능력을 지닌 사람들이다.

욥을 그린 윌리엄 블레이크(William Blake)의 연작 판화 작품은 유명하다. 처음에 등장하는 욥과 자녀들은 성경을 읽고 기도하는 모습인데 악기는 나무에 걸려 있다. 내향적이며 개인주의적인 사람들이 경건한 삶을 지키는 모습이지만, 거기에는 예술성도 창의성도 표현되지 않는다. 그러나 나중에는 활기차게 악기도 연주하고 춤도 추는 모습을 등장시켜 예술적인 독창성을 표현한다. 작가는 이런 표현을 통해 4번 유형이 일상적인 모습에서 건강한 상태로 변화할 때 예술성과 창의성이 되살아나는 면을 보여 준다. 이는 욥의 변화 과정이라 하겠다.

4번 유형이 스트레스를 받으면, 그들은 상상력이나 창의성을 상실하거나 대수롭지 않게 여긴다. 스스로 어렴풋이 느끼기는 하겠지만, 이렇게 정신적인 자유나 창의성을 끌어내지 못하는 것은 창조주 하나님을 욕되게 하는 것이다. 4번 유형은 격정에 사로잡히면 자신의 재능과 카리스마를 무시하기에 이른다. 그러나 격정을 사로잡고 나면 자신의 카리스마와 독창성을 마음껏 발휘할 수 있다. 이들은 자신의 카리스마를 있는 그대로 받아들일 때, 근원에서 창조주를 발견하고 하나님과 일치를 이루게 된다.

고난이 극심할 때, 차라리 죽고 싶은 심정이었던 욥은 "차라리 숨이라도 막혀 버리면 좋겠습니다. 뼈만 앙상하게 살아 있기보다는, 차라리 죽는 것이 낫겠습니다"(욥기 7:15)라고 울부짖는다. 고난이 시작될 때 부인이 "차라리 하나님을 저주하고서 죽는 것이 낫겠습니다"라고 했을 때는 의연하던 욥이 고난이 극심해지자 스스로 '차라리'를 연거푸 외친다. 4번 유형은 스트레스가 극심할 때, 자살 충동을 강하게 느끼는 모습을 드러낸다. 격정이 요동칠 때 상황이다.

그러나 결국 욥은 스스로에게 솔직하기 때문에, 고난은 4번 유형이 더 이상 퇴화하는 것을 막는 방벽이 된다. 하나님을 의지하고 찬양하는 힘이 하나님 앞에서 회개하며 하나님과 일치를 갈망하게 한다. 자신의 비참한 운명을 직시할 때, 비극은 끝이 나며 희극으로 전환되고 마침내 동화로 이어진다. 프레더릭 뷰크너(Frederick Buechner)는 *Telling the Truth: The Gospel as Tragedy, Comedy and Fairy*

Tale(HarperOne, 2009)에서 이를 웅변적으로 묘사한다.

「욥기」는 동화로 시작되다가 급전직하에 비극이 되더니 마침내 희극을 거쳐 다시 동화로 이어진다. 고난의 과정 속에서 자신의 격정이 덕목으로 변환되는 회개가 이루어진다. 욥은 하나님을 향한 마음이 자기 내면으로 위축되는 것이 죄요, 하나님이 주신 카리스마와 창의성을 무시하는 것이 죄요, 말로는 아니나 마음속에 격정이 발동하는 것이 죄임을 깨닫는다.

4번 유형인 욥은 회개하면, 위축이 관상(contemplation)으로 변화된다. 내면의 저항과 거부도 사라진다. 이런 진실에 대한 이해가 부족할 때, 삶에 대한 고뇌도 신음도 절규도 나온다. 폭풍이 밀어닥치는 소용돌이 속에 던져진다. 그러나 진리를 깨닫고 하나님과 일치를 이룰 때, 그는 '태풍의 눈' 속으로 들어가 더할 수 없는 '침착(equanimity)'을 이루게 된다.

욥은 회개를 통해 창조주를 재발견하고, 창조의 아름다움을 재발견한다. 소문을 듣듯이 아는 것이 아니라 '내적 지식(inner knowing)'과 '경험적 지식(experiential knowledge)'으로 아는 것이다. "지금까지는 제가 귀로만 들었습니다. 그러나 이제는 제가 제 눈으로 주님을 뵙습니다"(욥기 42:5). 하나님 안에는 칼 구스타브 융(Carl Gustav Jung)의 말대로 '내적 양극(inner opposites)'이 있다. 우리는 고난과 희망을 아울러 끌어안을 때, 하나님과 일치를 이룰 수 있다.

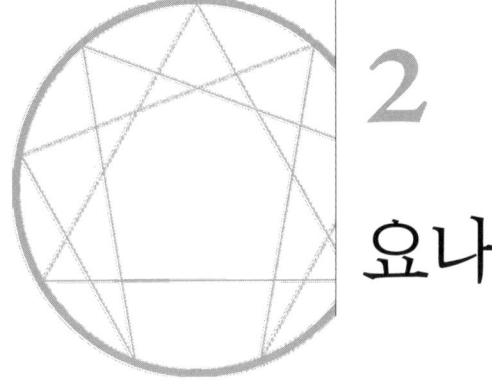

2
요나

스페인으로 도망가는 요나

'요나는 어디에나 있다(Jeder ist Jona)'는 말이 있다. 구약성서에 나오는 선지자 요나가 한 짓은 누구나 다 할 수 있는 일이라는 말이 된다. 우리가 흔히 성격이라고 하는 말을 심리학에서는 인성(personality)이라고 한다. 보편성으로 말하자면 사람의 성격이 공통적이라는 뜻이다. 특수성으로 보면 제각기 독특한 격이 있고 각이 져 있다는 말이 된다. 그러니까 우리 모두는 요나와 공유하는 인성을 지녔다.

누구나 요나처럼 행동할 수 있는 바탕에는 몇 가지 공통점이 있다. 첫째, 하나님에게 불순종한다. 둘째, 하나님이 다른 사람, 특히 다른 민족을 사랑하시는 것을 못 본다. 셋째, 이기적일 만큼 독선적이다. 그러면서도 우둔하다. 똑똑한 척은 혼자 다하면서 바보짓은 골라서 한다. 이것은 에니어그램의 관점에서 볼 때, 남들이 객관적으로 모두 보고 있는 것, 즉 격정을 자기 자신만이 못 보는 것이나 다름 아니다.

'진실'이란 뜻의 이름을 지닌 아밋대는 바알에게 절하지 않은 7천 명 가운데 한 사람이라는 이야기가 전해 내려온다. 바로 이 아밋대의 아들이 요나인데, 그는 이름이 '비둘기'라는 뜻으로 가드헤벨 출신이다. 가드헤벨은 당시에는 갈릴리의 가나라고 불린 곳으로 나사렛 서북쪽으로 십 리 정도 떨어져 있다. 요나는 그의 선지 활동이 「열왕기」에도 기록될 만큼(열왕기하 14:25) 인정받았던 경험이 풍부한 예언자였다. 그는 하나님이 직접 계시하시며 뜻을 말씀해 주신, 하나님이 믿는 종이었다.

가나는 예수가 선교 활동 초기에 잔칫집에서 물로 포도주를 만드는 기적을 일으킨 곳이다. 후일에 유대인들이 기적을 구할 때 예수가 말했다. "악하고, 음란한 세대가 표징을 요구하지만, 예언자 요나의 표징밖에는, 이 세대는 아무 표징도 받지 못할 것이다"(마태복음 12:39). 그리고 덧붙여서 중대한 발언을 한다. "요나가 사흘 낮과 사흘 밤 동안을 큰 물고기 뱃속에 있었던 것과 같이, 인자도 사흘 낮과 사흘 밤 동안을 땅 속에 있을 것이다"(마태복음 12:40).

조지 L. 로빈슨(George L. Robinson)이 지적하는 바와 같이 이는 나사렛에서 자란 예수가 가나에 있는 선지자 요나의 무덤에서 무언가 큰 감명을 받고 자신의 선교와 사명에 대한 깊은 뜻을 깨달은 것으로 이해할 수 있다. 전설에 의하면, 요나는 엘리사가 수련생 가운데 한 사람으로 하여금 예후를 이스라엘 왕으로 기름 붓게 한 다음 속히 도망치게 한 젊은이였다. 그는 수줍음을 타는 사람이었다고 전해진다.

이토록 감수성이 예민하고 부드럽고 수줍으면서도 직관력이 높은 요나는 자신이 이해할 수 있는 소명은 위험을 무릅쓰고라도 결행하는 사람이다. 그러나 자신이 알아들을 수 없고 동의하지 못할 일이면, 비록 하나님이 내린 명령이라 할지라도 어길 수 있는 성격임을 드러낸다.

「요나」는 예언서 중에서도 일종의 저항문학이다. 선민사상과 시온주의에 사로잡힌 사람들로서는 하나님이 이방인을 구원하신다는 뜻을 이해할 수도 없고, 이해하고 싶지도 않고, 또 이해해서도 안 된다고 생각한다. 이런 성향을 대변하는 요나에게 하나님이 큰 성읍 니느웨로 가서 회개를 선포하라고 명령하시니까, 그는 "하나님의 낯을 피하여"(창세기 3:8) 스페인, 곧 다시스로 도망가려고 길을 떠났다.

에니어그램 4번 유형은 얼핏 봐도 독특한 사람들이다. 이들은 평범한 것을 기피하는 특성 때문에 외모부터 독특하다. 섬세하고 민감하며 개성이 강하다. 그만큼 개인주의적 성격이 강하고 로맨틱하며 예술적인 분위기를 풍긴다. 이들은 무엇보다도 어려운 일에 부딪히거나 스트레스를 받으면 동굴 심리가 작용하여 숨을 곳을 찾는다. 요즘 말로 방에 콕 처박히는 '방콕'을 한다. 여러모로 요나는 이런 특징을 드러낸다. 어려서 부모의 애정을 긍정적으로 경험하지 못하고 자란 사람들이 에니어그램 4번 유형이다.

제비 뽑힌 요나

예후가 임금이 된 뒤에도 거대한 제국 앗시리아에 조공을 바쳤던 일을 잘 알고 있는 요나가 그 제국의 수도 니느웨로 가라고 명령하시는 하나님의 낯을 피하려 한 것은 동정을 살 만한 일인지도 모른다. 주변의 약소국을 못 살게 구는 강대국의 횡포는 상상하고도 남는다. 더욱이 "그들의 죄악이 내 앞에까지 이르렀다"(요나 1:2)고 하나님도 말씀하신다. 그들의 죄악이 하늘에 사무쳤다고 할 일이다.

이런 상황에서 직관력이 남달리 높은 요나는 먼저 피하고 싶었던 것이다. 앞서 언급한 바와 같이 에니어그램 4번 유형은 자기 자신을 이해하는 것 자체가 중요하다. 이러한 요나는 선지자로서 하나님의 명령을 받고, 그 뜻을 도무지 이해하기 어려운 지경이 되었을 때, 근본적으로 자기 이해를 제대로 할 수 없는 상황에 빠진다. 따라서 희망이 없다고 느끼면서 쉽게 절망에 빠지는 성향을 드러낸다.

이렇게 하나님의 명령 앞에서 자신이 부적절하다고 느끼면, 4번 유형은 자신에게 흠이 있다고 생각하면서 움츠러든다. 그들은 속상하거나 너무 긴장하면 무결주의에 빠진다. 주변 여건이나 조건들 때문에 좌절감을 쉽게 느끼는 만큼 자신이나 다른 사람들에 대해 비현실적인 기대를 가질 가능성이 크다. 자신이 아니더라도 하나님이 기필코 이루실 일이라면 이루시리라 하는 마음도 들 수 있다.

누구보다 상상력이 풍부하고 직관력이 뛰어난 요나에게 하나님의 낯을 피한다는 것이 어떻게 가능한 생각이었을까 자못 궁금하다. 「시편」 기자가 말하듯이 어디로 간들 하나님의 얼굴을 피해서 도망치겠는가?(시편 139:7~10). 요나는 동쪽으로 수천 리 떨어진 니느웨로 가라니까 서쪽 끝 수천 리 떨어진 다시스, 곧 스페인으로 도망가려고 한다. 그야말로 「시편」을 누구보다 잘 알고 있는 요나가 「시편」의 진실을 거꾸로 살고 있는 모습이다.

이는 바로 요나가 격정에 사로잡혀 있는 모습을 여지없이 드러낸 것이다. 세상 사람들이 모두 다 그러하듯이, 요나도 격정에 사로잡힌 모습을 남들은 다 보는데 자신만 보지 못한다. 이쯤 되면 자신이 평소에 잘 알고 믿으며 행하던 것을 몽땅 뒤집어서 거꾸로 산다.

동쪽으로 가라는 명령을 뒤집어서 서쪽으로 도망치려고 요나는 스페인으로 가는 배를 탄다. 그러나 하나님이 "바다 위로 큰 바람을 보내시니, 바다에 태풍이 일어나서, 배가 거의 부서지게 되었다"(요나 1:4). 그 다음으로는 영화 〈포세이돈 어드벤처〉나 〈타이타닉〉에서 나올 만한 장면이 연출된다.

배가 태풍에 밀려 부서지기 직전에 배에 탄 사람들 모두가 "두려움에 사로잡혀 저마다 저희 신들에게 부르짖고"(요나 1:5) 배를 가볍게 하려고 별별 짓을 다한다. 그런데 "요나는 벌써부터 배 밑창으로 내려가 누워서, 깊이 잠들어 있었다"(요나 1:5). 에니어그램 4번 유형은 스트레스를 심하게 받으면 현실을 외면하며 스스로 방종적인 심미주의자가 되어서 상황의 요구나 필요로부터 자신은 면제된 것처럼 환상에 빠져든다. 이런 절박한 상황에서 '깊이 잠들어 있었다'는 것을 이해할 사람은 거의 없을 것이다.

그런 광경을 목도한 선장이 놀라서 "소리를 쳤다"(요나 1:6)는 것은 당연한 일이다. 아니, "잠을 자고 있다니!"(요나 1:6). 급기야 뱃사람들이 서둘러서 제비를 뽑기에 이른다. "누구 때문에 이런 재앙이 우리에게 내리는지"(요나 1:7) 알아보자는 것이었다. 결국 제비는 요나에게 떨어졌다. 요나는 "자기가 주님의 낯을 피하여 달아나고 있다"(요나 1:10)고 이실직고한다.

큰 물고기 배 속의 요나

감정이 풍부하고 예민한 에니어그램 4번 유형은 고통에 대해 민감하다. 똑같은 상황 속에서도 그들은 남달리 예민하게 고통을 느끼며 스트레스를 받는다. 세상의 모든 사람들이 완전한 건강 상태를 유지하기란 어려운 법이다. 대개는 몸 여기저기에 불편한 곳이 있다. 그런데 4번 유형은 이를 더욱 민감하게 느끼기 때문에 아픈 곳이 많다고 할 수 있다. 그래서 이럴 적에는 웬만큼 건강이 안 좋으면, 또래들 사이에서 '병주머니'란 소리를 듣는다. 좀 커서는 친구들이 '종합병원'이라고 부르기도 한다. 아픈 곳이 많다는 인상을 주기 때문이다.

특히 4번 유형은 고통을 느끼며 긴장하거나 스트레스를 받으면 두통을 앓는다. 정신적으로 고통이 심하거나 육체적으로도 과로하거나 긴장이 높으면 편두통을 앓기 쉽다. 정신의학에서나 심리학에서도 스트레스는 불안과 공포, 우울증과 사촌 간이라 부를 만큼 서로 연결되어 있다. 그래서 스트레스가 아주 심하면 우울증에 빠진다. '빠진다'는 말을 쓰는 만큼 깊은 속으로 들어간다.

요나가 '큰 물고기 배 속에 있었다'는 이야기는 여러 가지로 풀이할 수 있다. 예수도 자신이 십자가에서 죽으면 "사흘 낮과 사흘 밤 동안을 땅 속에 있을 것이다"라고 하면서 요나가 큰 물고기 배 속에 있던 것과 같다고 말씀하셨다. 이렇듯 깊은 곳에 들어가 있는 것을 현대 심리학이나 정신의학의 술어로는 '내면의 심층에 있다' 또는 '무의식 속에 들어가 있다'라고 말할 수 있다.

이런 상황을 「시편」 기자는 이렇게 말한다. "주님, 내가 깊은 물 속(공동번역 성서에서는 '구렁'이라고 한다)에서 주님을 불렀습니다"(시편 130:1). 요나가 물고기 배 속에서 하나님에게 기도하는 첫 대목도 이와 흡사하다. "내가 고통스러울 때 주님께 불러 아뢰었더니, 주님께서 내게 응답하셨습니다"(요나 2:2). 그런데 놀라운 것은 요나가 아직 물고기 배 속에서 기도하는 상황인데도 하나님이 응답하셨다는 표현을 쓴다는 점이다. 4번 유형이 평상심을 회복하며 소외감과 우울증으로부터 탈출하기 시작할 때, 그들은 상상력이 풍부한 예술가적 기질을 살릴 수 있다. 그래서 아직은 고난과 고통 속에 있으면서도, 고통을 이상화하거나 환상적으로 대하면서 승화시키는 힘을 발휘한다.

큰 물고기 배 속에서 하나님에게 드리는 요나의 기도는 4번 유형이 하나님과의 일치를 지향하며 회개할 때 정서적 균형과 침착성을 회복한 상태를 반영한다. 고통과 고난을 두려워하고 피하면서 스스로 면제받는 것처럼 환상 속에 빠져들던 모습과는 정반대로 고난을 직시하며 그 속에 잠겨 있는 깊은 뜻을 끌어올린다. 이 과정에서 4번 유형은 창조적인 힘을 발휘한다.

보통 사람들은 고난이 그치면, 그제야 하나님에게 감사하기 마련이다. 그러나 남달리 격정에 잘 사로잡히지만, 또한 격정을 사로잡으며 거기서 놀라운 힘을 끌어내는 천재성을 지닌 4번 유형은 고난의 한가운데서 이미 감사와 찬양을 올리는 독특성을 보인다. 물고기 배 속에서 절망적인 상황을 정면으로 마주치고 절박함을 느끼면서도 하나님과 일치를 이루는 침착성을 드러내는 모습을 우리는 요나에게서 동시에 본다.

여기서 보이는 것처럼, 우리는 4번 유형이 상처를 잘 입고 또한 상처에 민감하지만, 상처로부터 치유와 회복을 경험하며 남다른 능력을 드러내며, 다른 이들에게 감동을 주는 특징을 요나에게서도 재발견한다.

회개를 외치는 요나

누구나 죄를 지으면 마음에 그늘이 생기고, 양심에 가책을 받으며, 움츠러들게 된다. 성서적으로 보나 교리적으로 보나 죄는 따지고 보면 에니어그램에서 말하는 격정에 사로잡힌 상태를 두고 하는 말이다. 그래서 죄 가운데 사는 사람은 '자아의 포로'라 말한다. 이는 곧 격정의 포로임을 뜻한다.

요나가 격정에 사로잡혔을 때는 비록 그의 참된 인성, 즉 본성이라 할 속사람이 하나님의 말씀을 대언하는 예언자였을지라도 하나님의 뜻을 어기고 자신의 겉사람이 하고 싶은 대로 숨고 도망치며 불순종했다. 그러나 큰 물고기 배 속에서의 경험을 통해 요나는 회개한다. 격정에 사로잡힌 상태에서 벗어나서 격정을 사로잡고 특유의 덕목을 살리는 쪽으로 변환 또는 전환되는 것이 회개(conversion)다. 이는 버전이 바뀐다는 말이다.

에니어그램 4번 유형은 격정에 사로잡힐 때 자신도 모르게 방종이 늘어나 하나님이나 사람들로부터 후퇴하고 숨는 버릇이 있다. 그럼에도 4번 유형은 자신을 이해하는 것을 늘 중요하게 여기는 사람들이며, 스스로에게 솔직하기 때문에 더 이상 퇴화하는 것을 막을 수 있는 사람들이다. 그들은 자신이 해야 할 일을 알고, 또 자신에게 스스로 무슨 짓을 하고 있는지 알 정도로 자신을 충분히 파악할 수 있다. 그런 만큼 물고기 배 속에 들어가는 것 같은 고통이나 좌절을 경험할 때도 회개하고 변화되면서 놀라운 통찰과 비전을 보이며 일어날 힘을 가지고 있다.

이런 과정을 거치면서 하나님의 뜻을 재확인하는 요나에게 다시 한 번 하나님의 명령이 들려온다. "너는 어서 저 큰 성읍 니느웨로 가서, 이제 내가 너에게 한 말을 그 성읍에 외쳐라"(요나 3:2). 4번 유형은 회개해 건강해지면 자기 계시적인 사람으로서 개성이 뚜렷해지고 직관력이 높아지며 자신감이 생긴다. 이런 상태에서 요나가 회개를 외친다. 통합된 건강한 4번 유형은 설득력이나 호소력이 클 뿐 아니라 감동적이다.

"요나는 그 성읍으로 가서 하룻길을 걸으며 큰소리로 외쳤다. '사십 일만 지나면 니느웨가 무너진다!'"(요나 3:4). 감정의 균형이 잡히고 정서가 풍부하며 감동적인 4번 유형은 아무 말 안 해도 다른 사람을 움직일 만큼 직관력과 텔레파시가 강한 사람들이다. 이런 요나가 회개를 선포하니까 니느웨의 임금부터 온 백성들, 심지어는 가축들까지도 회개하기에 이른다. 회개의 큰 역사가 일어난다.

회개를 선포한 결과 "그들이 뉘우치는 것"을 보고 하나님은 그들에게 내리겠다고 말씀하신 재앙을 내리지 않았다(요나 3:10). 요나는 이 일이 못마땅해, 화가 났다(요나 4:1). 여기에서 요나는 다시 한 번 더 격정에 사로잡히는 모습을 드러낸다. 이는 그토록 건강해졌던 사람이라도, 잠시 방심하다가는 또다시 격정에 빠질 수 있음을 보여 준다.

우리는 성서 전체를 통해서 "늘 깨어 있어라" 하는 말씀이 반복적으로 주어진 것을 유념할 필요가 있다. 예수도 사도 바울도 늘 되풀이해 말했다. 에니어그램을 공부하고 수련을 계속하며 정진하는 뜻도 실상은 따지고 보면, 이 한마디 말씀에 담겨 있다. "늘 깨어 있어라!" 요나가 회개하고 변화해 건강해졌어도, 4번 유형 특유의 격정이 '시기'로 터져 나올 수 있는 가능성은 언제라도 멈춤이 없다. 그래서 에니어그램은 '영속적 운동성'이라는 뜻을 언제나 명심하며 집중해야 하는 것이다. 언제나 누구라도 "서 있다고 생각하는 사람은 넘어지지 않도록 조심하십시오"(고린도전서 10:12)라는 말씀도 실은 "늘 깨어 있어라" 하는 말씀이나 다름없다.

3 이사야

환상을 보는 이사야

에니어그램을 아는 사람이 성서 인물들을 살피면 4번 유형으로 떠오르는 사람은 예언자들이다. 마찬가지로 성서를 아는 사람들이 에니어그램을 알게 되면 예언자들이 4번 유형임을 알 수 있다. 그중 대표로 여겨지는 사람이 이사야라 하겠다.

대선지(major prophets) 가운데 처음으로 손꼽히는 이사야지만 그를 알 수 있는 자료는 많지 않다. 「이사야」는 전체가 66장으로 되어 있으나 그의 배경에 대해서는 기록이 많지 않다. 다만 그가 선지자 아모스의 아들이요, 여선지자와 결혼해 두 아들을 두었음이 기록되어 있다. 「역대하」 26장 22절을 보면 "웃시야의 통치 기간에 있었던 다른 사건들은, 초기의 것에서부터 후대의 것에 이르기까지, 아모스의 아들 예언자 이사야가 기록하여 두었다"고 쓰여 있다. 이를 보면 이사야는 역사가이기도 했다.

랍비 전승에 의하면 아모스는 아맛시야 왕의 동생이라 한다. 이사야는 귀족 출신으로 알려져 있다. 동서고금을 막론하고 왕족이나 귀족처럼 지체 높은 사람들은 대체로 자녀 양육을 유모나 보모의 손에 맡긴다. 부모가 각별히 자녀에게 애정 표현을 하는 경우를 제외하면, 그런 환경에서 자라나는 아이들은 4번 유형이 되는 경향이 있다.

4번 유형 가운데 3번 날개를 가진 이들을 귀족형이라 일컫는다. 자란 배경과 성격의 특성이 결코 무관하지 않음을 엿볼 수 있다. 4번 유형은 일상적인 일들, 그중에서도 귀찮게 여기거나 자신이 좋아하지 않는 일들은 굳이 할 생각을 안 할 뿐 아니라 자신은 그 일에서 면제됐다고 마음속으로 생각하는 성향이 있다. 그들은 그런 일을 할 시간에 공상이나 상상을 하거나 창작을 하려 한다.

그러나 4번 유형은 건강하게 살면 자기 성찰에 충실하며 책임감을 갖게 된다. 이사야는 자신의 사적인 삶이나 공적인 삶에서도 흠결 없이 살려고 노력하고 일의 완성도를 높이면서 정의를 추구하며 살려는 노력을 했기에 예언자로 활동할 수 있었다.

「이사야」는 유대 왕 웃시야, 요담, 아하스, 히스기야 등 4대에 걸쳐 50년간 예언 활동을 한 이사야가 유대와 예루살렘에 대해 환상을 본 것을 기록하는 데서 시작된다. 여기서 하나님은 자신의 백성을 꾸짖으면서, "소도 제 임자를 알고, 나귀도 주인이 저를 어떻게 먹여 키우는지 알건마는, 이스라엘은 알지 못하고, 나의 백성은 깨닫지 못하는구나"(이사야 1:3)라고 하신 말씀을 전한다.

역사의 전환점인 웃시야 왕이 죽던 해에, 이사야는 성전에서 하나님을 만나는 환상을 본다. 4번 유형의 특성이 오롯이 드러나는 장면이다. 개인주의적이며 개성이 강한 이사야는 성전에서 홀로 기도하나 심오한 환상을 보고 깊은 생각에 빠진다.

자기 이해와 자기 지식에 열심인 이사야가 지존하신 하나님을 뵙고는 자신의 흠결과 죄를 인식한다. 그는 "이제 나는 죽게 되었구나! 나는 입술이 부정한 사람인데, 입술이 부정한 백성 가운데 살고 있으면서, 왕이신 만군의 주님을 뵙다니!"(이사야 6:5) 하고 부르짖는다. 이토록 극적인 영광스러운 환상을 보게 될 줄이야!

하나님은 스랍 천사를 시켜서 하나님 앞에서 죄를 깨닫고 회개하는 이사야의 입술을 정화시키며 그의 죄를 용서하신다. "이것이 너의 입술에 닿았으니, 너의 악은 사라지고, 너의 죄는 사해졌다"(이사야 6:7). 죄와 흠결에서 벗어난 4번 유형 이사야는 하나님의 정의를 향해 일어선다.

소명에 응답하는 이사야

벤자민 웨스트(Benjamin West)가 1732년에 그린 성화〈숯불로 정화된 이사야의 입술〉은 이사야가 경험한 영광스러운 환상의 극적인 순간을 묘사한다. 이는 실로 이사야와 유대에 중대한 순간이다. 4번 유형은 자신의 죄나 흠결, 오류를 인식할 때 위축되기 쉽고, 침잠하거나, 심하면 우울감에 사로잡힌다. 이들은 그만큼 통렬한 자기비판과 성찰에 이른다. 그러나 환상 가운데 하나님을 만나고 스랍 천사를 통해 입술이 정화되며 용서받는 은총을 경험한 이사야처럼 대속과 해방을 경험하면, 누구보다 객관적이게 되고 통찰력과 직관력이 강해지며 원칙이 선다. 평소에 자기 이해와 정체성에 대해 고민할 만큼 정신적으로 천착하거나 방황하던 4번 유형은 해방과 통합을 경험하게 되면 건강한 1번 유형처럼 원칙과 정의를 세우면서도 침착과 평정을 살려서 균형을 이룬다. 그래서 이들은 높은 분별력으로 역사를 인식하고 하늘의 뜻을 깨달으며 하나님의 정의를 실현하려는 자각과 결단을 새롭게 한다.

용서와 대속의 은총을 경험한 이사야는 "내가 누구를 보낼까? 누가 우리를 대신하여 갈 것인가?"(이사야 6:7)라는 하나님의 말씀을 들었을 때, 평소 면제 의식을 잘 느끼던 것과는 대조적으로 이렇게 말한다. "제가 여기 있습니다. 저를 보내어 주십시오"(이사야 6:8). 이는 역사적 소명의 패러다임이다. 예배신학이나 선교신학, 그 어느 쪽에서나 빼어난 소명에 대한 응답의 전형이다.

남달리 개인주의 특성이 강한 4번 유형은 타인에 대해서나 특히 사회에 대해 무관심하기 쉽다. 그러나 변화된 4번 유형은 성숙한 자기 이해와 정체성을 바탕으로 사회정의에 대해 깊은 관심과 책임감을 갖는다. 이사야가 하나님의 부르심에 응답하게 되었을 때, 그는 평소에 간과하기 쉬웠던 종교적 부조리와 사회적 불의에 대해 예리한 비판의식을 가지고 하나님의 뜻을 드러낸다.

누구보다 잘못과 결함에 민감한 4번 유형에게는 형식적인 종교의식에 치우치는 사람들의 위선과 타락이 심각하게 비쳤을 텐데, 게다가 하나님의 정의를 드러내며 예언하는 이사야에게는 그것이 더욱 크게 비쳤을 것이다.

같은 인성과 성격의 특성을 지닌 사람들도 각기 배우고 경험하고 자란 배경에 따라 눈높이가 다르다. 귀족이고 왕의 친척이며 예언자인 아버지를 둔 데다 그 자신이 역사가로서 궁중 서기관을 지낸 배경 때문에 이사야의 눈높이는 사회문제와 정치, 그리고 국제 정세에 이르기까지 객관적으로 볼 수 있는 능력이 인정될 만큼 탁월했다.

소명에 응답한 이사야가 세상을 바라보는 눈은 바로 하나님의 시각을 반영한다. 이사야는 개인의 죄와 종교의 타락, 사회의 불의, 국제 관계의 불균형 등에 대한 하나님의 말씀을 선포한다. 시리아와 북이스라엘의 동맹으로 유대 왕국은 위기를 겪었고, 특히 앗시리아의 산헤립이 예루살렘을 공략하며 포위했을 때는 존폐의 위기에 놓였다.

앗시리아 왕이 보낸 편지를 주님 앞에 펼쳐 놓고 기도한 히스기야 왕에게 이사야는 산헤립 "입에 재갈을 물려"(이사야 37:29) "왔던 그 길로 되돌아가게 하겠다"(이사야 37:29)고 예언하면서 "유다 사람들 가운데서 난을 피하여 살아 남은 사람들이, 다시 땅 아래로 깊이 뿌리를 내리고, 위로 열매를 맺을 것입니다"(이사야 37:31)라고 말한다.

자신의 부족함을 깨닫고 하나님의 소명에 응답한 이사야는 자신의 이름이 뜻하는 바와 같이 '하나님이 구원이시다'라는 확신을 가지고 역사를 통찰하고 직관하면서 탁월한 예언자적 상상력을 발휘한다. 4번 유형은 대속과 해방의 은총을 경험하고 통합과 성숙이 이루어지면, 직관력과 창의적 상상력이 신기할 정도로 높아지는 예를 보여 준다.

심판을 예언하는 이사야

개인주의 성향이 강한 4번 유형 이사야는 평소에 자기 자신의 삶 속에 흠결이 있어서는 안 된다고 생각하는 무결주의가 강했다. 그러나 이제 그는 하나님을 만나 용서의 은총을 경험하고 소명을 새롭게 하며 통합된 정체성을 세운다.

감정의 균형과 침착성을 지니게 된 4번 유형 이사야는 자신의 정체성을 하나님 백성들과의 연대성으로 이어 간다. 개인에게 흠결이 있으면 안 된다고 생각했던 자세는 이제 공동체에 흠결이 있어서는 안 된다는 생각으로 발전한다. 더욱이 단순한 무결주의가 아니라 일과 삶의 완성도를 높이려는 의지가 하나님의 정의와 만나면서 강박관념으로 작용하기 쉬웠던 '진정성'이 하나님의 정의를 표상으로 승화된다.

  이와 같은 바탕에서 이사야는 하나님의 백성들을 깨우기 위해 심판을 예언한다. 그는 자신의 죄를 깨닫고 하나님 앞에서 회개하며 용서의 은총을 받고 소명을 감당하게 된 자신의 경험이 이제 하나님 백성들의 경험으로 이어지기를 열망한다. 4번 유형 이사야는 자신의 무결주의적 태도에서 완성도를 향한 통합의 과정으로 옮겨진 경험이 유대 백성들의 경험으로 확대되는 비전을 본 것이다.

  형식적인 제사에 나타난 위선은 누구보다 4번 유형의 눈에 날카롭게 비쳐진다. 이사야는 동시에 자신이 보는 것보다 더욱 예리하게 보시는 하나님의 눈에 이것이 어떻게 비쳐졌을까를 환상으로 본다. 심판을 예언하는 이사야는 따라서 이스라엘의 위선과 죄에 대해 하나님이 '역겨워'하신 것으로 묘사한다. 그야말로 '완전 무결'이란 개념은 하나님의 자리에 놓았을 때 그 극치를 이룬다. 통합된 4번 유형의 눈에는 직관과 통찰의 예지가 번뜩인다. 더욱이 하나님의 눈에 비쳐진 유대 백성들의 죄가 객관적으로 보이니까 이사야는 통렬하게 심판을 선언한다.

  진정성과 아울러 완성도를 추구하는 4번 유형은 형식과 내용이 균형과 통합을 이루지 못하는 데 누구보다 못 견딜 만큼 거부감을 느낀다. 이런 이사야는 유대 백성들이 하나님 "앞에 보이러"(이사야 1:12) 오고, "헛된 제물"(이사야 1:13)을 가져오고, "거룩한 집회를 열어 놓고 못된 짓도 함께 하는 것"(이사야 1:13)에 대해 하나님이 역겨워하고, 싫어하고, 참을 수 없어 하고, 견딜 수 없어 한다고 하나님을 대변한다.

  이런 종교현상이 어떤 사회현상으로 이어지는가는 역사를 보는 눈을 뜬 사람들만 미래지향적인 역사의식으로 예측할 수 있는 법이다. 하나님이 보여 주는 환상을 보고, 하나님이 들려주는 신탁의 말씀을 들은 이사야는 자신의 예지와 영성을 통해 리얼리티를 여지없이 드러낸다. 이사야 같은 4번 유형의 예술성이 영성과 조화되면서 예언은 시적 환상과 언어로 표출된다.

하나님이 환상을 보여 주고 신탁의 말씀을 들려주어 그 환상을 보고 신탁을 들은 사람은 자신이 그때까지 쌓아 올린 성격과 식견이 어우러진 인격이나, 사회의식과 역사의식이 영성과 어우러진 소명이 어떤 수준이냐에 따라서 이해와 경험, 표현이 달라질 수밖에 없다. 결국 예언자의 눈높이에 따라서 신탁과 예언의 함수관계가 규정된다.

4번 유형인 이사야의 예언은 유대 백성들의 배신과 거부가 사회 문제뿐 아니라 국제 문제로까지 나타날 것을 내다보고 심판을 예언하는 것으로 나타난다. 그러면서도 내면을 꿰뚫어 보는 직관력으로 내적 영성의 중요성이 어떤 것인가를 밝혀 준다.

희망과 평화를 선포하는 이사야

4번 유형인 예언자 이사야의 진정성과 하나님의 정의가 동시에 유대 백성들의 죄를 역력히 드러내며 심판을 예언하게 했다. 인격과 소명의 조화로 영혼의 코드(Jaims Hilman, *The Soul's Code*, Grand Central Publishing, 1997)를 찾은 이사야는 마침내 하나님 안에서 찾은 자신의 정체성과 용서받은 유대 백성들과의 연대성을 조화시켜 희망과 평화를 선포한다. 샬롬에 대한 상상력(shalom imagination)이 평화에 대한 비전으로 옷 입으면서 가장 아름다운 예술적 예언이 시어로 표현된다. 이는 말로 그리고 펼치는 샬롬의 화폭이다.

'죄를 짓는 것은 인간의 일이요, 용서를 하는 것은 하나님의 일이다(To err is human, to forgive is divine)'라는 말이 실감 나도록 죄의 심판이 유대에 내려졌지만 하나님은 용서의 은총으로 평화를 선포한다. 그것도 영원한 평화다. 용서의 은총과 샬롬을 발견한 이사야의 희열이 '샬롬에 대한 상상력'의 절정을 이루는 모양이다. 마치 샬롬의 완성을 환상 속에서 본 듯하다.

전쟁이 그치고 평화가 올 것에 대한 얼마나 아름다운 상상이 펼쳐지는가! "마지막 때에, 주님의 성전이 서 있는 산이 모든 산 가운데서 으뜸가는 산이 될 것이며, 모든 언덕보다 높이 솟을 것이니, 모든 민족이 물밀 듯 그리로 모여들 것이다"(이사야 2:2). 이사야는 "칼을 쳐서 보습을 만들고 창을 쳐서 낫을 만들 것"(이사야 2:4)을 예언한다. 평화의 비전과 예언의 패러다임이다. 이는 「미가서」의 예언에서도 울림이 되어 나온다.

더욱이 이사야 예언의 수월성은 역시 메시아 예언이라는 점에 있다. 영원한 평화를 이루실 "평화의 왕"이 오실 것을 「이사야」 9장은 예언한다. 「이사야」 11장에서는 그가 세우실 평화의 나라를 예언한다. 여기까지는 어떤 예언자도 선포할 수 있는 예언일지 모른다. 그러나 이사야는 다르다. '고난받는 종'에게 부치는 노래가 탁월하다.

이사야 예언에는 4번 유형의 특유성이 나타난다. 누구보다 상처와 고난을 깊이 통찰할 뿐 아니라 깊이 이해하고 있는 4번 유형 특유의 경험과 표현이 여기서 드러나는 것이다. 4번 유형의 비전과 소명은 고난과 상처를 통해 대속과 구원이 이루어질 것을 예언한다. '상처받은 치유자(wounded healer)'가 메시아 상으로, '고난받는 종(suffering servant)'이 구원자의 표상으로 그려진다.

4번 유형 이사야가 만든 평화 환상곡은 아름다우면서도 처절하고, 고통스러우면서도 고통이 승화되는 평화의 리얼리티다. 먼 훗날 메시아가 십자가에 못 박혀 죽음으로써 구원과 영원한 평화가 이루어지는 리얼리티가 여기 이사야의 '샬롬에 대한 상상'에 비쳐지고, 평화 환상곡에서 울려 퍼지기 시작했다.

통합된 건강한 4번 유형의 전형이라 할 수 있는 이사야가 보여 주는 온전함의 영성(spirituality of wholeness), 즉 통전적 영성은 「이사야」 전체를 통해 평화 환상곡으로, 평화의 대하드라마로 펼쳐진다. 하나님을 제 주인으로 알지 못하면 죄에 빠져 멸망할 수밖에 없다. 그러나 개인의 죄와 백성/공동체의 죄를 회개하고 용서의 은총을 경험하면, 우리는 하나님이 세워 주시는 평화의 나라를 물려받고 샬롬을 온전히 누릴 수 있다.

구원의 은총과 평화를 누리려면 평화의 비전이 높은 뜻으로 살아 나야 되고, 그러기 위해서는 '고난받는 종'과 더불어 고난을 견뎌야 한다. 고난을 '필요한 고난'으로 받아들이고, '자발적 고난'으로 견디는 패러다임이 뚜렷하게 세워진다.

이는 4번 유형이 드러내는 진수다. '상처를 축복(blessure)'이라고 말하는 4번 유형의 프랑스 문화와, 이사야가 말하는 상처에 대한 뜻은 서로 통한다. 상처는 치유되고 극복되면 복이다. '고난받는 종'에게 부치는 이사야의 노래가 4번 유형 이사야가 하는 예언의 보석과 같다.

4번 유형
침착한 예술가

　외로움을 타면서도 혼자 있기를 좋아하는 어린아이는 감수성이 예민하고 공상을 잘한다. 이런 아이들은 자라면서 감성이 풍부해지고 상상력이 커지면서 예술적 감각과 직관력이 강한 사람이 된다. 이들은 남달리 몸과 마음이 아픈 것에 예민해서 상처에 민감하다. 또한 섬세함과 독특함 때문에 남들이 못 보고 못 느끼는 것을 다 보고 느낀다. 그러다 보니 더 독특해지고 끊임없이 독특성을 추구한다. 이들은 무엇이라고 딱히 설명하기 쉽지 않은 것까지도 통찰하며 그 속에서 부조리와 부조화를 간파한다. 4번 유형은 눈에 보이는 세계에서 만족을 얻지 못한다. 항상 불편하고 부족하며 부당하다고 느끼니까 공상의 세계로 나래를 편다. 상상력의 날개가 펼쳐진다. 이들은 진선미에 대한 열정이 크고 내면에서부터 정의와 평화에 대한 관심이 높다. 자연을 사랑하는 마음도 풍부하다.

　의인 욥은 질병에 시달리며 상상하기 어려운 고통을 당한다. '착한 사람에게 나쁜 일이 일어난' 대표적인 경우다. 성서에서 나오는 '고난받는 종'의 원형이라 할 수 있다. 욥은 말도 안 되는 고난도 '필요한 고난'으로 받아들이며, '자발적 고난'으로 승화시킨 인물이다. 그는 풍부한 상상력과 깊은 영성이 조화된 모습을 보여 준다. 동서고금을 막론하고 모든 영성 수련의 중심에는 '자발적 고난'이 자리한다. 에니어그램 수련에서는 더욱 큰 비중을 둔다. 모든 사람이 행복을 추구하지만 고난 없는 행복은 없다. 크고 작은 어떤 고통도 참고 견뎌 내면 덕이 된다. '고진감래'란 말도 있지 않은가. 고생을 견디면 좋은 날이 온다. 모든 종교를 통틀어 봐도 '자발적 고난'이라 하면 욥의 고난만 한 것이 없고, 이는 예수 그리스도의 수난과 십자가에서 그 극치를 이룬다.

　'사서 고생한다'는 말이 있다. 안 해도 될 것 같은 고생이라도 견뎌 내면 덕이 된다. 4번 유형은 민감성과 섬세함에 더불어 '상처 입을 가능성'이 남달리 크기 때문에 몸과 마음이 고통을 잘 느끼기도 하지만, 그로 인해 남들이 모르는 세계를 보여 주며 고통과 상처를 승화시킨다. 자신에게도 남에게도 치유를 경험하게 한다.

자신의 상상과 하늘의 뜻이 다른 것을 알고 사명을 피해 도망치는 요나는 독특성을 추구하며 자신의 직관을 과신하는 모습을 보인다. 하늘의 뜻을 저버리고 자신의 뜻을 좇는 요나의 모습에서, 우리는 '요나는 어디에나 있다'라는 말처럼 누구에게나 나타나는 보편적 문제를 밝히 볼 수 있다. 신의 존재를 인정하고 믿기로 하면 신의 뜻에 굴복하고 순종하는 것이 마땅하다. 그러나 모든 인간은 신과 갈등을 일으킨다 할 수 있다. 특히 4번 유형은 그들의 독특한 직관력과 상상력 때문에 다른 사람과는 물론 신과도 갈등을 서슴지 않는다. 자신의 상상과 통찰이 독특하다 믿음이 그만큼 강한 까닭이다.

유일신 하나님이 선택받은 민족만 구원하고 선택받은 민족에게만 복을 주어야 한다고 생각한 요나는 니느웨로 가서 이방인을 구원하라는 신의 명령을 도저히 받아들일 수 없었다. 주제가 무엇이 되었든 간에 자신의 생각과 신의 생각이 같지 않다면 인간이 승복해야 할 일이 아닌가? 이는 내면에서 하나님을 경청하지 못한 데서 비롯된 일이다. 상대방의 뜻을 존중하고 마음과 마음이 통하며 대화가 이루어지면 우리는 하나가 된다. 신과의 관계에서는 더욱 그래야 한다. 그러나 요나는 그 '경청의 예술'을 잃어버렸다. 우리 모두가 그렇고, 특히 4번 유형이 그렇다.

'귀족'이라는 별명이 붙는 4번 유형이면서 실제로도 귀족이었던 이사야는 예술가적 상상력이 예언자적 상상력으로 이어진다. 예언자들은 대개 4번 유형인데, 이사야는 그중에서도 빼어난 인물이었다. 메시아와 그의 나라에 대한 비전과 더불어 평화에 대한 환상과 예언은 그 어디에도 비할 데 없이 훌륭하다. 이사야 예언에 나타난 비전은 실로 웅장하다. 평화의 나라, 영원한 나라, 평화의 왕, 영원한 구세주에 대한 환상은 정말 대단하다. 규모도 어마어마하다. 그러면서도 섬세하다. 이사야는 그 모든 웅장한 비전도 하나님의 백성들이 하나님을 바로 아는 데서 비롯됨을 밝힌다. "소도 제 임자를 알고, 나귀도 주인이 저를 어떻게 먹여 키우는지 알건마는, 이스라엘은 알지 못하고, 나의 백성은 깨닫지 못하는구나"(이사야 1:3). 그는 하나님을 바로 아는 지식과 믿음이 없으면 그 웅장한 비전과 예언도 허사임을 보여 준다. 이렇게 그의 예언은 섬세함에서 단연 출중하다.

독특성과 진정성을 추구하는 4번 유형의 열정은 대단하다. 그것이 지나쳐서 시기의 격정으로 빠지지 않고 침착함을 유지하면서 예술성과 상상력을 살리면, 이들은 과연 귀족 같은 우아함과 균형감을 갖게 된다. 4번 유형은 다른 어떤 유형보다도 예민한 유형이지만 흠이 생기거나 틀릴까 봐 스트레스 받는 것을 극복하고 침착의 덕목을 살리면 우아하면서 감정의 균형과 함께 일의 완성도를 높일 수 있다. 누구에게나 필요한 것이지만 남다른 능력이 있거나 특성이 강한 사람일수록 중용과 절제가 더 절실하게 요청된다. 감수성과 열정이 대단한 4번 유형이 절제하며 중용을 살리면, 그들은 큰 힘이 마음속 깊이 자리해 마침내 내공이 쌓이고, 감정의 균형이 이루어지면서 겉으로는 침착과 우아함이 나타난다. 이와 대조적으로 우리는 천재성과 예술성으로 세상에 공헌하면서도 자신은 고통을 극심하게 겪는 사람들을 본다. 상상력과 직관력, 창의력이 남보다 더 많은 사람일수록 그만큼 침착과 중용, 절제가 더 요청됨을 우리는 명심해야 한다. 앞서 살핀 인물들을 생각하면서 4번 유형의 자기 관리와 위기관리에 대해 살펴보자.

4번 유형은 개인주의자면서 예술가적 기질이 강하다. 독특성과 진정성을 추구하는 성향이라서 평범한 것을 기피한다. 평범한 것들로 둘러싸인 세상에서 살자니 이들은 끊임없이 상상하게 되고 창의성을 발휘해 독특한 것을 찾거나 스스로 무언가 창작하려 한다. 뜻대로 안 되면 좌절감과 우울감에 빠지고, 예민하던 감정은 더욱 날카로워진다.

이들은 어려서부터 혼자 지내는 시간이 많아서 혼자 공상과 상상에 빠지는 일에 익숙하다. 누구의 도움을 받기보다는 혼자서 무언가를 그리거나 만들다 보니까 틀리거나 흠이 있으면 안 된다는 생각이 강해서 무결주의자가 되기 쉽다. 잘하려는 마음과 틀리면 안 된다는 강박관념 때문에 '완전 무결'을 외치는 성향이 강하다. 따라서 평범한 일은 하지 않아도 괜찮다는 생각을 하며 스스로 면제 의식을 갖는다.

4번 유형은 만 여섯 살을 전후해 부모와 부정적인 관계를 맺은 경험과 기억이 있다. 대개는 맞벌이 부모 밑에서 자라 혼자 지내는 시간이 많아서 부모의 사랑을 머리로는 알지만 가슴으로 느끼지 못하고 스킨십이 부족했던 경우다. 이들은 공상이 상상력과 창의성으로 발전하며, 개인주의적이고 감성적 면이 강하다.

4번 유형은 시기의 격정을 사로잡고 감정의 균형과 침착의 덕목을 살리면 빼어난 상상력과 창의성, 침착성이 결합해 일의 완성도를 높이고 자기 분야에서 첨단을 달리게 된다. 심미안과 리더십의 배합이 멋진 리더를 만든다.

예술가 기질이 강한 4번 유형은 위기 상황에서 스트레스가 심하면 자기 분노와 우울감에 사로잡히기 쉬우나 남다른 상상력과 창의성을 침착과 감정의 균형과 결합해 위기를 관리해야 한다.

5번 유형

초연하게 행동하는
지식인

요셉
사도 도마
니고데모

TYPE
5

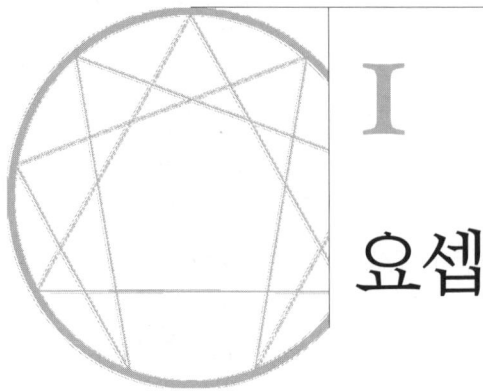

I
요셉

꿈쟁이 요셉

　한 사람을 보면서 어느 한쪽 면만을 보고 판단하는 것은 위험하기 짝이 없다. 우리는 흔히 요셉을 꿈쟁이라 부른다. 그렇기 때문에 에니어그램에서 말하는 7번 유형의 '꿈꾸는 사람'과 혼동하기가 매우 쉽다. 같은 단어를 쓰더라도, 전혀 다른 모습이나 뜻을 발견할 수 있음을 명심할 필요가 있다.

　먼저, 에니어그램에서 말하는 꿈꾸는 사람은 이상주의자로서 꿈을 꾸는 것을 말한다. 이는 생각이 많고 계획이 많아서 때로는 산만하고, 어지럽기까지 한 사람을 두고 하는 말이다. 누가 그런 사람에게 충고하려면 "꿈 깨"라고 말할 정도다. 여기에 비해 요셉을 꿈쟁이라고 부르는 데는 커다란 차이가 있다.

　요셉은 밤에 자다가 꿈을 꾼 이야기를 과시하면서 이야기하거나, 자신의 꿈만 아니라 남이 꾼 꿈도 해석을 잘하는 사람이다. 사람은 누구나 꿈을 꾼다. 현대 의학이나 심리학에서 과학적으로 밝힌 바에 의하면, 건강한 사람은 하룻밤 사이에 보통 일고여덟 번 꿈을 꾼다고 한다. 그런데 특별히 요셉처럼 꿈쟁이라는 말을 듣는 사람들은 공통적인 특징이 있다.

첫째, 대부분의 사람들은 꿈을 잘 기억하지 못하는 데 비해, 이들은 꿈을 잘 기억한다. 둘째, 이들은 꿈을 기억하며 그 뜻을 찾는다. 그러나 보통 사람들은 설령 꿈을 기억한다 해도, 그 뜻을 모르거나 별로 관심을 기울이지 않는다. 흔히 '개꿈'이라 하면서 지나친다. 셋째, 꿈을 기억하고 또 생각하면서 그 뜻을 찾는 사람들은 해몽, 즉 꿈을 해석하려 한다. 이런 일을 자주 되풀이하면서 관심을 집중하니까 남달리 해몽을 잘하게 된다.

이런 사람들은 평소에도 꿈만 아니라 어떤 주제에 대해서도 깊이 생각하는 성향이 강하다. 자연히 분석이나 관찰, 해석을 잘하게 된다. 그중에서도 어린 시절의 요셉은 자기가 꾼 꿈을 형들에게나 주변 사람들에게 해석을 곁들여 자랑하는 것을 볼 수 있다.

이와 같은 특징에 덧붙여서, 요셉은 형들과 어울리기보다는 동떨어져 있다. 형들과는 소원한 관계다. 더욱이 "형들의 허물을 아버지에게 일러바치곤 하였다"(창세기 37:2). 자연히 관찰과 경계의 눈빛이 예사롭지 않다. 형제들과 나이 차이가 있는 것까지 겹치고 보면, 들에 함께 나가는 일도 뜨막해지기 십상이다. 결국 그는 외딴섬 같이 된다.

이상과 같은 몇 가지 특징만 살펴봐도 요셉은 아홉 가지 에니어그램 성격 유형 가운데 5번 유형에 가장 가까운 것을 알 수 있다. 5번 유형은 어려서부터 관찰을 잘하고, 생각이 많고, 궁금증 또한 많아서 질문을 잘한다. 심리적으로 공허한 것을 기피하는 성향이 강하다. 머리든 주머니든 텅 비는 것을 싫어하거나 두려워한다. 그러니까 자연히 채워 넣으려는 경향이 강화된다.

　5번 유형은 늘 지식이라는 함정에 빠지는 속성이 강하다. 아주 어려서부터 질문을 잘하던 아이는 글자를 깨치고는 책을 많이 읽게 된다. 사람들에 대해서는 책으로 지식을 얻지 못하니까 질문을 하게 된다. 사물이나 환경처럼 질문하기가 쉽지 않을 경우에도 호기심과 궁금증이 많으니까 관찰을 열심히 한다. 5번 유형에게는 그래서 자신이 속한 환경을 이해하는 것이 대단히 중요하다. 무엇보다도 지식을 채우려는 욕망은 큰 데 비해 텅 비는 것을 싫어하니까 자칫하면 인색해지기 쉽다. 5번 유형의 격정은 바로 인색이다.

시련을 이기는 요셉

　에니어그램 5번 유형은 지식과 정보에 대한 욕망이 크다. 그들의 격정은 인색으로 나타나는데, 이것이 발전하면 탐욕이 된다. 본디 지식을 더 얻겠다는 함정에 빠져서 보다 더 많은 지식으로 채워야 한다고 생각하며 살아온 습성이 지식뿐 아니라 원하는 것이면 물건이든 뭐든 채우려는 속성으로 이어지는 것이다.

　이들은 남들이 보기에는 충분히 알고 있는데도, 자신들은 더 알아야 한다고 생각한다. 스스로 충분히 알았다고 확신하기 전에는 잘 움직이지 못하고 행동하지 못한다. 그래서 심지어는 '돌다리도 두들기고 안 지나간다'는 말을 들을 정도다. 그러나 격정에 사로잡히거나 휘둘리는 경우가 아니면, 5번 유형은 매우 분석적이고 강력하게 현실에 개입하는 힘이 있다.

　5번 유형에게는 늘 자신이 처해 있는 상황을 이해하는 것이 중요하다. 따라서 격정에 빠지지만 않으면, 상황이나 환경을 잘 이해하고 적응한다. 요셉의 이야기를 읽으면서 첫 번째로 만나는 극적인 장면은 요셉이 형들의 음모로 웅덩이에 던져졌다가 대상들에게 팔려 이집트로 가게 된 사건이다. 임금의 경호대장인 보디발에게 팔려 간 요셉은 그의 신임을 사서 빼어난 관리인의 모습을 드러낸다.

요셉은 5번 유형이 시련을 극복하고 환경에 적응할 만큼 건강할 때 드러내는 '지식이 풍부한 전문가'의 특징을 보인다. 보디발은 "자기가 가진 모든 것을 요셉에게 맡겨서 관리하게 하고, 자기의 먹거리를 빼고는 아무것도 간섭하지 않았다"(창세기 39:6). 노예로 팔려 온 요셉은 보디발에게 두터운 신임을 받고, 전권을 위임받다시피 했다.

보디발의 집사장으로 집안의 모든 일을 관리하게 된 요셉은 "용모가 준수하고 잘생긴 미남"(창세기 39:6)이었다고 기록되어 있다. 그런데 여기서 문학의 세계에서는 '페드라 전승'이라고 일컫는 삼각관계의 사단이 벌어진다. 보디발의 아내가 자기 남편의 신임을 받는 요셉을 유혹한 것이다. 그래도 요셉은 '지각 있는 관찰자'로서 상황 판단을 날카롭게 하고, 그 유혹을 물리친다.

그러나 잘생기고 똑똑한 미남을 유혹하려다 실패한 보디발의 아내는 심한 모멸감을 느낀 나머지 복수심에 사로잡힌다. 결국 그녀의 모함을 받아 요셉은 감옥에 갇히는 신세가 된다. 그렇지만 "주님께서 그와 함께 계시면서 돌보아 주시고, 그를 한결같이 사랑하셔서, 간수장의 눈에 들게 하셨다"(창세기 39:21). 그런 상황에서도 요셉은 자신의 덕목을 잘 살린 셈이다. 어떤 처지에서도 하나님의 섭리를 따르겠다는 믿음과 결단으로 살기만 하면, 5번 유형은 누구보다도 '초연한' 영성을 지니게 된다.

5번 유형이 걱정을 사로잡고 살 때 나타나듯이, 요셉은 역경 속에서도 자기를 에워쌌던 두려움을 떨쳐 버리고, 사람들에게 폭행을 당하거나 압도당할 것을 두려워하던 공포를 이겨 낸다.

믿음을 가지고 산다는 사람들도 자신의 걱정에 사로잡히면, 하나님이 은총을 베풀어 우리를 보호한다는 사실을 잊어버리거나 감당하지 못하게 된다. 그러나 5번 유형인 요셉은 걱정을 이겨 내면서, 하나님의 섭리를 확신하게 되니까 자신이 '안전하다'는 것을 확인하고, 자신이 다른 사람들과 대등한 사람이라는 확신을 가지며, 다른 사람들에게 다가가는 모습을 보인다.

요셉이 고향에서 걱정에 휘둘리던 때에는 형들과도 동떨어져 살고, 그들과 자신을 대등한 관계로 받아들이지 않았는데, 비교적 건강해지면서는 시련을 이겨 내게 되니까 그만큼 초연해지고, 감옥에서도 다른 사람들을 대등하게 대하는 모습이 나타난다.

위기 관리자 요셉

에니어그램 5번 유형은 어린 시절 부모의 사랑을 엇갈려서 경험하고, 부모와 자신을 동일시하거나 그들과의 관계가 양가적이다. 이를테면, 부모와 친한 면도 있으면서 그렇지 않은 면도 있다. 부모가 좋기도 하고 싫기도 하다. 그들은 부모와 애증 관계에 있다. 부모처럼 되고 싶은 면도 있고, 그렇지 않은 면도 있다는 말이다.

5번 유형은 대개 부모와 나이 차이가 많아서 거리감이 있기 때문에 부모의 애정을 받아들이고 느끼거나 경험하는 것이 뜨막할 수도 있다. 부모로서는 자녀를 사랑한다 해도, 자녀가 그 사랑을 느끼고 경험할 때는 양가적으로 느낄 수 있다. 속된 말로 '늙은 부모의 막내 아이' 같은 사람들에게서 잘 나타난다. 아버지 야곱이 "늘그막에" 얻은 아들로서 더 사랑하는 아들이라고 기록되어 있는 요셉이 바로 그런 경우라 하겠다(창세기 37:3). 형들과 나이 차이가 많은 것도 이를 뒷받침해 준다.

또 다른 경우는 아버지도 어머니도 자녀를 사랑하는데, 어떤 이유에선가 서로 싸움을 자주 하는 경우다. 자녀의 입장에서는 아버지 편이 될 수도 없고 어머니 편이 될 수도 없어 '엉덩이를 쑥 빼듯이' 한 발 물러서서 관찰하게 된다. 이런 습성이 5번 유형의 성격으로 형성된다.

어떤 경우든지 5번 유형은 부모와 양가적인 관계에서 자라기 때문에 관찰하고 생각하고 분석하는 일이나 묻고 해석하는 노력을 일찍부터 많이 하게 된다. 요셉도 이런 속성과 성향을 많이 지니고 자랐다. 그러나 같은 범주의 5번 유형일지라도 아버지가 "더 사랑하여서, 그에게 화려한 옷을 지어서 입혔다"(창세기 37:3)고 하는 것을 미루어 보면, 요셉은 위험이나 곤경에 빠질 때 위축되는 5번 유형의 특징을 드러내기보다는 건강한 5번 유형의 면모를 보인다.

에니어그램의 4번 유형, 5번 유형, 9번 유형은 평균 상태에서 스트레스를 받으면 대개 잘 위축된다. 그러나 통합의 방향으로 변화하면서 성숙한 사람들은 위기 속에서 오히려 독창적인 힘을 발휘한다. 요셉이 이집트로 팔려 간 뒤 보디발에게 신임을 얻은 일이나 감옥에서 시종장의 꿈을 해석해 주며 위기를 극복하는 데서 우리는 5번 유형의 강한 에너지를 본다. 자신의 위기를 극복하는 지혜와 용기가 보인다. 마침내 이집트의 총리대신이 되어 7년 가뭄의 위기를 극복하고 국난을 해결하며 백성들을 살리는 요셉에게는 그야말로 위기 관리자로서의 탁월한 능력이 있다.

5번 유형은 지식과 생각이 많은 반면에 지나치게 분석적이고 조심성이 많아 위축되면 몸이 무거워 잘 행동하지 못하는 경향이 있음을 이미 지적한 바 있다. 그러나 건강한 상태에서 자신의 격정을 꽉 잡고 통합의 방향으로 가면, 그들은 8번 유형의 장점인 시노력을 발휘하게 된다. 누구에게 꿀릴까 봐 전전긍긍하지도 않고, 배반당할지 모른다는 두려움 같은 것도 떨쳐 버리고, 소박한 지도자로서 남을 지배하려는 자세가 아니라 자신이 지닌 지식과 지혜, 분별력과 통찰력으로 모두에게 봉사하는 자세로 나서게 된다.

"열일곱 살 된 소년"(창세기 37:2)이 생의 첫 번째 위기를 맞이한 때부터 강대국 이집트의 총리대신이 된 시점에 이르기까지 숱한 어려움과 위기를 이겨 낸 요셉에게서 우리는 선구자적인 비전을 본다. 이해심이 많고, 지혜와 분별력이 뛰어나며, 지각 있는 사람으로서 상황 판단을 잘하고, 진정에서 우러나오는 충만한 마음으로 남들을 지원하는 5번 유형의 진면모를 우리는 요셉에게서 확인한다. 이는 보기 드물게 아름다운 모습이다.

용서와 지혜의 요셉

흔히 5번 유형은 지식이란 함정에 빠지고 따라서 공허를 기피한다. 그들은 뭔가 텅 빈 상태를 못 견뎌 한다. 그래서 뭔가를 내어놓는 일이 그리 쉽지 않다. 심리 현상으로 보면, 자신이 잘못했을 때에도 사과하기 힘들고, 남의 잘못을 용서하는 일도 쉽지 않다. 자기 마음을 내어놓는 것이 쉽지 않기 때문이다. 5번 유형의 격정은 인색으로 잘 나타난다.

그러니까 5번 유형인 사람이 사과도 온당하게 잘하고, 남의 잘못도 잘 용서한다면, 그는 건강한 성격이라 하겠다. 용서는 풀어 주는 것이고, 놓아 주는 것이기 때문이다. 나이 서른 살에 이집트의 총리가 된(창세기 41:46) 요셉이 형들과 다시 만나게 되었을 때, 그야말로 이산가족 재회의 감격을 가슴속 깊이 묻어 두고 냉정하게 대처하는 것을 보면, 그가 얼마나 격정을 잘 붙들고 다스리는지 알 수 있다.

특히 "요셉이 통역을 세우고"(창세기 42:23) 형들과 이야기하면서, 간첩의 누명을 씌우고 막내 동생 베냐민을 데려오도록 했을 때의 장면을 떠올려 보라. 르우벤을 비롯한 자기 형들이 요셉이 못 알아들을 줄 알고, 자기네들끼리 "아우(요셉)의 애원을 들어 주지 않은 것 때문에"(창세기 42:21) 벌을 받고 고통을 당하게 됐다고 한탄하는 소리를 들었을 때, 요셉은 듣다못해 "그들 앞에서 잠시 물러가서 울었다"(창세기 42:21~23). 5번 유형은 보통 때는 감정과는 거리가 있고 냉정하게 생각만 하는 사람이지만, 요셉처럼 감정이 풍부해지는 경우는 균형이 잡힌 상태라 할 수 있다.

막내 동생 베냐민은 한 어머니 라헬의 소생이기에, 그를 만난 요셉은 친동생과의 재회의 감격 때문에 "마구 치밀어오르는 형제의 정을 누르지 못하여, 급히 울 곳을 찾아 자기의 방으로 들어가서, 한참 동안 울고, 얼굴을 씻고 도로 나와서, 그 정을 누르면서 밥상을 차리라"(창세기 43:30~31)는 등 일 처리를 침착하게 해 나간다. 드디어 "요셉은 북받치는 감정을 억누르지 못하고"(창세기 45:1) "자기가 누구인지를 형제들에게 밝히고 나서, 한참 동안 울었다"(창세기 45:1~2).

그리고 난 뒤 그는 오늘날 우리가 봐도 대단히 중요한 신학적 의미가 담긴 이야기를 한다. "내가 형님들이 이집트로 팔아넘긴 그 아우입니다. 그러나 이제는 걱정하지 마십시오. 자책하지도 마십시오. 형님들이 나를 이곳에 팔아넘기긴 하였습니다만, 그것은 하나님이, 형님들보다 앞서서 나를 여기에 보내셔서, 우리의 목숨을 살려 주시려고 그렇게 하신 것입니다"(창세기 45:4~5).

여기서는 5번 유형이 회개하고 변화하며 하나님의 섭리를 따라 살겠다고 분별하고 결단할 때, 초연한 자세와 영성을 갖추게 되는 모습을 극명하게 보여 준다. 이는 특히 에니어그램 수련에서 자신이 당한 고난을 '필요한 고난'으로, 그리고 '자발적 고난'으로 받아들이고 살면서 그 고난을 대가로 지불하며 수련에 정진하는 사람만이 얻는 영성의 경지와 같다.

요셉은 이런 경지에 이른 사람으로서 형들에게 복수하는 대신에 위로하며 용서하고, 구원자이신 하나님의 은총을 재확인한다. 그는 구약에서 '고난받는 종'의 주제를 제일 먼저 보여 주는 듯하다.

이미 두 아들 므낫세와 에브라임의 이름을 지으면서 '고난'을 잊어버리고 '번성'하도록 해 주신 하나님의 섭리를 확인한 요셉이다(창세기 41:51~52). 그는 형들을 용서하고, 그들과 함께 올라가 아버지를 다시 뵙고 재회의 감격을 맛보았다. 그리고 아버지가 돌아가신 뒤에도 형들을 안심시킨다. 뿐만 아니라 그는 이스라엘 구원의 출애굽 사건을 비전으로 제시한다.

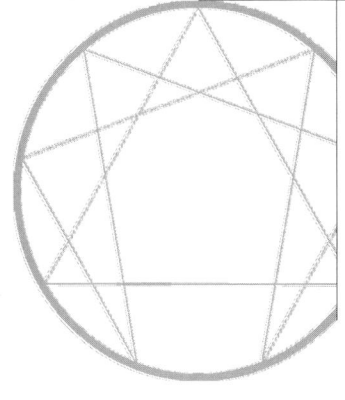

2

사도 도마

생각하는 도마

예수의 열두 제자 가운데 도마(Thomas)는 이름이 아람어 도마(Toma)에서 비롯됐는데, 그 뜻은 쌍둥이다. 그는 또한 디두모(Didymos)라는 이름으로도 불렸는데(요한복음 11:16), 이 또한 헬라어로 쌍둥이란 말이다.

예수의 쌍둥이 형제로 알려진 도마는 차분하고 사색적인 사람이었다. 에니어그램 5번 유형은 어릴 적부터 생각이 많은 편이다. 무언가 알고 싶은 욕구가 강하고 더 많이 알아야겠다고 생각하니까 자연히 질문도 많고 관찰도 잘한다. 정보와 지식을 많이 갖추어야 한다고 생각하니까 가능하면 읽을거리를 많이 구해서 읽는다.

5번 유형은 대체로 생각하는 사람, 또는 생각이 많은 사람으로 이해된다. 생각이 많은 까닭은 바르게 알아야 이해할 수 있다고 스스로 늘 다지며 살기 때문이다. 그러다 보니 뭐든지 쉽게 믿고 받아들이지 못한다. 그래서 생각하고 또 생각하고, 살피고 또 살피며 분석하니까 남들이 보기에는 남의 말을 잘 받아들이지 않는다는 인상을 풍긴다. 자기 스스로도 생각이 깊어지다 보면 자연히 신중하게 된다.

공관복음서에는 도마라는 이름이 열두 제자 명단에서만 단순히 언급된다. 그러나 「요한복음」을 보면 그의 특성을 이해할 수 있는 내용이 여러 군데 나타난다. 복음서 중에서도 특히 「마가복음」은 열두 제자가 예수의 말씀에 엉뚱한 반응을 보이는 청맹과니 모티브를 곧잘 드러낸다. 거기에 비해 「요한복음」은 제자들의 인성을 비교적 상세히 기록하는데, 그중에서도 도마가 더 비중 있게 다뤄진다.

5번 유형은 차분하고 사색적인 만큼 행동 면에서는 비교적 약하거나 더딘 경향이 있다. 행동보다는 생각하는 쪽이 강하며 분석적이다. 그래서 '돌다리도 두들기고 안 지나간다'는 말을 들을 정도다. 두들겨 본 소리를 또다시 분석하기 때문이라 할 수 있다. 9번 유형과 비교하면, 둘 다 생각을 미루고 결정을 유보하지만, 9번 유형은 결정을 내리면 즉각 행동에 옮기는 데 반해 5번 유형은 결정을 내리고도 즉시 행동으로 옮기지 않는 성향이 강하다.

그러나 5번 유형이 보다 완벽한 지식을 갖추어야 한다는 강박에서 벗어나, 이를테면 '지식의 함정' 또는 '정보의 박스'에서 뛰쳐나오면, 그들은 과단성 있게 행동하게 된다. 자신의 지식의 힘이 아니라 '섭리'를 따라 살겠다고 마음먹으면 누구보다 초연하게 되고 생각과 행동이 모두 자유로워진다.

우리는 도마에게서 5번 유형의 특징을 골고루 접하게 된다. 일반적인 특성은 생각이 많고, 질문도 많으며, 관찰과 분석도 잘한다는 점이다. 그러자니 자연히 탐구심과 의문심이 교차하며 강하게 나타난다. 그래서 의심이 많다든가 회의적이라든가 남의 말을 잘 믿지 못한다는 말을 듣는다. 그러나 강박관념에서 벗어나고 지식과 판단에서 자유로워지면 초연하게 되고 행동 면에서도 과단성이 나타난다.

예수와 동행하면서 다른 제자들에 비해 도마가 「요한복음」에서 자주 언급되는 이유는 그만큼 생각도 많고 관찰도 잘하거니와 솔직하게 표현도 잘하고 용기 있게 발언하기 때문이다.

오늘날까지도 「도마복음」이 전해지는 것을 보면, 역시 도마가 예수에게 질문을 많이 했을 뿐 아니라, 예수의 물음에 대해 다른 제자들과 차별성을 드러내며 대답한 것을 알 수 있다. 그의 대답은 다른 제자들의 평범한 대답에 비해 독특한 지혜를 드러낸다.

의심하는 도마

전통적으로 도마는 '의심하는 도마(Doubting Thomas)'로 알려져 있다. 그것은 도마가 다른 제자들에게 "나는 내 눈으로 그의 손에 있는 못자국을 보고, 또 내 손가락을 그 못자국에 넣어 보고 또 내 손을 그의 옆구리에 넣어 보지 않고서는 믿지 못하겠소"(요한복음 20:25)라고 말했기 때문에 생긴 별명이다. 그런데 의심이 의심으로 끝나면 무의미하다. 그러나 의심이 믿음으로 이어진다면 이보다 더 좋을 순 없다.

의심이 호기심에서 시작되어 탐구심으로 이어지고, 지식과 정보를 얻어서 이해심을 거쳐 믿음으로 이어지면, 이는 튼실한 믿음이 된다. 흔히 믿음을 말할 때, '의심하지 말고 믿어라' 또는 '덮어놓고 믿어라'라고 하는데 이는 위험하다. 믿음의 형태 중에 위험한 것 두 가지가 있는데 그중에 하나가 광신이요, 다른 하나는 맹신이다.

성서에서 '의심하는 도마'가 '신앙하는 도마(Believing Thomas)'가 되는 이야기는 매우 의미심장하다. 믿음이 생기고 확신이 드는 과정에서 의심을 했던 사람과 그렇지 않았던 사람은 믿음이 다르다. 믿음은 사람의 노력으로 생기는 것이 아니고 하나님의 은총으로 주어진다. 그러나 도마처럼 의심하다가 지적으로 탐구하고 이성적으로 분석하고 판단한 뒤에 믿음을 얻게 될 때, 그 믿음은 확고한 믿음이 된다.

부활하신 예수가 제자들에게 나타났을 때, "제자들은 주님을 보고 기뻐하였다"(요한복음 20:20)고 기록되어 있다. 두 번째로 나타났을 때에는 제자들의 반응은 특별한 언급이 없고, 다만 도마에게 다른 제자들이 "우리는 주님을 보았소"(요한복음 20:25)라고 말한 것으로 되어 있다. 두 번째로 나타났을 때, 그 자리에 없었던 도마가 오히려 적극적인 표현을 한다. 의심으로 말하자면, 의미 있는 의심이요, 탐구적인 의심이요, 사색적인 의심이다. 에니어그램 5번 유형의 전형적인 의심이다.

세 번째로 예수가 나타났을 때, 도마가 고백한다. "나의 주님, 나의 하나님!"(요한복음 20:28) 카라바조(Caravaggio)가 그린 성화 〈의심하는 도마〉는 이를 정말 실감 나게 묘사했다. 물론 성서에서는 도마가 스스로 말했던 대로 "그(예수)의 옆구리에" 손을 넣어 보지는 않는다. 그러나 카라바조는 도마가 그야말로 '철딱서니 없이' 주님의 상처 난 옆구리에 손가락을 넣는 것으로 그렸다. 그보다 더 '의심하는 도마'를 제대로 묘사한 부분은 눈을 치뜨는 바람에 이마에 주름이 쫙 잡히게 도마를 그렸다는 점이다.

제대로 믿는 사람들은 들은 대로 믿기보다는 귀로 들은 것이 '사실인가 하여' 탐구한다. 「사도행전」 17장 11절을 보면 바울 같은 대사도가 말씀을 가르쳤을 때에도 베레아 사람들은 바로 그런 탐구심을 가지고 공부하며 고찰했다고 기록되어 있다.

20세기의 철학자 폴 리쾨르(Paul Ricoeur)는 '비평 이후의 순간

(post-critical moment)'의 중요성을 말한다. 그는 호기심과 탐구심을 가지고 이성적으로 분석하고 비평할 것을 다 한 이후에 '비평의 사막 저 너머에서 부르는 손짓'을 발견하고 은총으로 주어지는 믿음을 갖게 되는 것이 얼마나 중요한가를 역설한다. '실패는 성공의 어머니'라는 말이 있듯이, '의심은 신앙의 모태'라고 할 수 있다.

동료 제자들의 증언을 받아들이길 거부했던 도마는 의심을 떨쳐버리지 못해 '의심하는 도마'라는 말을 들었다. 그러나 그 의심 때문에 부활하신 주님을 만나게 되었고, 직접 만져 보지는 않았으나 역사적인 신앙 고백을 하게 된다.

신앙 고백은 성서에서뿐 아니라 교회사 전체를 통틀어 '예수를 주님이라 고백하는 것'과 '예수를 하나님의 아들이라 고백한 것'이 그 근간이다. 그러나 도마는 다른 사람들과 달리 이렇게 고백한다. "나의 하나님!" 이는 '의심하는 도마'의 특권이려나?!

신앙하는 도마

'돌다리를 두들겨 보고 안 지나간다'는 말을 듣는 5번 유형은 그만큼 생각을 많이 하고 분석적이며 신중한 편이다. 그래서 돌다리를 두들겨 보고 그 소리를 분석하느라 건너지 못하는 격이다. 이들은 스스로 결론에 도달하기까지의 신중한 태도 때문에 회의적이며 의심이 많다는 말을 듣게 된다.

이와 대조적으로 '팔랑귀'라는 별명을 들을 만큼 남의 말에 의존하면서 자기 스스로 생각하고 판단하는 것을 힘들어하거나 불안해하는 사람이 있다. 그러나 생각이 많은 5번 유형은 스스로 결론에 도달할 때까지 가능한 많은 정보와 지식을 얻고 '꽉 찼다'고 느낄 때가 되어서야 비로소 객관적 사실을 받아들인다.

그러니 도마가 다른 일도 아니고 부활을 받아들이고 믿기까지 얼마나 많은 생각과 분석을 하며 고심했을지 짐작하고도 남는다. 20세기의 위대한 해석학자 폴 리쾨르가 성서를 읽고 해석하는 과정에 대해 한 말은 우리가 도마를 이해하는 데도 도움이 된다. "맹목적으로 믿는 것은 위험하다. 우리가 이성적으로 생각하고, 분석하고, 비평할 만큼 다 한 후에 '비평 이후의 순간'을 경험할 필요가 있다."

더욱이 도마는 예수의 형제였다. 그만큼 가까이서 예수와 함께 자라났다. 이와 비슷하게 야고보도 예수의 형제였기에 그를 메시아로, 부활하신 주님으로 받아들이는 데 남모르는 어려움을 겪었다는 사실을 기억하면 우리는 도마를 더 잘 이해할 수 있다.

남의 말을 듣거나 객관적 사실을 받아들이는 데 남보다 더 시간이 걸리고 힘이 들거나 과정이 어려운 사람들은 일단 믿고 받아들이게 되면 다른 사람들보다 분명하고 확실하게 받아들이는 경향이 있다. 이는 5번 유형에게서 볼 수 있는 성향이기도 하다. 따라서 도마가 의심을 떨쳐 버리고 믿음을 갖는 과정이 남달리 힘겨웠으리라 짐작이 된다.

도마가 비로소 고백한 "나의 주님, 나의 하나님!"은 평생의 경험과 지식, 그리고 믿음이 하나로 수렴되어, '꽉 찬' 지성과 영성의 조화에서 우러나온 고백이었음을 볼 수 있다. 오늘날 우리는 고전적 표현인 '주 예수 그리스도, 하나님의 아들'이란 고백에 익숙하다. 그러나 주님의 부활을 믿지 못했던 도마가 "나의 하나님"이라 고백했을 때, 그것은 '코페르니쿠스적인' 대전환이었다. '의심하는 도마'에서 '신앙하는 도마'로의 대전환이다.

이쯤 되면 도마는 자기가 아는 지식으로만 살려고 한 것이 곧 5번 유형인 자신의 함정이자 한계였음을 깨달았을 것이다. 늘 경험하던 유혹에서 벗어났다는 사실도 깨달았을 것이다. 그야말로 섭리를 따라 살아야 하는 진실을 발견했을 때, 우리는 더 이상 지식도 그 어떤 것에도 집착하지 않는 초연함을 실존적으로 받아들일 수 있다.

의심의 구름이 걷히고 비평의 사막 너머로 들어서는 초연함에서 오는 희열과 함께 솟구치는 믿음, 그리고 해맑은 영혼이 일상에서의 형님에게 "나의 하나님" 하고 외치게 했을 것이다. 우리는 여기서 '신앙하는 도마'의 진면목을 목도한다. 무릇 고난과 역경을 거치고 이겨 낸 인생이 아름다운 것처럼, 의심과 번민을 거치고 이겨 낸 도마의 믿음이야말로 아름다운 믿음이요, 찬란한 고백이다. 우리는 5번 유형이 덕목을 살려서 초연해지면 지혜와 믿음이 빼어난 사람이 된다는 사실을 도마에게서 확인할 수 있다.

행동하는 도마

생각이 많은 5번 유형은 대체로 생각이 많아서 무슨 결정을 내리기 어렵지만, 자기 나름대로 판단하고 결정하게 되면, 심지어 남들이 이해하기 어려운 결정을 하거나 돌출 행동을 할 만큼 특이한 면을 보인다. 드문 경우지만, 나사로가 죽었을 때 예수가 "내가 거기에 있지 않은 것이 너희를 위해서 도리어 잘 된 일이므로, 기쁘게 생각한다. 이 일로 말미암아 너희가 믿게 될 것이다"(요한복음 11:15)라고 말했을 때, 도마가 느닷없이 "우리도 그와 함께 죽으러 가자"(요한복음 11:16)고 제자들에게 말했던 일을 보라.

도마는 필경 예수가 비장한 각오로 죽으러 가겠다고 말한 것으로 들었던 모양이다. 비록 잘못 듣고 오해했을지언정, 그는 스스로 결론을 내리면 누구도 생각하지 못할 용단을 내리는 면이 있다. 이런 성향을 지닌 5번 유형은 통합을 이룰 때 누구보다 풍부한 지식과 지혜가 어우러져 초연한 사람이 된다. 이들은 그야말로 아무것에도 집착하지 않는다.

믿음의 조상 아브라함의 영성은 한마디로 표현해 '초연함의 영성(spirituality of detachement)'이라 한다. 아브라함은 9번 유형이지만 5번 유형인 도마가 지성과 영성이 조화된 '비집착(non-attachement)'의 경지에 이르렀을 때에는 '믿음의 도마'로서 상징적 인물이 되는 것이다.

이런 경지에 이르도록 통합된 5번 유형은 8번 유형의 덕목을 살려 과단성이 있으면서도 아량이 넓은 지도자로서 행동하게 된다. 이들은 남들이 따르기 어려운 용맹스러운 행동도 서슴지 않는다. 부활 신앙을 고백한 이후 도마가 걸어간 길이 이런 삶의 표본이라 할 만하다.

지금도 인도의 서해안 지역 케랄라(Kerala) 주에 가면 팔라요르(Palayur) 시에 성 도마 교회가 있다. 기원후 52년에 사도 도마가 세운 교회다. 이곳은 도마가 인도에 세운 일곱 교회 가운데 첫 번째 교회이자 인도에서 가장 오래된 교회다. 도마가 그 역사적인 신앙 고백을 한 지 22년 만의 일이었다. 사도 바울이 동쪽으로 선교 여행을 하려 했으나 "아시아에서 말씀을 전하는 것을 성령이 막으시므로"(사도행전 16:6) 결과적으로 서쪽으로 갔던 것과는 대조적이다.

팔라요르는 브라만교인들 틈에서 도마의 전도로 개종하게 되었다. 전설에 의하면 도마의 과감한 선교와 기적을 보고 그들이 복음을 받아들였다고 한다. 5번 유형이 평균 상태에 머물 때에는 행동에 과단성을 보이기는커녕 장거리 여행을 가는 것조차 꺼리는 편이다. 이에 반해 도마는 멀리 인도까지 가서 힌두교와 불교가 강한 이방 문화 속에서 선교를 했다는 사실은 그의 초연함을 재확인해 준다.

도마처럼 초연함의 영성을 지닌 5번 유형은 '행동하는 지성'과 '실천하는 영성'을 대표할 만하다. 건강한 상태의 5번 유형은 해박한 지식과 깊은 영성, 폭넓은 이해심과 지혜로 더할 수 없이 좋은 지도자가 된다. 도마가 로마 가톨릭 교황청에 의해 '인도의 사도(apostle of India)'로 선포된 것은 참으로 의미 있는 일이다. 선교 역사로도 의미가 있으나 도마 개인의 영성 면에서 봐도 대단한 변화의 결과이기 때문이다.

5번 유형은 남달리 생각이 많은 만큼 분석하며 신중하게 결정을 내리는 이들이다. 끊임없이 지식과 정보를 채워도 아직 부족하다고 생각하며 행동을 미루던 5번 유형이 지식을 뛰어넘어 섭리를 따를 때, 그들은 아무것에도 집착하지 않고 초연한 자세로 살며 지도자로서의 탁월성을 드러낸다.

'의심하는 도마'로 알려졌다가 '신앙하는 도마'로 변화하면서 초연한 삶을 살며 '행동하는 도마'가 된 사도 도마는 5번 유형에게는 물론이요, 어떤 성격 유형에게라도 모범이 될 만한 영성가요 지도자다.

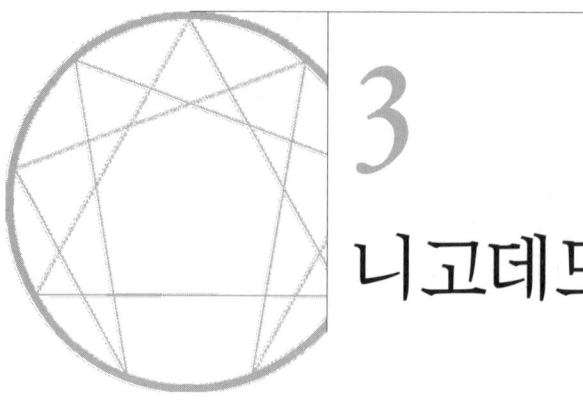

3 니고데모

한밤의 방문객, 니고데모

한밤중에 누군가를 찾는다는 일은 예사롭지 않다. 아주 가까운 사람이라도 특별한 경우가 아니면 쉽지 않다. 특히 어른이나 선생을 찾는 일은 더 어려울 수밖에 없다. 깊이 생각에 생각을 거듭하고, 더 이상 미룰 수 없는 순간이 왔다 싶을 때, 고민 끝에 결정하는 일이다. 생각 많은 니고데모가 심야의 대화를 위해 한밤에 예수를 찾아간 이야기에서 우리는 5번 유형의 모습을 본다.

일찍부터 호기심과 궁금증이 많아서 관찰, 분석, 생각 등 탐구적인 노력이 남다른 5번 유형은 지식이 많다. 하지만 스스로 지식이 아직 모자라다고 느끼면서 더 많은 지식을 좇다 보면 행동을 미루는 습성이 몸에 배기가 쉽다. 그래서 5번 유형은 아는 것이 많은 데 비해 행동이 굼뜨다는 인상을 준다.

5번 유형은 4번 유형, 9번 유형과 함께 위축형의 속성을 지닌다. 어려울 때 위축되는 공통점이 있으면서도 각기 동기와 원인은 다르다. 5번 유형은 앞서 지적한 바와 같이 남들이 보기에는 충분하고 넘치는데, 스스로는 결핍을 느끼며 더 알아야만 된다는 생각에 행동을 유보한다.

이는 9번 유형이 '정신 심리적 나태' 때문에 행동을 미루고, 4번 유형이 흠결이 생길까 봐 행동을 미루는 것과는 대조를 이룬다. 5번 유형은 '돌다리도 두드리고 안 지나간다'고 할 정도로 두드려서 들은 소리를 분석하느라 돌다리를 건너갈지 결정을 내리지 못한다. 또한 그들은 일단 결정을 내리고 나서도 그 결정이 과연 타당한가를 재분석하고 재고하는 성향이 있다.

이런 과정을 거쳐 그야말로 '삼고초려' 끝에 한밤에 예수를 찾아간 니고데모는 '불퇴전의 결단'을 내린, 물러설 데 없이 배수진을 친 장수처럼 그의 앞에 나섰다. 그는 당대에 어떤 사람보다도 예수를 더 많이 알고, 더 많이 생각하고 나서 방문한 것이라 하겠다. 그는 꽉 찬 지식 덕분에 예수와의 첫 대면에서 이미 신앙 고백의 경지에 이르렀다.

5번 유형은 환경에 압도당하는 것을 꺼리거나 두려워하기 때문에 낯선 곳, 새로운 장소에 가는 것을 달가워하지 않아서 여행도 삼갈 정도다. 그러므로 이런 성향을 뛰어넘을 때는 그만큼 편안한 상태일 뿐 아니라 알 만큼 알았다는 확신이 섰을 경우다. 이는 무엇보다 니고데모가 예수를 알았다고 자신감을 가졌기에 가능한 행동이었다.

이는 니고데모의 첫마디를 보면 알 수 있다. "랍비님, 우리는, 선생님이 하나님께로부터 오신 분임을 압니다. 하나님께서 함께 하지 않으시면, 선생님께서 행하시는 그런 표징들을, 아무도 행할 수 없습니다"(요한복음 3:2). 다름 아닌 5번 유형이 이런 고백을 한 배경을 감안하면, 이는 대단한 결단이었음을 알 수 있다. 그들은 공허를 기피할 만큼 속이 꽉 차야 되는 성향인 데다, 지식의 함정에 빠지기 쉽고, 더 많이 알아야 한다는 유혹을 끊임없이 받는 성격이기 때문이다.

따라서 5번 유형은 관찰, 생각, 분석, 이해라는 일련의 과정에서 망설임, 회의, 걱정, 신중함이 나타나는 것을 거쳐야 행동을 보이는데, 그때에는 남보다 더 초연하고 용감하게 나선다. 이런 상태에서 5번 유형인 니고데모는 예수도 인정할 만큼 "이스라엘의 선생"(요한복음 3:10)이자 유대인의 지도자로 처신한다.

더욱이 예수를 반대하는 유대인들, 그중에서도 바리새파요, 후일에 예수를 십자가형에 넘겨주기로 결정하는 산헤드린 최고회의 의원 중 한 사람으로서 예수를 한밤에 찾아간 것 자체가 니고데모가 초연한 상태임을 말해 준다.

탐구자 니고데모

진리를 찾는 사람인 니고데모는 율법 교사로서 탐구자다. 5번 유형처럼 생각이 많은 사람이요, 잘 관찰하고 분석하는 니고데모는 개인적으로 관심이 있어서만이 아니라 유대인의 지도자로서, 이스라엘의 선생으로서, 산헤드린 최고회의 의원으로서 당시 사람들의 이목이 집중된 예수를 책임감을 가지고 탐구해야 할 입장에 설 수 밖에 없었다.

저마다 예언자라든가 메시아를 자처하며 나서는 상황에서 혹세무민(惑世誣民)의 위기를 분별하고 대처해야 할 지도자의 한 사람으로서 니고데모가 개인적 특징이나 성향과 더불어 리더십의 책무감을 더해 예수를 조사했으리라는 것은 짐작하고도 남는다. 더욱이 세례자 요한의 인기가 하늘을 찌를 듯했던 만큼 그에게 관심을 가질 수밖에 없었을 것이요, 독립투사 같은 지도자들과도 비교할 처지였을 것이다.

그토록 신중한 성격에 반대파에 속한 지도자로서 예수를 만난다는 것이 니고데모에게는 마치 화약을 지고 불속으로 뛰어드는 것과 같았을지도 모른다. 메시아 대망 사상을 가진 바리새파의 관심을 공유하는 니고데모는 예수가 "하나님께로부터 오신 분"임을 알게 된 마당에 그가 과연 하나님의 아들인지, 우리에게 오신 메시아가 맞는지 확인할 길이 예수를 직접 만나는 것 밖에 없다는 결론에 도달했음 직하다. 그래서 그는 급기야 신변의 위험을 무릅쓰고 예수를 찾아가 대면하게 된 것이다.

5번 유형의 통합된 특징으로 꼽을 만한 '느린 생각, 빠른 행동'이 니고데모에게서 나타난 것이다. 우리는 "하나님께로부터 오신 분"으로서 예언자냐 메시아냐를 분별해야 할 역사적 과제 앞에 선 니고데모의 결의에 찬 모습을 그려 볼 수 있다. 이는 알렉산더 이바노프(Alexander Ivanov)의 1850년도 작 〈예수와 대화하는 니고데모〉란 성화에서도 엿보이는 모습이다.

그러나 대화 중에 예수가 "누구든지 다시 나지 않으면, 하나님 나라를 볼 수 없다"(요한복음 3:3)고 말하자, 니고데모 특유의 탐구성이 촉발된다. 니고데모가 자신의 지식을 과시하듯이 말한다. "사람이 늙었는데, 그가 어떻게 태어날 수 있겠습니까? 어머니 뱃속에 다시 들어갔다가 태어날 수야 없지 않습니까?"(요한복음 3:4). 그는 어쩔 수 없이 지식의 한계를 드러냈다.

여기에는 니고데모의 회의와 고민이 동시에 표출된다. 자신이 예수에게 관심과 호기심을 갖고 찾아온 일과 예수가 드러내는 진리는 차원이 다르다. 메시아 이해의 차원이 다른 것이다. 예수가 말하는

'하나님 나라'에 대한 이해가 전혀 다른 것이다. 이를테면, '힘'에 대한 이해가 근본적으로 다르다.

니고데모가 속한 유대인, 바리새파, 특히 산헤드린은 힘이 곧 지배 체제(domination system)인데 반해 예수에게 힘은 '지배 없는 질서(domination-free order)'다. 니고데모가 추구하며 탐구하는 하나님 나라는 예수가 선포하는 하나님 나라와 근본적으로 다르다. 예수가 "누구든지 다시 나지 않으면, 하나님 나라를 볼 수 없다"고 말하는 뜻을 아직 니고데모는 깨닫지 못하는 까닭이 거기에 있다.

가치관이 다르다. 세계관이 다르다. 생각이 다르면 습관이 다르기 때문이다. 니고데모가 아무리 지식이 많아도 예수의 생각을 미처 깨닫지 못한 상태에서는 그의 한계가 드러날 수밖에 없다. 예수가 "하나님께로부터 오신 분"이라는 것과 아무도 그런 '표적'을 행할 수 없다는 것을 말하는 니고데모는 예수의 정체성과 표적의 의미를 아직 깨달을 수가 없었다.

니고데모가 탐구자로서 지닌 많은 지식과 깊은 생각, 신중한 분석도 예수의 실체와 영성 앞에서는 그저 빙산의 일각일 뿐임을 우리는 객관적으로 본다.

비밀 제자 니고데모

"바리새파 사람 가운데 니고데모라는 사람이 있었다. 그는 유대 사람의 한 지도자였다"(요한복음 3:1). 예수가 '지배 없는 질서'로서 '하나님 나라'를 대표하는 것과 대조적으로 유대인들은 '지배 체제'로서 '세상'을 대표한다. 「요한복음」 상황에서는 바리새파가 바로 그 유대인들의 '세상'을 대표한다.

바리새파는 어떤 사람들인가? "바리새파는 진보적인 유대인 평신도 운동으로서 그들의 주요 관심은 회개와 하나님의 개념에 따르는 생활에 중점을 두고 있었다. 그렇기 때문에 (엣세네파 같이) 광야로 물러나는 생활로 들어가지는 아니하였고 일상적인 직업을 통하여 생활을 영위하였으며 따라서 자신들이 유대교적 신앙으로 생각하는 모범적인 생활을 하였다. 그들은 (사두개파와 달리) 이 세상적인 유대국가로부터 구원을 기대하지는 않았고 사후의 생명을 위한 구원을 기대하였다"(김영운, 『사랑과 진리의 대화』, 대한기독교서회, 1979, 54쪽).

니고데모는 이런 성향을 띄고 산 사람으로 보인다. 예수를 찾아간 목적도 이와 밀접한 관련이 있다. 더욱이 그는 유대인의 지도자로서 막중한 책임감을 가지고 탐구하는 입장이었다. 니고데모가 예수가 "하나님께로부터 오신 분임을 압니다"라고 천명하는 것이 빈말이 아닌 만큼 그것은 신앙 고백에 해당된다.

그러나 바리새파에 속한 지도자가 이런 고백을 하는 것은 극히 은밀한 일이요 비밀스러운 사건이다. 단순한 개인사로만 보면, 예수의 추종자가 되고 신자가 되는 결정적인 일이다. 그러나 지도자로서는 간단하게만 볼 수 없는 사건이다. 게다가 5번 유형의 속성을 지닌 니고데모에게는 함축성이 큰 행동이다.

5번 유형은 자명한 지식이나 진리도 쉽사리 수용하지 못하고, 따지고 볼 사람들이다. 그들은 많은 사람들이 가는 길도 확신이 서기 전에는 무모하다고 생각한다. 예수의 인기가 비록 하늘을 찌를 듯했고 구름처럼 많은 사람들이 예수 주위에 모여들고 예수를 따랐어도, 5번 유형의 눈에는 그 역시 무모하게 보이기 쉬운 법이다. 열혈 청년 같으면 과감히 나서서 신자도 되고 제자도 될 법하지만 5번 유형은 역시 이에 유보적이며 결정을 내리기가 어렵다.

지식과 이해가 무엇보다 중요한 5번 유형에게는 꼭 집어 말하지 않아도 에니어그램 격언에서 찾는 뜻이 서려 있을 법하다. '자신을 알라.' '무리하지 마라.' '매사를 검증하라.' 그러니까 남들이 신앙을 고백하고, 속에 품은 뜻을 천명하며, 결신자나 제자가 되어도 이들은 스스로 최종 결단을 하기까지는 무모하게 처신하지 말아야지 하는 생각에 갇혀 있는 형국이다.

이는 죽음의 순간을 '진실의 순간'이라 하는 뜻을 실감하게 한다. 니고데모는 마음속으로 예수를 따르며 신자가 되고 제자가 되는 결정을 했더라도 세상에 공표하는 것은 마지막까지 유보한다. 더욱이 자신의 지위나 관계를 생각하는 것은 넘어섰다 하더라도 예수의 상황과 관계까지 고려해 보면, 그는 '비밀 신자(crypto christian)', '비밀 제자(crypto disciple)'가 될 수밖에 없었다.

어찌 보면 니고데모는 예수가 권력정치를 지향하는 것이 아니라 십자가를 향해 고난의 길을 가면서 고뇌하고 번민하는 모습을 보며 누구보다도 가장 깊이 동정하고 공감하지 않았을까 생각된다.

대제사장들과 바리새파 사람들이 예수를 잡으려고 했을 때(요한복음 7:32), 니고데모가 그들에게 말한다. "우리의 율법으로는, 먼저 그 사람의 말을 들어보거나, 또 그가 하는 일을 알아보거나, 하지 않고서는 그를 심판하지 않는 것이 아니오?"(요한복음 7:51). 우리는 니고데모가 '비밀 제자'의 처지를 넘어 위험을 무릅쓰고 중대 발언을 하는 것을 본다.

희생적 지도자 니고데모

평소에 생각과 관찰을 잘하는 5번 유형은 어떤 결과를 얻으면 그것을 또 분석하고 이해하느라 신중한 사람들이다. 그러나 일단 충분하다고 생각할 때, 남달리 깊은 이해와 뛰어난 지각을 보이는 5번 유형은 아무것에도 집착하지 않으며 초연한 자세를 취한다. 심야의 대화를 통해 예수의 깊은 뜻을 깨달은 니고데모는 스스로 초연해지면서, 이제는 역설적으로 남들이 보기에 무모하다 싶을 정도로 위험에 직면하고 도전한다. 니고데모는 냉철한 이성적 판단력, 탁월한 지각과 감지력에 분별력을 더해 사태를 꿰뚫어 본다. 자신의 지위와 신분을 고려해 비밀 신자와 비밀 제자로 처신하던 때와 다른 모습이 나타난다. 평소에는 신중함이 회의적인 자세를 보였지만 사태의 본질을 통찰하고 확신이 서면 5번 유형은 누구도 가로막을 수 없는 선견지명에 대담성을 더한 리더십, 높은 분별력에 강한 결단력을 배합한 리더십을 발휘한다.

당시의 대제사장들과 바리새파 지도자들 가운데서 "그를 믿은 사람이 어디에 있다는 말이냐?"(요한복음 7:48)라는 말이 의회에서 공공연히 나올 때, 이미 니고데모는 유대인의 지도자로서 최고회의 의원으로서 예수를 믿고 있었다. 니고데모가 예수를 변론하자 다른 의원들은 "당신도 갈릴리 사람이오?"(요한복음 7:52) 하고 힐난한다.

예수가 가는 십자가의 길을 누구도 어쩌지 못한다는 사실을 아는 니고데모는 자기가 할 수 있는 책임을 감당하려 노력할 따름이다. 산헤드린 최고회의 의원들과 모든 지도자들이 적어도 니고데모 자신이 예수와 대면해 말씀을 들었던 것처럼 예수의 "말을 들어보고, 또 그가 하는 일을 알아보거나" 한 다음에 심판을 내리라며 지극히 객관적 판단 근거를 갖추도록 권고한다. 그러나 강고한 보수적인 지도층의 독선과 권력에 대한 탐욕에 부딪힌 니고데모는 한 번 더 신중을 기하면서 사태의 추이를 지켜본다. 그는 예수를 죽음으로 몰고 가는 권력의 악마성을 보면서 그렇다고 무모하게 함께 죽을 순 없다는 진실을 마음속에 품는다. 지도자의 초연함과 용기를 아울러 갖추었으나 결정적 순간까지 기다리며 자신의 책임과 역할을 찾는 그야말로 '빈틈없는(shrewd)' 통찰력과 '멋진 계산'을 보여 준다.

마침내 예수가 십자가에 달려 최후를 맞았을 때, 그는 또 다른 비밀 제자 아리마대 사람 요셉 의원과 함께 십자가에서 시신을 내려(deposition) 모셔다가 장례를 치른다(요한복음19:38~42). 유대인들이 무서워서 예수의 열두 제자까지 모두 달아나 숨었던 살벌한 상황에서 요셉과 니고데모는 모든 것을 각오하고 나선 초연하면서도 처연한 모습이다. 사태를 꿰뚫어 보며 달관한 것 같은 니고데모는 자기 과시를 하는 것도, 순교자를 자처하는 것도, 역사에 공헌한다는 것도 아니다. 남들이 보기에는 만용을 부린다고 생각할 수 있는 상황인데도, 니고데모는 바로 하나님의 현존 안에 머물면서 예수와 더불어 '현존'한다.

니고데모는 남들이 보기에 상상하기 어려운 희생을 초연한 마음으로 감당하면서 장례를 치른다. 요셉이 빌라도 총독의 허가를 받고 "니고데모도 몰약에 침향을 섞은 것을 백 근쯤 가지고 왔다"(요한복음 19:39). 그것은 약 34킬로그램이었다. 아리마대 사람 요셉도, 니고데모도 이미 모든 것을 각오했다. 어떤 운명도 받아들이려는 초연함이 분명하다. 처음 교회 신자들과 제자들이 가슴에 품고 산 순교 그 자체였다.

5번 유형은 이렇게 니고데모처럼 초연함에 용기가 더해지면 희생적인 지도자가 된다. 교회 전승이 말하는 대로 니고데모는 1세기 중에 순교했다. 비밀 제자로 역할과 책임을 다한 뒤에 결국 천명하고 나선 순교자까지 된 것이다.

5번 유형

초연하게 행동하는 지식인

어린아이들도 로댕의 〈생각하는 사람〉을 연출하는 모습을 자주 보게 된다. 그런 아이들은 생각이 많고, 궁금증과 호기심도 많으며, 관찰하기를 즐기고, 또한 분석하는 습관이 일찍부터 몸에 배어 있다. 이런 성향 때문에 5번 유형은 배워도 모자라고 알아도 끝이 없다. 부족과 공허를 느끼기 때문에 더 많이 알아야 된다는 강박에 사로잡히기 쉽다. 그러나 현재 알고 있는 것을 행동에 옮기며 실천할 때 산지식이 된다. 이들은 이런 진실을 알면 강박을 벗어나 초연해질 수 있다.

그러나 이 일이 말처럼 쉽지는 않다. 5번 유형은 관찰하는 습관이 있다. 사람들이나 사물을 잘 관찰하기 때문에 이를 분석하고 생각하며, 이해가 잘 안 되면 더 많은 지식을 갖춰야 한다는 쪽으로 생각이 흐른다. 객관적으로 보면 판단과 행동에 필요한 지식과 정보가 충분한데도, 자기 자신은 아직 모자란다고 생각한다. 더욱이 '생각을 위한 생각'을 많이 하는 성향이 그들의 발목을 잡는다.

5번 유형은 초연한 자세를 갖기 전까지는 마치 '외딴 섬'과 같아서 스스로 생각에 갇혀 새로운 환경을 꺼린다. 지식이나 정보도 자기가 지닌 기존의 틀 속으로 끌어당기려다 보니 환원주의가 강한 특성으로 나타난다. 열린 사고와 과감한 행동이 어려워진다. 특히 리더에게 이런 성향이 나타나면 사람들은 그를 이해하지 못하고 '불통 리더십'이라고 부르거나 완고하다는 인상을 받는다.

5번 유형 중에서 동서고금을 통틀어 가장 빼어난 인물로는 요셉을 꼽을 수 있다. 요셉은 비록 철부지 어린 시절에 형들 앞에서 잘난 척하다가 고생을 하긴 했으나, 고난을 이겨 내고 성숙한 이후에는 5번 유형의 이상적인 모델이 되었다. 자신의 깊은 생각과 풍부한 지식, 예리한 분석력을 동원해 이웃과 공동체에 이바지함으로써 초연한 사색가, 행동하는 지식인의 표본이 되었다. 요셉은 이렇게 되기까지 온갖 고난을 견뎠다. 그에게는 고생이 선생이었다. 그는 위기에서 살아남기 위해 느린 생각, 빠른 판단으로 헤쳐 나가며 지식과 지혜를 활용했다. 또한 자신에게만이 아니라 봉사나 도움이 필요한 사람들에게도 이를 선용했다. 도움을 받은 사람들을 통해 그에 대한 좋은 평판이 돌고, 지식의 힘이 아니라 섭리에 따라 사는 것임을 스스로 발견하면서 그는 초연의 덕목을 살리기 시작한다.

열두 제자 가운데 도마는 '의심하는 도마'로 이름이 나 있었다. 생각이 많은 5번 유형은 지나친 분석력에서 비롯된 의심 때문에 회의적이란 인상을 주기 십상이다. 그러나 '의심하는 도마'가 '신앙하는 도마'가 된 것에서도 볼 수 있듯이, 5번 유형은 일단 마음먹고 확신을 가지면 누구보다 초연해지고 담대해진다. 의심이 많은 사람은 사실 생각도 많고 겁도 많다. 이들은 뭔가 믿으려면 알아야 하고 이해해야 한다고 생각한다. 그래서 처음에 인간관계를 맺기가 힘들다. 5번 유형은 어릴 적부터 친구 사귀기가 힘든 사람이다. 사고의 유연성이나 융통성이 부족하다. 공석에서 토론하거나 발언할 때도 원고에 의존할 수밖에 없다. 안 그러면 스스로 '무모하다'는 생각이 든다. 따라서 운신의 폭이 좁을 수밖에 없다. 그러나 일단 자기가 알고 있는 범위 안에서 행동으로 옮기기 시작하고 이를 점차 확장해 나갈 때 그들은 자유로워진다.

유대의 지도자 가운데 예수의 비밀 제자가 된 니고데모 역시 끊임없이 지적 욕구를 충족시키려고 노력한 인물이다. 그러다 마침내 예수에게서 진리를 발견하고 확신을 가지면서 누구보다 초연하고 담대하게 행동하는 양심, 행동하는 지식인이 된다. 5번 유형의 리더가 풍부한 지식에다 깊은 이해심을 더해 초연한 자세로 행동하면, 그 어떤 유형보다 더 좋은 리더십을 보여 줄 수 있다. 그러나 이와 대조적으로 권력 지향적이거나 권위주의적으로 행동하면 초연함은 사라지고 강자로 군림하는 위험에 빠진다. 니고데모는 예수를 만나 초연한 자세로 살기 시작하면서 점점 그 덕목이 강화됐고, 마침내 예수를 장사 지낼 때에는 상상하기 어려울 만큼 용감하고 대담하게 행동했다.

지식을 많이 아는 것도 좋지만 하나를 알면 하나를 실천하는 자세로 지식을 얻는 것이 무엇보다 중요한다. 지식이 걸러져서 '산지식'이 되어야 지혜가 우러나온다. 지식을 행동과 실천으로 옮겨야 한다. 이는 5번 유형에게는 더욱 타당한 말이다. 5번 유형은 자신의 지식보다 섭리를 따라 살 때 자유롭고 유연하며 초연해진다. 이들은 자신만의 생각의 틀에서 나와야 한다. 여기에서 보는 바와 같이 지식을 추구하거나 깊이 생각하는 것도 대단히 중요하나, 현재 알고 있는 것을 행동과 실천으로 옮기는 결단과 노력 또한 5번 유형에게는 절실히 요청된다. 따라서 5번 유형은 지식과 행동, 지식과 존재가 조화되는 순간부터 지식은 지혜로, 인색의 격정은 초연의 덕목으로 변화되어 지혜가 풍부한 리더십과 초연한 인품을 지닌 사람이 된다.

『생각에 관한 생각(*Thinking Fast and Slow*)』이란 책은 오늘날 누구에게나 도움이 되지만, 특히 5번 유형에게는 더욱 유용하다. 이 책은 생각이 많은 5번 유형에게 어떻게 해야 생각이 행동의 원천이 되는지, 어떻게 하면 생각이 반란을 일으키며 행동을 지배하는지를 밝히 보는 데 도움을 준다. '빠른 직관과 느린 이성'이 융합을 이룬다면, 그들의 특유한 관찰력을 바로 이런 관점에서 살리면서 자기 관찰을 심도 있게 실천한다면, 이는 더할 수 없이 좋을 것이다. 앞서 살핀 인물들을 생각하면서 5번 유형의 자기 관리와 위기관리에 대해 살펴보자.

5번 유형은 관찰형으로서 분석가나 사색가 기질이 강하다. 이들은 남보다 지식이 많아도 공허함을 기피하는 성향 때문에 더 많은 지식으로 채워야 한다는 유혹에 빠지며 행동을 미루는 경향이 있다. 관찰과 생각, 분석을 바탕으로 결론을 내리고도 다시 분석할 만큼 지나치게 분석적이다. 이들은 회의적이기 때문에 행동하는 데 남다른 어려움을 느낄 만큼 신중하다. 인색이라는 격정에 사로잡히면 자신의 풍부한 지식이나 소유물도 남들과 나누기가 어렵다. 공허를 기피하는 성향 때문에 더욱 그렇다.

5번 유형은 어려시부터 궁금증이 많고 질문이 많아서 생각하고 관찰하고 독서를 하면서 정보와 지식을 습득하는 일에 시간을 많이 쓰며 살았다. 이들은 상대적으로 많은 지식을 가졌음에도 행동을 하지는 않는 성향이기 때문에 남들이 쉽게 행동하는 것이 '무모하다'고 생각한다. 무엇보다 지식에서, 특히 낯선 환경에 압도당할까 봐 두려워한다. 또한 이들은 격정이 강화되면 자기도 모르게 탐욕에 빠진다.

5번 유형은 만 여섯 살을 전후해 부모와 양가적인 관계를 경험했으며, 어렸을 때부터 부모의 표정이나 분위기를 잘 살피곤 했다. 자연히 관찰력이 커지면서 그 결과를 생각하고 분석하게 됐다. 이들은 어린아이답지 않게 호기심이 큰 반면 고민도 많은 편이라서 어른이 되어서도 신중할 만큼 회의적이다.

그러나 인생의 격정을 사로잡고 지식보다는 섭리를 따라 사는 방향으로 나아가며 비(非)집착, 곧 초연의 덕목을 살리면, 5번 유형은 높은 이해심과 감지력으로 아무것에도 집착하지 않는 리더의 금도와 초연한 자세를 드러낸다. 이들은 행동하는 지성인으로서 남달리 신뢰받는 리더가 될 수 있다.

사색가 기질이 강한 5번 유형은 위기 상황에서 스트레스가 심하면 고립되거나 회의적이며 불안정해지기 쉬우나 남다른 이해심과 감지력, 분석력을 초연하게 살리며 위기를 관리해야 한다.

6번 유형

용감한 충성가

이삭
지도자 여호수아
베드로

TYPE
6

이삭

약속으로 얻은 아들 이삭

믿음의 조상 아브라함을 말할 때 우리는 그가 하나님의 명령에 순종해 고향을 떠난 일과, 아들을 점지해 주겠다는 말씀을 믿어 그 약속으로 아들을 얻은 일을 먼저 꼽는다. 아들 이삭이 태어난 것은 아브라함이 100세, 사라가 90세 되었을 때 일이니 '믿음' 없이는 불가능한 일이었다.

하나님이 아브라함에게 말했다. "다음 해 이맘때에, 내가 반드시 너를 찾아오겠다. 그 때에 너의 아내 사라에게 아들이 있을 것이다" (창세기 18:10). 그들은 아들을 기다리다 지쳐서 체념하고 포기한 지 오래된 상태였다. 성서는 객관적으로 서술한다. "아브라함과 사라는 이미 나이가 많은 노인들이고, 사라는 월경마저 그쳐서, 아이를 낳을 나이가 지난 사람이다"(창세기 18:11). 그러므로 사라는 웃지 않을 수 없었을 것이다. 사라는 "'나는 기력이 다 쇠진하였고, 나의 남편도 늙었는데, 어찌 나에게 그런 즐거운 일이 있으랴!' 하고, 속으로 웃었다"(창세기 18:12).

 이삭의 출생을 보면 흥미롭게 살필 점이 있다. 이삭은 아버지에게 긍정적인 유아기를 보내는 6번 유형인데, 그는 하나님이 자신의 아버지가 될 아브라함에게 아들을 약속해서 태어났다. 이와 대조적으로 3번 유형인 사무엘은 하나님이 아기를 못 낳던 한나의 기도를 듣고(사무엘상 1:12~20) 점지한 아들이다.

 출생 이전부터 아버지의 관심과 애착이 더 큰 사람이 6번 유형이 되고, 어머니의 사랑과 보살핌이 더 큰 사람이 3번 유형이 되는 유아기 기원을 여기에서 재확인할 수 있다. 6번 유형에게 아버지는 '보호자'로서, 3번 유형에게 어머니는 '양육자'로서 긍정적 관계를 나타낸다.

 이삭은 두드러진 특징을 드러내는 사건이 별로 없다. 그런 만큼 아버지 아브라함의 삶을 따라가며 닮는 것이 그 근본을 이룬다. 믿음의 조상이 되는 아브라함에게서 하나님을 믿고 섬기는 새로운 삶의 방식이 시작된다. 하나님과 아브라함이 언약을 맺으니, 새로운 삶의 규범이 시작된다. 이삭에게는 새로운 삶을 익히고, 새로운 길을 따르는 데 최선을 다하는 것만이 중요했다.

 새로운 믿음의 길, 영성의 길을 개척하며 세우는 것이 아브라함의 소명이었던 것처럼, 다음 세대인 이삭에게는 그 길을 지키고 따르며 충실하게 수호자로서 사는 것이 소명이었다. 전통을 시작하고 세우는 일이 중요한 만큼 그것을 계승하며 발전시키는 일 또한 중요하다. 이는 6번 유형 이삭의 특징이다.

 9번 유형은 에니어그램의 대표라 할 만큼 대단하다. 모든 것을 끌어안고 포용하는 품이 크다. 건강한 9번 유형은 근면하고 활동적이며 큰 지도자가 된다. 보통 아들은 아버지를 넘어서야 할 벽으로 느낀다. 하물며 착하고 순종적인 이삭에게는 태산과도 같은 아버지를 넘어선다는 것이 더욱 큰 숙제였을 것이다.

'주어진 문화' 속에서 규범을 따라 사는 충실형이요, 순응형이라는 6번 유형의 특징은 제2대 믿음의 조상이 되는 이삭에게는 숙명적이었던 것 같다. 아버지 아브라함은 하나님과 언약을 맺은 장본인이기에 그 언약을 따라 믿음으로 살았고, 그 '믿음으로 의롭다' 하심을 인정받았으며, 하나님과 '올바른 관계'를 맺음으로써 진취적으로 믿음의 삶을 산 '원조'였다. 다음 세대인 이삭은 '주어진 문화'를 언약과 믿음을 따르며 지키는 계승자로서 수호자가 되었다. 이는 충실한 사람의 소명이다.

성실한 아들 이삭

믿음의 조상들, 곧 아브라함, 이삭, 야곱의 이름은 하나님이 시내산에서 모세에게 자신을 계시하실 때에 쓰였다. 하나님은 스스로 "너희 조상의 하나님, 곧 아브라함의 하나님, 이삭의 하나님, 야곱의 하나님"(출애굽기 3:15)이라 말하며 "이것이 영원한 나의 이름이며, 이것이 바로 너희가 대대로 기억할 나의 이름이다"(출애굽기 3:15)라고 계시하신다.

이 믿음의 조상들을 에니어그램으로 비쳐 보면, 아브라함은 9번 유형이요, 이삭은 6번 유형이요, 야곱은 3번 유형이다. 그들도 격정으로부터 자유롭지 못했던 모습을 보였던 것을 우리 모두가 기억한다. 그러나 우리는 이들이 변화와 성숙으로 각기 자신의 덕목을 살림으로써 믿음의 조상다운 삶을 살게 되었던 사실도 아울러 기억한다. 두 번째 믿음의 조상인 이삭은 여러 면에서 아브라함이나 야곱과 대조를 이룬다. 이 점에서도 그가 6번 유형의 특징을 드러낸다고 본다. 이삭은 충실하고 성실하며 순종적이다. 질서, 규칙, 명령을 잘 지키며, 그런 것을 어기거나 벗어나는 일이 가능한 없도록 한다. 누가 봐도 착하고 편하다는 인상을 풍긴다. 이삭이 바로 그런 6번 유형의 전형이라 하겠다.

아브라함의 믿음을 생각하면, 아들을 바친 순종이 떠오른다. 아들 이삭을 "번제물로 바쳐라"(창세기 22:2) 하신 하나님의 말씀에 아브라함은 순종했다. 그리고 그 아버지에게 이삭도 순종한다. 아버지가 하나님에게 순종하는 모형이라면, 아들은 아버지에게 순종하는 모형이다. 6번 유형은 아버지나 아버지 같은 권위가 있는 사람에게 순종하고 의지한다. 그것이 때로는 의존성이 된다.

"이삭이 젖을 떼는 날에 아브라함이 큰 잔치를 벌였다"(창세기 21:8)고 한 경우를 봐도 이삭의 착하고 순한 모습만 연상된다. 오늘날까지도 서아시아 지역에는 아이가 젖을 떼는 날에 잔치를 하는 풍습이 있다고 한다. 당시에 아브라함에게는 얼마나 자랑스러운 일이었을까 쉽게 짐작이 간다. "그런데 사라가 보니 이집트 여인 하갈과 아브라함 사이에서 태어난 아들이 이삭을 놀리고 있었다"(창세기 21:8).

평생 아기를 낳지 못하던 사라가 비록 '집안의 대를 이으려는' 마음으로 자신의 몸종 하갈을 통해 아들을 얻고자 했을지라도, 막상 그 사이에서 이스마엘이 태어난 이후에는 마음고생이 얼마나 컸을까를 짐작할 수 있다(창세기 16:5). 오랫동안 속에서 끓던 감정이 자기 아들이 놀림받는 것을 보고 폭발한다. 어머니 사라가 격노해 이스마엘과 그의 어머니 하갈을 쫓아내는 것과는 대조적으로 어리기는 하지만 이삭은 배경 속에 잠잠히 있다. 놀림은 받아도 착하게 잘 견디는 6번 유형은 자라면서도 착하고 성실하게 자란다. 정 못 견디면 돌출 행동이 나오는 경우가 더러 있기는 하지만 대체로 순하게 견딘다. 그래서 때로는 답답하게 보이기까지 한다.

성실하게 순종하는 이삭의 이미지는 아브라함이 이삭을 하나님의 말씀을 따라 모리아 산으로 가서 번제물로 드리는 사건에서 여실히 드러난다. "아브라함이 번제에 쓸 장작을 아들 이삭에게 지우고"(창세기 22:6) 간 것을 보면 아들이 그만큼 컸다는 사실을 알 수 있다. 성서에 그 나이가 명시되어 있지 않으나 랍비 전승에 의하면 이삭이 35~36세 정도 됐으리라 추정한다. 그런데도 그는 거역하지 않고 순종했다.

사라가 세상을 떠났 때 이삭은 37세였다고 한다. 아브라함이 이삭을 번제물로 드린다는 사실을 알고 그 충격으로 죽었다는 전승이 있다. 장성한 아들은 아버지에게 순종하지만 어머니의 상심과 충격 또한 모르지 않았을 것이다. 어머니를 여의고 나서 장가를 들었을 때도 어머니를 사랑하는 이삭의 성실성이 돋보이게 나타난다.

수호자 이삭

어려서부터 아버지 말씀을 잘 듣고 따르는 6번 유형은 질서, 규칙, 명령을 잘 지키며 자란다. 크면서 자연히 전통을 잘 지키는 사람이 된다. 뭔가 잘 지키려 노력하는 사람은 한편으로 잘 못 지키거나 벗어나거나 어긋나면 어쩌나 하고 불안해하며 걱정하기가 쉽다. 이삭도 그런 성향을 띠고 살았을 것이다. 이는 아버지 그늘에서 피동적인 모습이 나타나는 것과 무관하지 않다.

장성해 장가갈 나이가 됐을 때도 그의 아들 야곱이 후일에 장가드는 모습과는 대조적이다. 야곱은 그의 외삼촌과 적극적으로 계약을 맺고 노동의 대가로 아내를 얻는다. 이에 반해 이삭은 아버지 아브라함이 계획하고 주선하는 대로 따른다. 아브라함은 자신의 늙은 종을 고향 메소포타미아로 보내며 "이삭의 아내 될 사람을 찾겠다" (창세기 24:4)고 맹세하라고 한다. 또한 그는 "절대로 나의 아들을 그리로 데리고 가지 말아라"(창세기 24:6) 하고 명령한다. 아브라함은 그렇게 리브가를 데려오게 한다. 그만큼 이삭은 배경 속에 있다.

아브라함의 늙은 종 엘리에셀은 아브라함의 친척 가운데 리브가라는 "매우 아리따운"(창세기 12:14) 처녀를 데리고 돌아온다. 엘리에셀에게서 자초지종을 들은 "이삭은 리브가를 어머니 사라의 장막으로 데리고 들어가서, 그를 아내로 맞아들였다"(창세기 24:67). "이삭은 어머니를 여의고 나서, 위로를 받았다"(창세기 24:67). 어머니를 추모하는 예식과 함께 결혼식을 올린 것이다. 전통을 지키는 아름다운 모습이다.

수호자로서 6번 유형인 이삭은 믿음의 조상들 가운데 유일하게 한 번도 이름이 바뀌지 않았다. '아브람'이 '아브라함'으로, '야곱'이 '이스라엘'로 바뀐 것과 대조를 이룬다. '수호형'답게 가나안을 굳게 지킨 듯하다. 그는 가나안에서 태어나서 가나안에서 죽기까지 한 번도 가나안을 떠나 본 일이 없다. 흉년이 들었을 때에도 이집트로 가지 않고 가나안에서 살았다.

흉년이 들었을 때 이삭은 "그랄의 블레셋 왕 아비멜렉에게로 갔다"(창세기 26:1). 그는 하나님의 약속을 따라 거기에서 잘 살았다. 그런데 그곳 사람들이 이삭의 아내를 보고서 "그 여인이 누구요?"(창세기 26:7) 하고 그에게 물었다. "이삭이 대답하였다. '그는 나의 누이요'"(창세기 26:7). 이삭은 자기 아내 "리브가가 예쁜 여자이므로, 그곳 사람들이 리브가를 빼앗으려고 자기를 죽일지도 모른다고 생각하였기 때문이다"(창세기 26:7).

수호형에게는 한편으로는 빼앗길까 봐 두려워하는 마음이 도사리고 있다. 위기를 느끼거나 스트레스를 받으면 일어나지도 않을 일에 대한 걱정이 생기고 따라서 두려움에 사로잡힌다. 대체로 기우가 많은 유형이다. 심하게 두면 퇴화의 방향으로 옮겨 가면서 3번 유형의 격정인 기만에 사로잡히게 되고, 그러면 평소 성실하던 사람도 얼떨결에 거짓말을 하기에 이른다.

모리야 산에서 번제물로 드려질 뻔했을 때 이삭이 경험한 충격과 공포는 깊은 상처(trauma)가 됐을 것이다. 이는 그 충격으로 사라가 세상을 떠났을 정도로 심각했다. 격정에 사로잡히면 공포가 커지고 남을 기만하는 데까지 몰려간다. 이런 상처가 씻기고 치유되면 복이 된다. 마침내 거짓말 사건이 풀리면서 아비멜렉 왕과 화해하게 됐을 때 이삭은 더 큰 복을 받는다. 상처가 복이 된다.

이삭은 복을 받고 부유해졌다. 그러자 "블레셋 사람들이 그를 시기하기 시작하였다"(창세기 26:14). 그리고 "아비멜렉이 이삭에게 말하였다. '우리에게서 떠나가시오. 이제 당신은 우리보다 훨씬 강하오.'"(창세기 26:16). 이는 성실하게 사는 수호자가 받는 복이 어떤 것인가를 보여 준다.

하나님만 의지하는 이삭

6번 유형인 이삭은 누가 봐도 좋아할 사람이고 누구에게나 편한 사람이다. 6번 유형은 늘 안전을 바라고 지향하기에 충실하지만 왠지 불안감이 따라붙는다. 공격을 당하거나 비판을 받아도 방어 위주로 산다. 이삭이 그랄 평원에서 우물을 파는 사업을 할 때도 그러했다. 우물을 파서 물이 솟아나는 샘 줄기를 찾아냈을 때에도 다툼이 일어나면 이삭은 그때마다 자리를 "옮겨서, 또 다른 우물을 팠는데, 그 때에는 아무도 시비를 걸지 않았다"(창세기 26:22).

이들은 다툼을 피하고 편한 쪽을 택하려는 성향 때문에, 스트레스를 받는 상황에서는 우유부단하거나 지나치게 조심하거나 망설인다는 인상을 준다. 6번 유형은 그래서 9번 유형과 함께 대체로 보수적 성향에 강하다. 갈등이나 다툼을 피하려는 만큼 안전을 택하다 보면 현상 유지 쪽으로 기울기 쉽고, 따라서 변화와 도전에도 소극적이기 쉽다. 그래서 이들에게는 결단력이 부족하다는 느낌이 든다.

그러나 아버지를 믿고 의지하는 패턴이 하나님을 믿고 의지하는 패턴으로 변화하고 성숙하면, 6번 유형은 누구보다 용기 있고 성실한 사람이 된다. 평소에 우유부단하고 나서기 꺼려하던 인상과 전혀 다르게 해결사로 등장한다. 이삭이 그랄 사람들과 시비가 붙고 그들에게 압박을 당했을 때에도 맞서서 다투지 않고, 좌절하지 않으며, 새로운 일에 도전하면서, 끝내 누구도 더 이상 도전하지 못할 경지에 이른 것은 그런 용기와 해결사의 능력을 입증한다.

"이 세상 모든 민족이 네 씨의 덕을 입어서, 복을 받게 하겠다. 이것은 아브라함이 나의 말에 순종하고 나의 명령과 나의 계명과 나의 율례와 나의 법도를 잘 지켰기 때문이다"(창세기 26:4~5). 이와 같은 하나님의 약속을 굳게 믿고 하나님 외에는 두려워할 대상이 아무도 없음을 확신할 때, (비록 여기서도 피동적으로 이삭이 아닌 아브라함의 믿음을 보고 축복한다고 하셨으나) 이삭은 가장 용감하게 살면서도 자신의 책임에 충실했음을 알 수 있다. 6번 유형이 이런 경지에 이르면 믿음의 바탕에서 스스로 성실과 용기, 책임이 배합된 삶을 살기에, 힘차고 편안하며 행복할 수 있다. 동시에 이런 사람들은 누가 봐도 '참으로 복 받은 사람이구나' 하며 감탄하게 된다.

아비멜렉은 친구 아훗삿과 군사령관 비골을 데리고 그랄에서 이삭에게로 왔다. 이삭이 그들에게 물었다. "당신들이 나를 미워하여 이렇게 쫓아내고서, 무슨 일로 나에게 왔습니까?' 그들이 대답하였다. '우리는 주님께서 당신과 함께 계심을 똑똑히 보았습니다. 그래서 우리는, 우리와 당신 사이에 평화 조약을 맺어야 하겠다고 생각합니다. 이제 우리와 언약을 맺읍시다'"(창세기 26:26~28).

시기하고 미워하며 쫓아냈던 사람들이 이삭이 막강해진 것을 보자 겁이 났던 것이다. 하나님만 의지하는 이삭은 그런 사람들을 미워하거나 복수를 하려고 하진 않았는데, 그럴 사람을 대표해 아비멜렉 왕이 군사령관을 대동하고 와서 평화조약을 맺자고 한다. "당신은 분명히 주님께 복을 받은 사람입니다"(창세기 26:29) 하고 그들이 말하는 데서 이삭은 인정을 받는다.

하나님에게 복을 받고 사람들에게 칭송을 받은 이삭은 이름 그대로 '웃음'을 잃지 않고 살았기 때문에 믿음의 조상들 가운데 최장수를 기록했다. 어머니 사라는 125세, 아버지 아브라함은 175세에 세상을 떠났다. 그러나 이삭은 180세까지 장수했다. 그는 40세에 결혼해서 60세에 득남하는데, 쌍둥이 아들 에서와 야곱을 얻었다. 한결같은 마음으로 가나안을 떠나지 않고 살았던 이삭은 사건을 특기할 만한 일은 많지 않았어도 그의 이름이 성서에 132회나 등장한다. '평범이 위대하다'는 말을 실감하게 하는 인물이 곧 이삭이다.

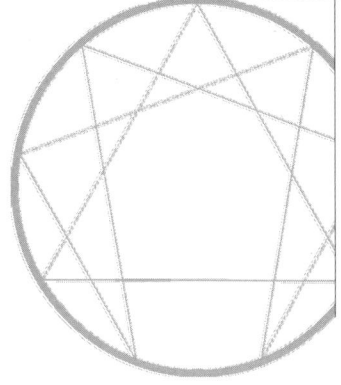

2 지도자 여호수아

충실한 여호수아

성서의 수많은 인물 가운데 충실한 사람으로서는 여호수아만큼 돋보이는 사람도 드물다. 이스라엘 백성들이 애굽에서 극심한 학대 속에서 노예 생활을 하던 때, 에브라임 지파 눈의 아들로 태어난 여호수아는 일찍부터 민족의 영도자 모세를 가까이서 보좌하며 살았다. 85세에 모세의 후계자가 되어 이스라엘의 지도자가 된 여호수아는 110세에 고향 에브라임 산간 지역 딤낫세라에서 죽을 때까지 충실하게 절제하며 청렴하게 살았다.

여호수아의 본명은 호세아였다. 모세는 각 "지파 가운데서 지도자를 한 사람씩"(민수기 13:2) 뽑아서 가나안 땅을 탐지하러 보낼 때 "눈의 아들 호세아를 여호수아라고 불렀다"(민수기 13:6). 여호수아는 '여호와의 구원'이라는 뜻이다. 모세는 여호수아의 충성심과 함께 잠재적인 지도자로서의 품성과 면모를 봤던 것이다. 에니어그램 6번 유형은 충실한 사람이요, 질서와 규칙과 명령을 잘 따르는 수호자이다.

현재도 여러 나라의 지도자들 중에는 6번 유형이 많다. 모름지기 지도자가 될 사람들은 여호수아를 깊이 연구하고 배울 일이다. 더욱이 요즘처럼 능력이 골고루 발달한 시대에는 개인의 능력보다 성실과 충실이 두드러지게 요청되는 덕목임을 감안한다면 더욱 그렇다. 모세가 하나님의 명을 따라 제사장 엘르아살과 함께 온 회중 앞에서 여호수아에게 손을 얹고 후계자로 세울 때, 그의 나이는 85세였다.

여호수아는 젊은 나이에 모세의 보좌관이 되어 40년 동안 그를 보좌했다. 결코 짧지 않은 세월 동안 민족의 영도자였고, 특히 하나님과 대면했던 신화적인 존재인 모세를 보좌하면서, 그는 많은 것을 배우며 지도력을 키웠을 것이다. 그러나 학습과 경험 못지않게 중요한 것이 인성이요, 품성이다. 여호수아의 충성심이 무엇보다 중요하다.

더욱이 1번 유형인 모세는 완벽을 추구하는 만큼 격노하는 특징이 있다. 그런 지도자 밑에서 일하는 보좌관은 유난히 인내심과 절제가 요청된다. 6번 유형은 참을 때는 잘 참다가도, 한계에 부딪히면 돌출 발언이나 돌출 행동이 튀어나오며 반항적이거나 공격적이 될 가능성이 있다. 만약 모세의 반복되는 격노에 여호수아가 그런 반응을 보였더라면 그 관계는 위태로웠을 것이다.

그러나 여호수아를 후계자로 세울 때, 주님은 모세에게 말했다. "너는 눈의 아들 여호수아를 데리고 오너라. 그는 영감을 받은 사람이다"(민수기 27:18). 하나님은 이렇게 말하며 여호수아를 인정했다. 모세가 동의하지 못했다면, 그는 성격상 하나님에게라도 이의를 제기하거나 항변했을 것이다. 그러나 모세는 이의 없이 주님이 그에게 명하신 대로 했다(민수기 27:18~22).

6번 유형은 권위에 순응하는 성향이 강하다. 지도자에게 의지하고 순종하면서 그의 강점이나 좋은 면을 자기 것으로 만드는 노력을 한다. 무려 40년간이나 모세의 보좌관 생활을 하며 여호수아는 지도력과 영성 면에서는 모세의 '복제 인간'이라 할 정도로 큰 영향을 받았다. 모세가 세상을 떠난 이후에 여호수아가 원만하게 지도력을 발휘할 수 있었던 힘도 인고의 세월 속에서 강하게 연단하고 수련하며 내공을 쌓은 데서 왔을 것이다. 게다가 그는 하나님이 인정하실 만큼 "영감을 받은 사람"이었다. 그러나 여호수아는 자신에게 주어진 지도자로서의 막중한 책임과 임무를 감당하기에 스스로 모자람을 아는 사람으로서 하나님 앞에 두렵고 떨릴 뿐이었다. 여기서 우리는 6번 유형의 두려움과 용기의 양면을 생각하게 된다.

용기가 필요한 여호수아

건강하게 사는 사람이라도 누구나 마음속에는 걱정이 자리 잡고 있다. 그중에서도 에니어그램 6번 유형은 공포심을 가지고 있다. 무언가를 두려워하는 것보다 공포 그 자체가 문제라는 말이 있다. 이들은 어려서부터 아버지를 의지하며 자랐기 때문에 아버지가 곁에 없으면 불안하고 두려움을 느낀다. 의지할 아버지나 아버지 같은 존재가 없고, 혼자서 있거나 스스로 뭘 해야 할 경우가 되면 겁이 난다.

이런 유아기 기원을 지닌 6번 유형은 성장해서 건강하게 살면서도 자기 혼자서 뭔가 결정하고 실행해야 하면 흔들리기 쉽다. 그래서 6번 유형은 누구보다도 절대자, 곧 하나님을 의지하게 될 때 진정한 용기가 생긴다. 충실한 사람들은 뭔가 어긋나거나 정도에서 벗어나거나 일을 그르칠까 봐 조심하는 마음이 조금만 더 커지면 두려움으로 발전한다. 스스로 해야 한다는 중압감을 느끼면 한층 더 두려워진다.

충실한 여호수아는 모든 것을 잘할 수 있는데도 마음속으로는 불안과 두려움이 있었을 것이다. 더욱이 하나님 앞에 바로 서려면 좀 더 심했을 수도 있다. 그러나 사람을 두려워하면 비굴해지지만, 하나님을 두려워하면 용감해지는 역설적 진실이 그에게서 나타난다. 주님은 이런 여호수아를 꿰뚫어 보신다.

"모세가 죽은 뒤에, 주님께서, 모세를 보좌하던 눈의 아들 여호수아에게 말씀하셨다"(여호수아 1:1). "굳세고 용감하여라"(여호수아 1:6). "오직 너는 크게 용기를 내어"(여호수아 1:7)라. "내가 너에게 굳세고 용감하라고 명하지 않았느냐! 너는 두려워하거나 낙담하지 말아라. 네가 어디로 가든지, 너의 주, 나 하나님이 함께 있겠다"(여호수아 1:9). 이렇게 하나님이 재삼 강조한 말씀에서 볼 수 있듯이, 여호수아에게는 용기와 담대함이 필요했다.

6번 유형은 남들이 인정할 만큼 능력이 있고 일을 잘하더라도, 최고의 권위자에게 최종적으로 인정받기까지는 불안한 마음이 서려 있다. 하물며 하나님 앞에서야! 사람들에게는 모세 이후의 최고 지도자가 되었어도, 하나님 앞에 선 여호수아는 어린아이 같은 심정으로 두렵고 떨린 마음이었을 것이다.

6번 유형의 이런 특성이 하나님을 전적으로 신뢰하며 의지할 때는 그들에게 누구도 견주기 어려운 용기가 충천한다. 그러나 스스로 믿는 마음이 흔들리거나 약해질 때는 불안 증세와 함께 망설임이 생긴다. 평생토록 주님을 의지하며 충실했던 여호수아도 몇 차례 이런 증세가 나타났던 것으로 보인다.

하나는 정복 과정에서 히위 사람인 기브온 주민들에게 속아 넘어간 일이다. 그들이 거짓으로 꾸미고 찾아와서 조약을 맺자고 청했을 때, 여호수아는 하나님의 뜻을 묻지 않고 조약을 맺음으로써, 그 당장에는 백성들의 원망을 샀고, 먼 훗날에는 이스라엘이 남과 북으로 분열되는 씨앗을 남겼다.

우유부단한 자세가 낳은 결과도 자못 심각했다. 여호수아는 후계자를 육성하지 못했는데, 이 때문에 그가 죽은 뒤 사사 시대에 이르러서는 큰 혼란이 야기됐다. 현재에 충실한 것도 중요하다. 그러나 그가 진정으로 '현재'에 충실했다면, 미래지향적 역사의식을 가지고 성찰하고, 미래의 역광선으로 오늘을 조명해 보며, 여호수아 이후 시대를 내다보는 바른 분별과 선택, 결단을 했을 것이다.

모세는 생전에 제사장 엘르아살과 함께 백성들 앞에서 의식을 갖추고 여호수아에게 손을 얹어 그를 후계자로 임명했다. 이와 같은 과정과 의전을 몸소 경험한 여호수아가 후계자를 세우지 못한 것은 망설임과 우유부단함이 아니고서는 달리 설명할 길이 없어 보인다.

하나님이 모세가 죽은 뒤에 여호수아에게 하신 말씀은 이런 관점에서 특별한 의미가 있다. "말씀을 늘 읽고 밤낮으로 그것을 공부하여, 이 율법책에 씌어진 대로, 모든 것을 성심껏 실천하여라"(여호수아 1:8). 하나님을 의지하는 사람은 현재의 일에서나 장래의 일에서나 하나님의 뜻을 묻고 분별하는 것이 무엇보다 중요한 법이다.

용맹한 여호수아

어려서부터 강자로 나서서 살아온 사람들은 때때로 속으로는 겁이 나고 공포를 느끼지만, 전혀 아닌 듯이 시치미를 떼고 강자로 군림하려 한다. 긴 시간에 걸쳐 관찰하면, 그런 사람은 좋게 말해서 '외강내유'형으로 보인다. 그들은 겉은 강하나 속은 허하기 쉽다.

이에 반해 걱정이 많고 불안하기 쉬우며 겁이 많은 6번 유형은 평상시에는 비굴하다 싶을 정도로 겁이 많다. 그들은 마음속으로는 늘 불안을 느끼기 때문에 자기도 남들처럼 대담무쌍히고 용감하게 살 수 없을까 고심하면서 그 가능성을 찾는다. 그래서 일찍부터 권위 있고 힘 있는 사람인 '아버지'를 찾았다. 어려서는 아버지만 의지하면 될 것 같았는데, 나이 들고 철이 나면서부터는 아버지를 의존하며 사는 데 한계를 느낀다. 결국 이들은 절대자를 찾아서 참된 용기를 찾는 데 이른다.

이런 내면의 변화와 성숙의 과정이 여호수아에게도 필연적이다. 어느 정도 성숙한 뒤에도 위기나 중대한 사건 앞에서는 망설임과 불안이 생기고, 내심 겁이 나기 시작하면 홀로서기가 어렵거나 부담스러우며, 마치 '버림받을 것 같은' 심정이 되기 쉽다. 하나님이 여호수아에게 "너와 함께 하며, 너를 떠나지 아니하며, 버리지 아니하겠다"(여호수아 1:5)고 약속하신 말씀 속에는 그의 정신 심리적 필요(psychospiritual need)가 반사된다.

6번 유형은 스스로 부족한 것을 절실하게 느낄지라도 하나님이 약속한 것을 이루어 주시리라는 믿음을 가지고 일어서면, 그 뒤로는 자신의 용기가 스스로 마음먹어 생긴 것이 아니라 하나님이 주신 것임을 날마다 확인하게 되고, 그때야 비로소 진정한 용기의 소유자가 된다. 바로 이것이 6번 유형의 진정한 덕목이다.

남아프리카 공화국의 전 대통령 넬슨 만델라(Nelson Mandela)는 '지도자의 지혜'에 관해 말하면서 용기에 대한 이런 말을 남겼다. "용기는 두려움을 느끼지 않는 것이 아니다. 남들에게 감동을 주어 그것을 극복하게 만드는 것이다(Courage is not the absence of fear, but inspiring others to move beyond it)."

여호수아의 지도력과 그의 지혜와 용기를 성찰하다 보면, 만델라 대통령이 바로 여호수아에게서 참된 용기의 패러다임을 찾은 듯하다. 이스라엘 백성들의 마음속에 있는 공포는 여리고를 비롯한 정착

민들의 막강한 요새와 군사력에 대한 공포였다. 여호수아 또한 같은 공포를 느꼈을 것이다. 우리는 어려서부터 마음속에 공포를 지니고 살아온 여호수아가 '두려움을 느끼지 않는 것이 아니라' 백성들의 마음을 움직여서 공포를 뛰어넘게 만드는 것에서 참된 용기가 발휘됐음을 알 수 있다.

6번 유형에게 용기가 솟아나올 때는 얼핏 보기에 돌출적으로 느껴지기도 하고, 남들이 보기에 만용처럼 의외성으로 느껴지기도 한다. 그러나 이들은 마음속에서 불안과 걱정, 두려움이 점차 사라지고 마침내 하나님을 의지하면서 용기가 치솟는 것이기 때문에, 가능한 많은 정보를 수집하려는 성향이 있다. 여호수아가 여리고 성을 공략할 즈음에 정탐꾼 두 사람을 보내는 데서 그 특징이 잘 나타난다 하겠다. 그래서 6번 유형은 용맹을 떨치는 지도자면서도 정보를 잘 활용하는 신중함이 탁월하다.

마침내 여호수아는 여리고를 향해 떠나면서 요단 강을 건너게 되었다. 백성들이 행여나 경거망동하지 않도록 하려고, 그는 백성들에게 이른다. "가 보지 않았던 길을 가기 때문에"(여호수아 3:4) "제사장들의 뒤를 따르시오."(여호수아 3:3). 우리는 여기서 용맹과 지혜가 조화된 여호수아의 지도력을 본다.

함께 가는 여호수아

사람들은 저마다 특성이 있어서 누군가 곁에 있으면 신경 쓰이고 걸리적거려서 오히려 혼자 일해야 잘하는 4번 유형 같은 사람도 있는 반면에 혼자 하면 왠지 허전하고 불안해서 누군가 곁에 있으면 안심이 되고 다른 사람들과 잘 어울려 함께하는 사람도 있다. 후자의 경우가 6번 유형의 특징을 드러낸다. 여호수아 또한 그런 인성 유형이다. 이런 사람은 지도자가 되면 백성들과 함께 가는 지도자가 된다.

자기주장이 너무 강한 사람은 남의 말을 들으려 하지 않는다. 스트레스가 심한 8번 유형 지도자는 참모진이나 보좌진의 말도 잘 듣지 않는다. 이들은 독선적이고 고집불통이다. 소통과 대화가 안 되고, 대결로 치닫기 쉽다. 이와 대조적으로 지식과 정보의 필요성을 알고 다른 사람들과 대화하고 경청하는 사람은 화합형 지도자가 된다. 국민과 함께 가는 지도자가 된다. 여호수아가 그런 인물이다.

애굽에서 태어난 세대 가운데 약속의 땅에 들어간 대표적 인물로 여호수아와 갈렙을 꼽는다. 애굽에서 노예 생활을 하던 세대는 광야 난민 생활로 끝이 났다. 새로운 가치관과 역사의식을 갖춘 사람들만 약속의 땅으로 들어갔다. 이런 점에서 볼 때, 여호수아가 이스라엘 백성들의 희망과 비전을 공유하고 생각과 뜻을 같이하며 함께 가는 지도자가 되었다는 사실은 중요하다.

이스라엘 백성들이 요단 강을 건너 갈 때에도 여호수아는 그들과 함께 가는 모습을 보인다. 그의 마음속에는 자신을 지도자로 세워 줬을뿐 아니라 "모세와 함께 있던 것처럼 너와 함께 있다는 사실을 그들이 알게 하겠다"(여호수아 3:7)고 약속한 하나님에 대한 믿음이 있었다. 이런 믿음은 지도자가 신념과 확신에 찬 지도력을 갖추게 한다. 무엇보다 백성들과 함께 가는 지도자가 되도록 한다.

스스로 하나님의 명령과 약속에 충실하게 살았던 여호수아는 백성들과 함께 길을 걸으며 백성들이 하나님에게 충성하도록 이끈다. 스스로 인간의 욕심과 탐욕을 버리고 하나님에게 충성하듯이 백성들이 그와 함께 가도록 지도한다. 여리고 성을 함락했을 때, 누군가 "주님께 바쳐야 할 물건을 잘못 다루었다"(여호수아 7:1). 결국 여호수아는 잘못을 저지른 인간을 색출해 일벌백계로 그를 처단한다(여호수아 7:24~25). 탐욕의 뿌리를 뽑자는 것이었다.

여호수아는 스스로 절제하며 산 지도자였기에 사람들은 그의 명령에 순종했다. 일생 동안 욕심을 부리지 않았던 여호수아는 죽을 때까지 청렴하고 검소하게 백성들과 함께 살았다. 전성기 때 백성들의 지지와 사랑을 받는 것도 중요하지만 말년에 가서 그들의 존경을 받는 지도자로 남는 것은 더욱 중요하다. 이는 여호수아에게서 돋보이는 점이다.

한 사람이 죽을 때까지 의식이 살아 있고 정신이 맑은 것은 큰 복이다. 백성들을 사랑하며, 백성들과 끝까지 함께 가는 여호수아가 이런 복을 누렸다. 그는 끝까지 이스라엘이 하나님의 말씀을 지키도록 당부하며 노력을 기울인다. 하나님에게 충성하며 백성들에게도 충실한 여호수아의 고별사는 백성들과 함께 가는 그의 지도력을 보여 주는 압권이다.

"당신들이 어떤 신들을 섬길 것인지를 오늘 선택하십시오. 나와 나의 집안은 주님을 섬길 것입니다(여호수아 24:15). 우리는 여기서 지도자 개인의 실존적 신앙 고백과 공동체의 신앙적 결단이 어우러지는 아름다운 패러다임을 볼 수 있다.

3 베드로

큰 바위 얼굴 베드로

성서의 등장인물 가운데 베드로만큼 잘 알려진 '큰 바위 얼굴'도 아마 없을 것이다. 그는 예수의 열두 제자 가운데 대표이며, 대변인 역할도 도맡아 한다. 사복음서에서도 가장 많이 또 적극적으로 등장한다. 인간의 성정을 그토록 적나라하게 드러낸 사람을 달리 찾아보기 어려울 정도다. 그는 인성의 다면성을 잘 보여 준다.

베드로는 참으로 '인간적인, 너무나 인간적인' 사람이다. 실수와 실언도 잘하고, 나서기도 잘하며, 용감하기도 하지만 때로는 맹목적이고 무모하기까지 하다. 그러나 한번 믿고 따르면 끝까지 따라간다. 때로 딴소리는 할지언정, 순응하고 충실하며 언제나 함께하는 사람이다.

베드로는 잘 알려졌다시피 그 이름 자체가 '바위'라는 뜻이다. 그러나 이는 동시에 돌도 되고, 때로는 조약돌이 되기도 한다. 에니어그램을 모르더라도 베드로의 특징을 모두 열거하고 나서 에니어그램 표를 가져다 맞춰 보면, 얼른 눈에 띌 정도로 꼭 맞는 유형이 있다. 그것이 바로 에니어그램 6번 유형인 충실한 사람이다.

어떤 사람들은 일반적으로 알려진 베드로의 지명도나 인상을 가지고 흔히 베드로를 8번 유형의 지도자로 착각한다. 베드로가 풍기는 강한 인상이나, 수제자로서 열두 제자를 대표한다는 특성이나, 교회의 수장으로서의 지위를 생각해서 그렇게 봤을 가능성이 높다. 그러나 에니어그램의 체계에 의하면 보다 더 정밀한 분석을 거쳐야 한 사람의 성격 유형을 알 수 있다.

에니어그램에서 경계하는 것은 인상이나 상상에 의해서 어떤 사람을 이해하거나 판단하지 말라는 점이다. 인성을 이해하고 성격 유형을 파악하려면, 그의 격정이 어떤 것인가를 발견하는 데 관심의 초점을 맞춰야 한다. 따라서 사회적 지위나 역할을 본다든가, 개인의 장점을 통해서 성격 유형을 판단하는 것은 타당하지도 않고 정확하지도 않다.

이런 관점에서 베드로를 살펴보자. 예수는 제자들 가운데 베드로를 제일 먼저 불렀다. 예수가 선교 여행길에 올랐을 때에도 그는 늘 동행했다. 가이사랴 빌립보에서 예수를 그리스도라고 고백한 사람도 베드로가 처음이다. 예수는 그래서 "너는 베드로다. 나는 이 반석 위에다가 내 교회를 세우겠다"(마태복음 16:18)라고 말씀하신다. 시몬을 '큰 바위 얼굴'로 세워 주신다.

그러나 예수가 수난과 부활을 예고하며 "죽임을 당하고 나서, 사흘 뒤에 살아나야 한다는 것을 그들에게 가르치기 시작하셨"(마가복음 8:31)을 때, 베드로가 펄쩍 뛰었다. 성서에는 베드로가 "예수께 대들었다"(마태복음 16:22)고 기록되어 있다. 원전에는 예수가 베드로를 꾸짖어 말씀하셨다고 되어 있는데, 여기에는 같은 동사가 쓰인다.

제자가 선생님을 야단친 꼴이다.

　　이 일로 인해 '반석'은 "걸림돌"(마태복음 16:23)이 된다. "그리고 엿새 뒤에"(마태복음 17:1) 변화 산에 올라갔을 때에도 예수는 야고보, 요한과 함께 베드로를 데려갔다. 예수가 영광 가운데 변화했을 때, 베드로가 말한다. "랍비님, 우리가 여기에 있는 것이 좋겠습니다. 우리가 초막 셋을 지어서 하나에는 랍비님을, 하나에는 모세를, 하나에는 엘리야를 모시겠습니다"(마가복음 9:5)." 그러나 "베드로는 무슨 말을 해야 좋을지 몰라서 이런 말을 했던 것이다"(마가복음 9:6)라고 「마가복음」의 기자는 보도한다.

　　이처럼 '큰 바위 얼굴'은 '반석'으로 인정을 받았으면서도, '걸림돌'이 되듯이 엉뚱한 말을 하거나 무모한 언행을 하곤 한다. 더 자세히 살펴볼 일이지만, 이런 현상은 6번 유형이 걱정에 사로잡히면 잘 드러내는 속성이다.

잘 나서는 베드로

　　에니어그램 6번 유형은 어려서부터 모범적이고 충실한 사람이다. 질서, 규칙, 명령 등을 잘 지키며 순응하는 사람이다. 그러면서도 왠지 불안하고 걱정이 많으며 열등감에 잘 빠진다. 스스로 의존적이기도 하지만 남들이 기댈 만한 사람이고 좋아할만한 사람이다. 이들은 수호형이며 충성가 타입이다.

　　6번 유형은 스스로 자신을 믿는 것이 중요하다. 왜냐하면 평소에는 자기 혼자서 무엇을 하려면 불안하기 때문이다. 규칙을 어기는 것이 싫고 일탈을 기피하는 만큼 정도에서 벗어나면 안 된다고 생각한다. 늘 안전이란 함정에 잘 빠진다. 이 말은 그들이 '안전 제일주의'에 잘 빠진다는 이야기다. 아버지나 아버지 같은 권위 있는 사람을 의지해야 안전하다고 생각해 온 버릇 때문이다.

6번 유형의 격정은 공포로 나타난다. 이들은 스트레스를 받거나 어떤 이유로든지 심리적 압박을 느끼면 두려움에 사로잡힌다. 어려서부터 또래 압력에 민감한 탓에 불안한 증세를 잘 보인다. 이런 심리 상태가 되면, 심리학이나 정신의학에서도 지적하는 바와 같이 비슷한 현상이 발생한다. 즉 스트레스, 불안, 공포, 우울인데, 이 네 가지는 사촌지간처럼 가까이 맞물려 나온다.

이처럼 6번 유형은 격정에 사로잡히면 3번 유형의 단점으로 퇴화하면서 드러내는 특징이 있다. 아무 때나 잘 나서고 엉뚱한 말도 잘하는 것이다. 이들은 베드로처럼 무슨 말을 해야 좋을지 모르면서도 나서서 말한다.

예수가 수난을 당하러 예루살렘에 올라가면서 "너희는 모두 나를 버릴 것이다"(마태복음 26:31)라고 말씀하셨을 때, 베드로가 예수에게 말한다. "모두가 걸려 넘어질지라도, 나는 그렇지 않을 것입니다"(마가복음 14:29). 그러나 예수는 그에게 말씀하셨다. "내가 진정으로 너에게 말한다. 오늘밤에 닭이 두 번 울기 전에, 네가 세 번 나를 모른다고 할 것이다"(마가복음 14:30). 그러나 베드로는 힘주어서 말했다. "내가 선생님과 함께 죽는 한이 있을지라도, 절대로 선생님을 모른다고 하지 않겠습니다"(마가복음 14:31).

이런 것이 바로 격정의 표출이다. 격정이 무엇이냐 하면, 바로 여기서 베드로가 드러낸 것처럼, 누구나 '절대로 안 하겠다'고 다짐하며 사는 것은 '절대로' 하게 되고, '절대로 하겠다'고 하는 것은 '절대로 안 하는 것'이다. 이는 이미 1번 유형 바울을 살필 때 확인한 바 있다. 즉, "나는 내가 원하는 선한 일은 하지 않고, 도리어 원하지 않는 악한 일은 합니다"(로마서 7:19)라는 표현에서다. 선익에 상관없이 하려는 것은 못하고, 안 하려는 것은 하게 하는 것이 걱정이다.

6번 유형뿐 아니라 누구라도 걱정에 사로잡히면 그 걱정의 꼭두각시가 된다. 그렇게 되면 우리는 스스로 무슨 말을 하는지도 무슨 짓을 하는지도 모른다. 그렇게 큰소리치던 베드로도 당장 겟세마네 동산에서 "마음이 괴로워 죽을 지경이"(마태복음 26:38) 된 예수가 '피 땀 흘려' 기도하는데도 쿨쿨 잠만 잤다.

곧 이어서 대제사장들과 백성의 장로들이 보낸 무리가 예수를 붙잡으러 왔을 때, 복음서에는 "예수와 함께 있던 사람들 가운데 한 사람이 손을 뻗쳐 자기 칼을 빼어, 대제사장의 종을 내리쳐서, 그 귀를 잘랐다"(마태복음 26:51)고 기록되어 있는데, 전설에 따르면 그가 베드로라 한다.

그때 말고도 베드로는 언제나 잘 나섰다. 물 위로 걷게 해 달라고 했다가 "무서움에 사로잡혀서, 물에 빠져 들어가게 되었다"(마태복음 14:30)든가, 부활하신 주님이 바닷가에 계신 모습을 보고 사랑받던 제자가 "저분은 주님이시다"(요한복음 21:7)라고 말하자 "벗었던 몸에다가 겉옷을 두르고 바다로 뛰어내렸다"(요한복음 21:7)든가 하는 일화도 전해 내려온다.

충성하는 베드로

에니어그램 6번 유형은 어려서부터 아버지의 사랑을 받고 자라서 아버지와 친하고, 아버지를 의지하며 살았기 때문에 남을 의지하려는 속성이 있다. 아버지나 아버지 같은 권위 있는 인물에게 의존하려는 성향은 늘 안전을 지향한다. 이른바 '안전 제일주의자'가 된다.

아버지는 낮이면 밖으로 일하러 나가기 때문에, 6번 유형은 아버지가 곁에 없으면 불안을 느끼던 버릇이 커서도 잘 나타난다. 그래서 격정이 공포로 잘 표출된다. 그러나 6번 유형은 하나님을 의지하면 변화하면서 용기를 덕목으로 갖추게 된다. 또한 그들은 성실하고 전통에 충실하며 믿고 따르는 지도자들에게나 대의명분에 충성하게 된다.

베드로가 마음이 불안정하고 스트레스를 받을 때는 돌출 발언이나 돌출 행동을 하고 잘 나설 뿐 아니라 무슨 말을 해야 할지 모르면서도 말을 무작정 내뱉곤 했다. 그러나 6번 유형은 기본 성격이 버팀목이 되어 일단 예수를 그리스도로 믿은 다음에는 그분에 대한 충성심이 커지게 된다. 더욱이 그들이 그리스도 고백을 했을 때에는 "하늘 나라의 열쇠"(마태복음 16:19)를 받게 되면서, 6번 유형에게 가장 힘이 되는 권위와 안전, 아울러 소속감을 확보할 수 있다.

베드로는 이런 상황에서 아직 격정을 붙들고 이겨 낸 것은 아니었지만 주님을 향한 충성심은 더욱 커진 상태였다. 예수가 열두 제자 중에서도 베드로, 요한, 야고보는 중요한 자리마다 동행하게 할 만큼 신뢰해 주는 것이 무엇보다도 베드로에게 힘과 용기를 더해 주었다. 그렇기 때문에 이는 성숙을 향해 이행하는 과정으로 베드로는 실수와 실언을 자주 하기는 하지만 주님을 향한 충성심이 일관되게 지속되는 모습을 보인다.

베드로가 변화 산 위에서 "초막을 셋"(마태복음 17:4) 짓겠다고 한 일이나, 겟세마네 동산에서 "대제사장의 종을 내리"(마태복음 26:51)친 일이나, 비록 예수를 세 번이나 모른다고 부인하면서도 예수가 끌려가서 재판받는 현장에 찾아간 일은 이 모두가 아직 생각은 모자라고 지성과 감성 사이의 균형과 조화가 이루어지지 않으며 격정을 벗어나지는 못했어도 주님을 향한 충성심의 발로라 하겠다.

부활 주일 새벽에 빈 무덤으로 제일 먼저 달려간 시림은 베느로

다. 「요한복음」이 전하는 바에 의하면, "(사랑받던) 다른 제자가 베드로보다 빨리 뛰어서, 먼저 무덤에 이르렀다. 그런데 그는 몸을 굽혀서 고운 베가 놓여 있는 것을 보았으나, 안으로 들어가지는 않았다. 시몬 베드로도 그를 뒤따라 왔다. 그가 무덤 안으로 들어가 보니"(요한복음 20:4~6)라고 기록되어 있다. 결국 빈 무덤 안으로 제일 먼저 들어간 사람도 베드로였다.

수난당하기 전에 예수가 제자들의 발을 씻기던 장면이 떠오른다. 충성스러운 베드로는 여기서도 펄쩍 뛰었다. "아닙니다. 내 발은 절대로 씻기지 못하십니다"(요한복음 13:8). 예수가 대답했다. "내가 너를 씻기지 아니하면, 너는 나와 상관이 없다"(요한복음 13:8). 그러자 시몬 베드로는 "주님, 내 발뿐만이 아니라, 손과 머리까지도 씻겨 주십시오"(요한복음 13:9)라고 말했다.

6번 유형의 기본적인 공포가 '버림받을까 봐 두려워하는 것'임을 감안해 보면, 충성을 다하고자 하는 그가 "너는 나와 상관이 없다"는 주님의 말을 들었을 때 그 충격이 얼마나 컸을까는 짐작하고도 남는다. 이런 경험이 6번 유형인 베드로가 권위에 대한 말씀을 남기게 한 까닭이 아닐까 생각한다. "여러분은 인간이 세운 모든 제도에 주님을 위하여 복종하십시오"(베드로전서 2:13). 이는 주님에게 충성하는 베드로의 권면임을 유의할 필요가 있다.

언제나 든든한 베드로

영성 수련의 과정을 '야곱의 사다리'에 비유하는 데는 그만 한 이유가 있다. 야곱의 사다리는 '오르락내리락'하는 이미지가 먼저 눈에 띈다. 이는 에니어그램을 '영속적 운동성'으로 이해하는 것과 맥을 같이한다. 사람은 끊임없이 변한다. 그런 만큼 올라갈 때도 있고 내려갈 때도 있다. 인성의 변화 과정도 통합의 방향, 즉 해피 포인트로 이어질 때도 있고, 반대로 비통합(퇴화)의 방향, 즉 스트레스 포인트로 옮겨 갈 때도 있다.

베드로의 삶을 관찰해도 이런 양면성과 두 방향으로의 움직임이 변화 과정에 나타난다. 한 사람의 행동과 삶을 오랫동안 예리하게 관찰하면 그 개인에게 명백히 나타나는 것들이 있다. 그것을 스스로 분명히 확인했을 때, 그것이 그의 전 존재에 각인된다. 그리고 그때부터 자기 격정을 다루는 지혜가 생기는 법이다.

베드로는 예수가 제자를 불러 모으는 과정에서 처음 제자로 부름을 받았고, 끝까지 떠나지 않고 남았으며, 나중에 순교할 만큼 끝까지 충성한 사람이다. 그는 숱한 실수와 잘못을 저질렀음에도 끝까지 충성하는 모습이 두드러졌다. 그래서 그는 제도와 질서를 수호하고 교회를 지키며 그리스도의 가르침에 순응하고 복음을 수호하며 주님에게 충성한 사람들의 대표가 되었다.

베드로의 삶을 보면서, 우리는 격정을 부정적으로 나쁘게만 볼 것이 아니라는 점을 다시 한 번 확인한다. 격정을 똑바로 관찰하고 잘 다루면, 거기에서 엄청난 힘이 나온다. 베드로는 이러나저러나 충성한 사람이다. 자기 확신을 하지 못한 상태에서 남에게 의존하려는 마음이 앞설 때에는 불안하거나 허둥대기도 했다. 그래서 할 말과 안 할 말을 구별하지 못하고, 때로는 비굴한 모습도 드러냈다. 그러나 부활하신 주님을 만난 다음 자신에 대한 주님의 신뢰를 확인하고 자신의 소명을 확인하면서 자신의 존재 이유와 삶의 목적을 깨달았을 때, 베드로는 단연 으뜸가는 제자로서 의연한 모습을 드러내고, 예수님 다음 가는 지도력을 발휘하기에 이른다.

오로지 부활하신 주님에 대한 믿음과 신뢰를 확립했을 때, 그는 내면의 불안과 양가적 상태를 이겨 내고, 주님만 의지하는 데서 오는 용기가 탁월하게 나타난다. 우리는 부활하신 주님이 베드로에게 세 번씩이나 "네가 나를 사랑하느냐?"(요한복음 21:15~17)라고 물으며 확인하고, "내 어린 양 떼를 먹여라"(요한복음 21:15) 하고 당부하는 장면에서 통합의 과정으로 이행하며, 가장 건강한 상태로 변화하는 에니어그램 6번 유형의 전형을 본다.

후일에 누가는 「사도행전」을 기록하면서 1~12장까지 전반부에 중심인물로 베드로를 내세운다. 우리는 걱정을 이겨 낸 건강한 6번 유형의 담대하고도 용감한 모습을 유명한 베드로의 오순절 설교(사도행전 2:14~36)와 산헤드린 최고회의 법정의 변론에서 확인한다. 예수의 이름으로 말하지 말라는 엄중 경고를 받은 베드로가 요한과 함께 말한다. "하나님의 말씀을 듣는 것보다, 당신들의 말을 듣는 것이, 하나님 보시기에 옳은 일인가를 판단해 보십시오. 우리는 보고 들은 것을 말하지 않을 수 없습니다."(사도행전 4:19~20). 으뜸가는 제자의 믿음과 지혜, 순교자의 용기가 나타나는 데서 우리는 건강한 6번 유형인 베드로의 모습을 본다.

6번 유형

용감한 충성가

아버지와 친하게 지내며 아버지를 잘 따르고 의지하는 6번 유형은 착하고 성실하게 사는 습관을 지닌 사람이다. 주어진 틀 안에서 살려는 성향 때문에 질서를 어기거나 자신의 행동이 어긋날까 봐 걱정이 많고 겁이 많다. 그러나 아버지를 믿듯이, 하나님을 믿거나 절대자를 의지하면, 누구보다 용감해진다. 그야말로 용감한 충성가가 된다. 그러나 이렇게 되려면 노력도 필요하고 무엇보다 믿음이 필요하다.

6번 유형은 아버지를 좋아하고 의지하며 아버지의 권위에 맞춰서 살았다. 성장 과정에서도 아버지는 보호자로서 든든한 버팀목이 되고 배경이 되어 주었다. 이들에게는 아버지에게 인정받고 용납받는 것이 중요한데, 그러지 못하면 어떡하나 걱정하던 버릇이 공포의 걱정으로 이어졌음을 우리는 인식할 필요가 있다. 이들은 일을 잘해 놓고도 아버지처럼 권위 있는 사람에게 '잘했다'는 인정을 받기 전에는 불안해하는 성향이 있다. 그러나 이들이 자기 자신에 대한 믿음과 아버지에 대한 믿음, 나아가 하나님에 대한 믿음을 가질 때 걱정과 공포는 사라지고 용감해진다.

이삭은 믿음의 조상 가운데 한 사람으로서 충성가형이다. 착하고 성실하게 살면서 아버지로부터 물려받은 믿음의 전승을 수호할 뿐 아니라, 고향을 떠나지 않고 수호하는 자세로 일관한다. 특출한 사건은 없었어도 평생토록 전통을 지키며 충실하게 산 표본이다. 유대 카발라(Kaballah) 영성에서는 전통과 혁신의 균형을 중시한다. 이삭은 계승과 수호의 상징이라 할 인물이다. 그는 고향을 떠나 끝없는 순례의 길을 걸었던 아브라함과 대조를 이루다 이삭은 평생토록 가니안을 떠난 일이 없는 유일한 믿음의 조상이다. 어느 공동체나 그 안에서 이토록 전통을 고수하며 수호하는 사람이 있다. 그런 사람들은 보수적인 성향이 강하게 나타난다. 이들은 자기 스스로 수호자 성향을 지니더라도 내면에서는 끊임없이 혁신하려는 노력을 기울이며 '항상 갱신'하려는 자세가 필요하다.

여호수아는 그 유명한 영도자 모세의 보좌관 노릇을 오랫동안 한 만큼 충성가의 상징이다. 그는 강한 개혁가 리더를 보좌하면서 단련된 데다 모세의 영도력을 전수받았을 뿐 아니라, 더 나아가 하나님을 의지하며 용감해지기까지 했다. 그 결과 그는 용기와 충성이 배합된 리더십을 발휘해 마침내 꿈에 그리던 약속의 땅에 들어가는 위업을 이룬다. 충성과 용기를 갖춘 여호수아도 내면에는 평생 동안 공포의 격정을 지니고 살았다. 모세가 살아 있는 동안에는 그의 권위에 맞추면서 그를 의지하고 보필했으며, 그에게 인정받기 전에는 불안해하는 모습을 보이기도 했다. 그러나 모세가 죽은 뒤 최고 지도자가 된 여호수아는 다른 누구도 의지하지 않고 하나님만 의지하면서 더할 수 없이 용감해진다. 모세가 살아 있을 때도 여호수아가 그토록 하나님만 의지하면서 용기를 가지고 모세에게 충성했다면 그보다 더 아름다울 수는 없었으리라.

열두 제자 가운데서 으뜸이요, 교회의 수장이 된 베드로는 6번 유형 중에서도 독특하다. 흔한 겁먹은 6번 유형이라기보다 흔하지 않은 겁주는 6번 유형이기 때문이다. 그래서 덕목을 살리기 이전에는 때때로 불쑥불쑥 나서며 돌출 발언, 돌출 행동을 하곤 했다. 그러나 오순절에 성령의 능력으로 부활 신앙을 확고히 하면서부터는 공포의 격정을 다스리며 용기의 덕목을 살리게 된다. 그럼으로써 그는 용감한 리더십을 발휘했을 뿐 아니라 최고의 충성을 바치는 순교자가 되었다. 예수의 열두 제자 가운데 으뜸가는 제자요, 로마 가톨릭 교회에서는 초대 교황으로 모시는 사도 베드로는 이름 그대로 '반석'이다. 그는 하나님에 대한 충성으로 박해 상황에서도 교회를 수호하며 지킨 순교자다.

그러나 위기 상황이나 갈등 상황에서는 6번 유형 특유의 염려와 공포 때문에 우유부단한 모습을 보인 일도 있다. 이는 보통 사람에게만 그런 일이 생기는 것이 아님을 보여 준다. 제아무리 용감한 사람도 공포를 느낀다. 지도자도 공포를 느끼는 것이 당연하지만, 우리는 다른 사람들이 공포를 이기고 넘어서서 전진하도록 돕는 것이 지도자의 책임이라고 말한 넬슨 만델라의 말을 곱씹어야 한다. 우리는 스스로 공포를 이겨 내고 끝내 십자가에 거꾸로 매달려 순교한 베드로에게서 용기가 승화되는 진실의 순간을 본다.

6번 유형은 소심해서 걱정하고 불안해하고 겁먹던 마음에서 벗어나, 공포의 격정을 다스리며 절대자를 믿고 의지하는 마음으로 용기의 덕목을 살리기만 하면, 탁월한 리더십을 보여 준다. 용기와 충실함이 배합된 인격은 안정감이 있으며, 공적인 영역에서는 용감한 충성심이 발휘되므로 순국과 순교의 경지에 이른다. 따라서 그들은 누구나 존경하고 사랑하는 인물이 될 수밖에 없다. 본디 호인 타입인 6번 유형은 성실성에 더해 용기를 지녀도 속으로는 불안감이 서려 있음을 부인할 수가 없다. 이들은 늘 자기 관찰과 자기 기억을 통해 스스로를 확인하고 자기 자신에 대한 신뢰와 적극적인 자세를 가짐으로써 용감하게 자기를 표현하며 능력을 발휘해야 한다. 그래야 그들은 포용력이 커지며 평화를 이루는 리더십을 갖추게 된다.

6번 유형은 남에게 과시하지 않으면서도 내면에 지닌 사랑과 충성심에서 우러나오는 헌신적인 노력으로 관계를 유지하거나 공동체에 이바지함으로써 스스로 행복하고 자유로워질 뿐 아니라 다른 사람들의 행복과 건강, 자유에도 이바지할 수 있다. 앞서 살핀 인물들을 생각하면서 6번 유형의 자기 관리와 위기관리에 대해 살펴보자.

6번 유형은 수호형으로서 충성가 기질이 강하다. 이들은 질서, 규칙, 명령을 잘 지키며 성실하게 산다. 일탈을 기피하며 충실하게 사는 것이 안전하다고 생각한다. 그러나 '안전 제일주의'라는 유혹을 받으며 살기 때문에 항상 조심스러울 뿐 아니라 우유부단한 면을 잘 드러낸다. 6번 유형은 누가 봐도 '호인' 타입으로 좋아할 만한 인상이라 편하게 느껴지지만 조금만 긴장해도 불안해 보인다.

이들은 남들이 강하게 혹은 또렷하게 말하는 것에 대한 거부감이 크기 때문에 자기는 부드럽게 말하려 한다. 그러나 긴장하면 목소리가 가라앉거나 발음이 불명확하기가 쉽다.

6번 유형은 어려서부터 '착한 아이 콤플렉스'가 있어 늘 성실하고 착하게 행동하려고 노력하는 반면, 잘못했을 때 버림받을 수 있다는 두려움 때문에 더 충실해야 한다는 강박관념이 형성된다. 리더가 되어서도 상황이 어려워지면 미래에 대한 불확실성 때문에 염려가 많아지고 불안감과 공포가 커질 수 있다. 이들은 공포의 격정에 사로잡히면 리더의 자리에서 버림받을까 봐 두려워하게 된다.

만 여섯 살을 전후해 아버지와의 긍정적인 관계에서 사랑을 받으며 자랐기 때문에 보호자로서 아버지가 든든한 배경이 된다. 그래서 아버지에게 의지하다가 나중에는 의존하게 된다. 어릴 때도 아버지가 밖에서 일하는 낮 시간에는 불안을 잘 느꼈다. 크면서도 아버지나 아버지 같은 권위 있는 인물을 좋아하고 의지하는 성향을 보인다.

그러나 6번 유형은 공포의 격정을 사로잡고 안전을 추구하기보다 하나님을 의지하는 방향으로 변환해 신심을 가지면 누구보다 용기가 커진다. 이들은 편안하고 충실하면서도 용기가 있으므로 모두가 믿고 따르는 리더가 된다.

충성가 기질이 강한 6번 유형은 위기 상황에서 스트레스가 심하면 지나친 염려와 공포에 사로잡혀 우유부단한 모습을 보일 수 있으나 남다른 신심과 충실함, 용기와 해결사적 능력으로 위기를 관리해야 한다.

7번 유형

맑은 정신의
열성가

압살롬
지도자 느헤미야
솔로몬

TYPE
7

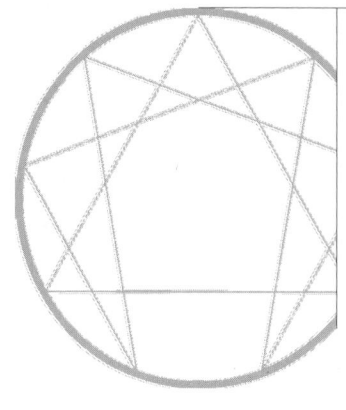

I
압살롬

나르시시스트 압살롬

압살롬의 이름은 미국 작가 윌리엄 포크너(William Falkner)의 소설 『압살롬, 압살롬!』으로도 잘 알려져 있다. 이는 다윗 왕의 아들로 태어나 아버지에게 반역하고, 자기 친누이동생을 성폭행한 이복형을 살해한 압살롬에 빗대어 쓴 소설이다.

제멋대로 살고 고집불통이며 변덕스럽고 비뚤어진 압살롬은 7번 유형의 다면성을 보여 준다. 쉽게 말해서 팔방미인이요, 만능선수라 일컫는 에니어그램 7번 유형은 워낙 어려서부터 에너지가 크기 때문에 별별 모습을 다 드러내는데, 압살롬도 그러하다. '카멜레온'이란 별명을 듣는 3번 유형과 이런 면에서 혼동을 불러일으킬 요소가 충분하다.

심리학자나 정신의학자 사이에서도 3번 유형의 성향과 7번 유형의 성향 가운데 어느 쪽이 나르시시즘에 더 가까운가는 논쟁거리가 된다. 그러나 에니어그램으로 분석하면 3번 유형 가운데 나르시시스트가 더 많다고 할 수 있다. 그러나 7번 유형 중에서도 3번 유형과 우열을 가리기가 힘들 만큼 강한 나르시시스트가 있다. 압살롬이 바로 그런 유형이다.

3번 유형과 7번 유형의 유아기 기원을 보면 양쪽 다 어머니와의 관계에서 성격이 형성됐다. 3번 유형은 어머니에게서 애정을 경험했고, 어머니와 긍정적이고 친밀한 관계를 맺는다. 그들은 어머니가 '우리 아이가 제일이라'고 하면서 키웠기 때문에 나르시시즘이 강하다.

그렇다면 7번 유형 중에서도 나르시시스트가 많은 까닭은 어떻게 이해할 수 있을까? 7번 유형의 유아기 기원은 어머니에게 부정적이다. 어머니가 폭력적이거나 학대적이어서 부정적 경험을 한 7번 유형은 나르시시즘이 강할 수 없다. 그러나 어머니의 사랑을 많이 받아서 나르시시즘은 강해졌는데, 어머니가 애정 과잉이라 과보호나 간섭하는 성향이 있으면, 그것 때문에 3번 유형이 되려다가 7번 유형으로 바뀌게 된다.

압살롬의 경우가 여기에 해당된다고 볼 수 있다. 왕자나 공주 중에는 3번 유형이 많고, 그다음으로 7번 유형이 많은 것을 참고할 수 있다. 압살롬의 아버지는 다윗 왕이요, 어머니는 그술 왕 달매의 딸로서 공주인 마아가다. 어머니가 공주로 자란 탓에 스스로 아들을 사랑한다고 생각은 하면서도 정작 돌보고 양육하는 일은 아랫사람들에게 맡기면, 그 아들은 왕자로 떠받들어지면서 자라 나르시시즘은 커지지만 어머니와의 관계는 소극적이거나 부정적인 상태에 머무르게 된다. 대체로 7번 유형이 3번 유형보다 조금 못 미치거나 헷갈릴 정도로 나르시시스트가 되는 경우는 압살롬의 경우와 비슷한 것으로 보아 틀림없다.

게다가 압살롬은 인물이 출중했다. 어려서는 예쁘다가도 커서는 인물이 그리 잘생겼다는 말을 못 듣는 경우가 흔히 있다. 그런데 압살롬은 성장한 다음에도 "온 이스라엘에, 압살롬처럼, 머리끝에서 발끝까지 흠 잡을 데가 하나도 없는 미남은 없다고, 칭찬이 자자하였다"(사무엘하 14:25)고 기록되어 있다. 그는 뭐든지 마음대로 하고 싶어 하는 성격인 데다 왕자로 태어났으니, 고통스러운 것은 피하고 맛있는 것과 재미있고 즐거운 일만 쫓아다니며 푹 빠져드는 7번 유형으로 자랐다. 그야말로 부러울 것도 없고 거칠 것도 없으니, 빼어난 인물이겠다, 한껏 뽐내며 살았을 것이 눈에 선하다. 낙천적인 데다 신나게 살았던 왕자 압살롬은 원래 그 이름의 뜻이 '아버지는 평화'였으나, 아버지의 평화보다 자신의 평화와 행복에만 탐닉하며 산 것은 아니었을까 생각된다.

치밀한 음모자 압살롬

8번 날개를 지닌 7번 유형이 통합의 방향으로 움직이며 건강할 때는 깊이 생각하고 맑은 정신으로 목표에 집중하며 큰 에너지를 쓰게 된다. 이들은 밝고 명랑한 데다 맑은 정신과 큰 에너지를 쓰니 창의성은 더할 수 없이 높은 상태에 이른다. 기라성 같은 인물들이 그런 힘으로 살았다. 사상가이면서 육상 10종 경기 챔피언이었던 고대 철학자 플라톤 같은 인물을 떠올릴 수 있다.

그러나 그들이 스트레스를 받으며 격정에 사로잡혀 비통합의 방향, 즉 스트레스 포인트로 가면 어딘가에 빠져들고 탐닉하며 격한 감정이나 분노를 드러내면서 공격적으로 된다. 게다가 깊이 생각하려고는 하는데 스트레스 때문에 반(反)격정(antipassion)에 사로잡히면, 맑은 정신으로 깊이 생각하는 것이 아니라 부정적인 시각으로 음모를 꾸미게 된다. 압살롬에게서 나타나는 치밀한 음모가 이를 예증한다.

"압살롬에게는 아직 결혼하지 않은 아름다운 누이가 있는데, 이름은 다말이었다"(사무엘하 13:1). 압살롬의 이복형 암논은 "다말을 사랑하였으나, 처녀이므로 어찌할 수 없는 줄을 알고, 병이 나고 말았다"(사무엘하 13:2). 옆에서 지켜보던 교활한 친구 요나답이 꾀를 내어 다말이 부왕의 허락을 받아 암논을 찾아오게 한다. 그리고 암논은 먹을 것을 만들어 준 다말에게 "억지로 욕을 보였다"(사무엘하 13:14). 그러고 나서 쫓아내며 더할 수 없는 수치심까지 안겨 줬다.

이 사실을 압살롬이 알게 되었다. 불같이 화를 낼 법도 한데, 압살롬은 그러지 않고 이때 치밀하게 음모를 꾸민다. 다말에게는 "암논도 네 오라비이니, 지금은 아무 말도 입 밖에 내지 말아라. 이 일로 너무 근심하지 말아라"(사무엘하 13:20) 하고 말한다. 음모자의 궁리가 묻어나는 말이다. 그는 이후 사태의 추이를 지켜볼 참이다.

"다윗 왕은 이 이야기를 모두 듣고서, 몹시 분개하였다"(사무엘하 13:21). 그러나 아무런 조치가 뒤따르지 않았다. "압살롬은 암논이 누이 다말에게 욕을 보인 일로 그가 미웠으므로 암논에게 옳다거나 그르다는 말을 전혀 하지 않았다"(사무엘하 13:22). 아무런 내색을 하지 않았지만 음모자의 가슴속에는 증오와 분노가 끓었을 것이며, 아무 조치도 하지 않는 부왕에게까지 불만이 끓어올랐을 것이다.

아무 일이 없었다는 듯이 두 해가 지났다. 마침내 압살롬은 양털을 깎는 축제에 부왕을 초청한다. 다윗 왕이 잔치에 참석하지 않겠다 하니, 그는 그 기회를 이용해 암논을 보내 달라고 청하고 허락을 받아 낸다. 암논과 다른 왕자들이 모두 잔치에 참여했는데, "암논이 술을 마시고 기분이 좋아질 때"(사무엘하 13:28)를 기다렸다가 압살롬의 부하들이 암논을 살해했다.

음모는 더욱 발전한다. 압살롬은 부왕이 두려워 외가로 피신해 3년을 지낸다. 그동안 충격도 분노도 가라앉은 다윗 왕은 "오히려 압살롬을 보고 싶어 하는 마음이 점점 간절해졌다"(사무엘하 13:39). 그 마음을 알고 군사령관 요압이 꾀를 내어 다윗의 마음을 돌리도록 일을 꾸민다. 드디어 다윗과 압살롬이 화해한다. "압살롬이 왕에게 나아가서 왕 앞에서 얼굴이 땅에 닿도록 절을 하자, 왕이 압살롬에게 입을 맞추었다"(사무엘하 14:33).

그러나 이런 화해의 자리가 음모자에게는 재회의 기회일 뿐이었다. 압살롬은 곧바로 힘을 모으기 시작한다. "그 뒤에 압살롬은 자기가 탈 수레와 말 여러 필을 마련하고, 호위병도 쉰 명이나 거느렸다"(사무엘하 15:1). 압살롬은 성문으로 들어오는 길에 서서 "소송할 일이 있어서, 판결을 받으려고 왕을 찾아오는 사람이 있으면"(사무엘하 15:2) 그들의 환심을 사면서 세를 불린다. 또한 "누가 나를 이 나라의 재판관으로 세워 주기만 하면"(사무엘하 15:4) 자기가 잘할 것이라 말하기도 한다.

반역자 압살롬

경제심리학자 대니얼 카너먼(Daniel Kahneman)이나 사회심리학자 조너선 하이트(Jonathan Haidt) 같은 학자들의 말을 빌리면, 사람들은 흔히 생각이나 이성에 따라 행동하기보다 본능에 따라 행동하며, 생각이나 이성은 그 본능적 행동을 합리화하는 쪽으로 쓴다고 한다.

에니어그램 5번 유형, 6번 유형, 7번 유형은 한 범주로 말할 때 '머리 중심형' 또는 '사고형'이라 한다. 5번 유형은 생각을 너무 많이 하는 경향이 있고, 6번 유형은 생각이 단절된 것처럼 행동하기 쉽고, 7번 유형은 너무 생각을 안 하는 경향이 있다. 그러므로 7번 유형이 천천히 생각을 하며 맑은 정신과 창의성을 갖출 때는 건강하고 행복하며 통합이 이루어진 상태가 된다. 그러나 스트레스를 받고 비통합적인 상태에서는 본능에 따라 목표를 정하고 그것을 위해 음모는 꾸미지만, 방향 설정이 바르게 되어 있지 않은 탓에 아무리 치밀해도 그 음모는 파국으로 가기 십상이다.

압살롬의 음모가 반란으로 이어지는 과정이 그렇게 정해진 코스를 달린 듯싶다. 이복형 암논을 살해하고 그술로 피신해 세 해가 지난 뒤에 겨우 돌아온 압살롬은 부왕 다윗과 화해하자마자 곧 모반의 준비 단계로 접어들었다. 3년 동안 음모가 치밀하게 다듬어져, 귀환은 새로운 반역의 기회로 들어서는 길목이 됐다.

압살롬은 힘을 비축하고 백성들의 환심을 사며 민심의 지지 기반을 마련하느라 4년을 견디며 지낸다. 마침내 거사를 일으킬 때가 됐을 때, 압살롬이 왕에게 아뢰었다. "이 종이 시리아의 그술에 머물 때에, 주님께서 저를 다시 예루살렘으로 돌려 보내주기만 하시면, 제가 헤브론으로 가서 주님께 예배를 드리겠다고 서원을 하였습니다. 왕이 그에게 평안히 다녀오라고 허락하니, 압살롬은 곧바로 헤브론으로 내려갔다"(사무엘하 15:8~9). 다윗 왕이 전혀 낌새를 채지 못할 알리바이였다. 주님에게 예배를 드리러 가겠다고 하면서 자신의 출생지인 헤브론을 거사의 장소로 잡은 것이다. 왕의 허락은 받았다. "그러나 압살롬은 이스라엘의 모든 지파에게 첩자들을 보내서, 나팔 소리가 나거든 '압살롬이 헤브론에서 왕이 되었다!' 하고 외치라고 하였다"(사무엘하 15:10).

초청을 받아 예루살렘에서 이백 명이나 되는 손님이 헤브론으로 내려갔으나, 그들도 압살롬의 음모를 전혀 알아채지 못했다. 압살롬은 다윗의 참모이던 아히도벨을 헤브론으로 오도록 해서 자신을 정당화하는 계기로 삼는다. "이렇게 반란 세력이 점점 커지니, 압살롬을 따르는 백성도 점점 더 많아졌다"(사무엘하 15:12).

상황이 이렇게 전개되자 한 전령이 다윗 왕에게 "이스라엘 백성의 마음이 모두 압살롬에게로 기울어졌습니다"(사무엘하 15:13)라고 보고하기에 이른다. 그 이야기를 듣고 다윗은 사람들을 챙겨서 급히 예루살렘을 빠져나와 요단 강 쪽으로 도망쳤다. 압살롬이 꾸민 음모와 무모하게 일으킨 반란은 부왕 다윗을 황급히 도망가게 했다. 이는 압살롬이 정상적으로 왕위를 계승할 가능성이 없다고 판단한 결과에 따른 것이었으리라 생각된다.

7번 유형의 본능적 판단이 모험심으로 표출된 것이나 다름 아니다. 아직 솔로몬으로 세자 책봉을 하지는 않았으나, 다윗 왕의 마음이 어느 왕자에게 기울어져 있는지 아는 압살롬으로서는 자신의 전력까지 의식하고 보면, 반란 이외에는 기회가 없다고 생각할 수밖에 없었다. 백성들의 환심을 사려 했을 때부터 이미 결정은 나 있었다.

불효자 압살롬

압살롬이 암논을 살해하고 3년 동안 그술로 피신해 있는 동안 다윗 왕은 압살롬을 보고 싶어 하는 마음이 점점 간절해졌다. 그래서 압살롬이 주변의 도움을 받아 예루살렘으로 돌아왔을 때, 부왕 다윗과 진정한 화해가 이루어졌다면, 그야말로 전화위복의 기회가 됐을 것이다. 압살롬은 상처가 복이 되는 경험을 했을 것이다.

그러나 돌아오기 전에 자신의 잘못을 뉘우치며 회개하지 못한 압살롬의 마음속에는 미움과 원망, 불만이 가시지 않았던 모양이다. 그렇지 않고서야 돌아와서 화해한 뒤에 곧바로 반란을 일으킬 준비를 하지는 않았을 테니 말이다. 살인죄를 용서하며 화해하는 부왕에 대한 배신이자 불효 막급한 태도였다.

맏형 암논이 자기 누이동생을 욕보였다고 살해한 압살롬이다. 그런데 "온 이스라엘이 보는 앞에서, 압살롬이 자기 아버지의 후궁들과 동침하였다"(사무엘하 16:22). 이토록 패륜을 저지르는 불효자였다. 그것도 "부왕이 왕궁을 지키라고 남겨 둔 후궁들과 동침"(사무엘하 16:21)함으로써 "부왕에게 미움받을 일을 하였다는 소문을 온 이스라엘이 들으면, 임금님을 따르는 모든 사람이 힘을 낼 것입니다"(사무엘하 16:21)라고 하는 아히도벨의 말을 듣고 한 짓이었다.

모략가 아히도벨의 말을 따라 행동하며 인륜을 저버린 압살롬은 계속되는 모략적인 충고에 따라 다윗 왕을 뒤쫓아 가서 쳐 죽이자는 의견에 동의하는 데까지 간다. 그러나 노련한 다윗은 후새를 첩자로 보냈고, 압살롬은 그가 정면으로 전쟁을 하는 방향으로 세운 모략이 "아히도벨의 모략보다 더 좋다고 찬성하였다"(사무엘하 17:14). 그래서 양측의 군대가 맞서 싸우게 된다.

후새의 말대로 다윗과 그 신하들은 "용사들"이다(사무엘하 17:8). "다윗은 자기와 함께 있는 백성을 점검하여 보고, 그들 위에 천부장들과 백부장들을 세웠다"(사무엘하 18:1). 그는 모든 백성들을 세 무리로 나누어 각기 사령관에게 맡길 만큼 조직적이었다. 백전노장답다. 그런 만큼 전쟁에 임하면서도 "저 어린 압살롬을 너그럽게 대하여 달라고 모든 지휘관에게 부탁하는 말을 온 백성이 들었다"(사무엘하 18:5)고 할 정도로 자신감과 함께 반란을 일으킨 아들에게 측은한 마음을 나타낸다.

그런 것도 모르고 압살롬은 다윗의 군대와 에브라임 숲 속에서 싸움을 벌였다. 그날 수없이 많은 군인이 목숨을 잃고, 칼에 찔려서 죽었다. "압살롬이 어쩌다가 다윗의 부하들과 마주쳤다. 압살롬은 노새를 타고 있었는데, 그 노새가 큰 상수리나무의 울창한 가지 밑으로 달려갈 때에, 그의 머리채가 상수리나무에 휘감기는 바람에, 그는 공중에 매달리고, 그가 타고 가던 노새는 빠져나갔다"(사무엘하 18:9). "그는 머리 숱이 많아 무거워지면, 해마다 연말에 한 번 씩 머리를 깎았는데, 머리를 깎고 나서 그 머리카락을 달아 보면, 왕궁 저울로 이백 세겔이나 되었다"(사무엘하 14:26)고 하는데, 그런 그가 무모하게 울창한 나무 밑으로 들어갔다가 변을 당한 것이다. 결국 압살롬은 한때 자신과 아버지 다윗 왕 사이에 화해를 주선했던 요압 장군과 그의 부하들에게 죽임을 당한다. 반역과 골육상쟁을 일으킨 압살롬은 비극적 최후를 맞았다. 죄를 지어도 용서하고 화해하며, 전쟁을 할 수 밖에 없이 되었을 때도 측은지심을 지녔던 아버지 다윗에게 말할 수 없는 불효를 저질렀다. 그 어떤 잘못보다도 부왕에게 상처를 입힌 것은 압살롬의 죽음으로 인한 슬픔이었다.

　　다윗은 마음이 찢어질 듯이 아파서 외쳤다. "내 아들 압살롬아, 내 아들아, 내 아들 압살롬아, 너 대신에 차라리 내가 죽을 것을, 압살롬아, 내 아들아, 내 아들아!"(사무엘하 18:33). '부모는 산하에 묻고, 자식은 가슴에 묻는다'고 한 말처럼 압살롬은 다윗의 가슴에 묻히는 불효자가 됐다.

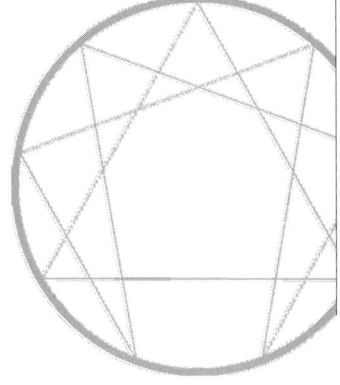

2

지도자 느헤미야

열정적인 느헤미야

열정이 많은 사람이라 하면, 에니어그램을 모르는 사람이라도, 대게 낭만적이고 낙천적이며 에너지가 넘치는 사람의 이미지를 떠올린다. 열정이 솟구쳐 나타나는 모습이 그런 것이기 때문이다. 에니어그램으로 보면 7번 유형의 속성이 이와 같다.

어떤 유형을 보더라도 카리스마나 재능 또는 잠재력을 오용하거나 남용할 때는 격정으로 나타나고, 선용할 때는 덕목으로 나타난다. 7번 유형은 넘치는 에너지로 행복을 추구하는데, 지나치면 7번 유형의 격정인 탐닉에 빠진다. 그래서 행복을 이루지 못하며 에너지를 낭비하거나 분산시켜서 뜻을 이루지 못한다. 특히 고통을 기피하려다 그리 되기 십상이다.

그러나 7번 유형이 깊이 생각하고 그들의 덕목인 맑은 정신으로 집중하면서, 자신의 고통이나 남의 고통도 피하는 데 그치는 것이 아니라 적극적으로 끌어안고, 이를 필요한 고난으로 받아들이며 나아가 자발적 고난으로 견디고 행복을 추구하면, 이들은 '창조에 동참'하는 자세로 살게 된다. 이때는 풍부한 상상력과 함께 창의성이 분출하며, 넘치는 에너지에 맑은 정신이 배합되니, 그 누구도 따르기 힘든 성취를 하기에 이른다.

성서에 나타난 수많은 기라성 같은 인물들 가운데 7번 유형인 느헤미야는 열정적인 지도자로서 역시 돋보이는 인물이다. 그는 하나님에 대한 열정과 동족에 대한 열정이 균형을 이룬 인물이라 하겠다. 하가랴의 아들 느헤미야는 포로로 끌려간 유대인의 후손으로서 페르시아의 아닥사스다(Artaxerxes) 황제에게 "술을 따르는 일을 맡았다"(느헤미야 2:1). 이는 총리대신에 해당되는 고위직이었다.

대제국의 황제에게 총애를 받던 대신의 자리에서 일신의 행복에 탐닉해 살 수도 있는 처지였다. 그러나 느헤미야는 달랐다. 동생 하나니와 그 일행에게서 사로잡혀 오지 않고 예루살렘에 남아 있는 동포들과 예루살렘의 형편을 듣고, 그들의 말할 수 없는 고생과 피폐해진 사정을 알게 됐을 때, 그는 "주저앉아서 울었다"(느헤미야 1:4). 그리고 "슬픔에 잠긴 채로 며칠 동안 금식하면서, 하늘의 하나님께 기도하여 아뢰었다"(느헤미야 1:4~5).

일반적인 상태에서 7번 유형은 자신의 고통은 물론 남이 고통당하는 이야기조차 피하려는 성향이 있다. 그들은 만족을 추구하기에 즐길 거리를 찾아 깊이 빠져들어 탐닉하며 고통을 잊으려 한다. 열정이 격정으로 작용하는 상황이다. 이는 흔히 먹고 마시고 놀고 즐기는 쪽으로 기울어진다.

그러나 느헤미야는 이와 대조적으로 자신의 행복을 뒤로한 채 동포들의 고생과 고국의 피폐한 상황을 알고는 그 고통을 피하기보다 적극적으로 끌어안고 대처하기 시작한다. 마음속에 지닌 열정이 사랑으로 나타나며, 고난을 극복하는 방향으로 창의적인 생각과 신앙이 맑은 정신과 배합된다. 느헤미야의 기도는 현대 신학에서도 높이 평가받을 만하다.

"주 하늘의 하나님, 위대하고 두려운 하나님, 주님을 사랑하는 이들과 세운 언약, 주님의 계명을 지키는 이들과 세운 언약을 지키시며 은혜를 베푸시는 하나님, 이제 이 종이 밤낮 주님 앞에서 주님의 종 이스라엘 자손을 위하여 드리는 이 기도에 귀를 기울이시고, 살펴 주십시오"(느헤미야 1:5~6).

압살롬은 이스라엘이 지은 죄를 고백하고, 모세를 통해 이룬 하나님의 언약을 상기시키며, 그들이 하나님이 구원하신 주님의 백성임을 확인한다. 그리고 진짜 모범이 되는 결단과 헌신의 기도를 드린다.

"주님, 종의 간구를 들어주십시오. 주님의 이름을 진심으로 두려워하는 주님의 종들의 간구에 귀를 기울여 주십시오. 이제 주님의 종이 하는 모든 일을 형통하게 하여 주시고 왕에게 자비를 입게 하여 주십시오"(느헤미야 1:11).

느헤미야는 하나님이 들어주실 만한 기도를 하고, 기도 내용을 비전과 목적으로 삼는다. 그는 그것을 이루어 나가는 일에 하나님이 개입하고 돕는 창조적인 역사에 동참하려는 맑은 정신과 결단으로 기도한다. 이는 하나님이 이루는 예루살렘 회복에 자신을 도구로 써 주시기를 바라며 올리는 헌신적인 기도의 열정이다.

싸우며 건설하는 지도자

한 가지 일을 하기도 힘겨운 사람이 있는가 하면, 여러 가지 일을 한꺼번에 하는 사람도 있다. 7번 유형은 동시나발적으로 활동하는

데 익숙하다. 에너지가 넘치기도 하거니와 관심의 폭 또한 남달리 크다. 이들이야말로 흔히 하는 말로 '아는 것이 많아, 먹고 싶은 것도 많다.' 뿐만 아니라 '오라는 데는 없어도 갈 데는 많다.' 7번 유형은 자유분방하며 모험적 성향이 강하다. 게다가 꿈도 잘 꾸고 계획도 잘 세운다. 도전 정신 또한 강하다. 문제는 집중력을 높여서 그 꿈을 실현하느냐 하는 여부에 달려 있다. 이들은 쉽게 싫증을 느끼며 무엇이든지 잘 바꾸기 때문이다.

느헤미야가 고국을 아끼고 동포를 사랑하는 마음이 지극했다 하더라도 페르시아 황제 밑에서 누리던 지위를 뒤로 하고 제국의 변방인 예루살렘에 가서 성벽을 쌓는 일에 나선다는 것은 간단한 일이 아니었다. 그러나 그는 열정에 모험심이 더해질 때 누구도 따르기 힘든 결단력으로 투신한다.

아닥사스다 황제는 윤허와 함께 예루살렘에 이르는 지역의 모든 방백들(pashas)과 왕의 숲을 관리하는 아삽(asaph)에게 친서를 내려 느헤미야를 지원한다. 왕은 그에게 장교들과 기병대를 딸려 보내어 함께 가도록 했다. 한편 "어떤 사람이 이스라엘 자손의 형편을 좋게 하려고 오고 있다는 것을 알고서, 몹시 근심하였다고 한다"(느헤미야 2:10). "호론 사람 산발랏과 종노릇 하던 암몬사람 도비야"(느헤미야 2:10) 같은 반대파 사람들이었다.

우리는 여기에서 그런 상황에 맞춰서 움직이는 느헤미야의 용의주도함을 읽을 수 있다. 그는 "예루살렘에 이르러, 거기에서 사흘 동안 쉬고 나서, 밤에 수행원을 몇 명 데리고 순찰을 나섰다"(느헤미야 2:11~12). 은밀한 움직임을 엿볼 수 있는 그의 고백이 있다. "하나님이 나의 마음을 움직이셔서 예루살렘에서 일하도록 하신 것을, 나는 그 때까지 어느 누구에게도 말하지 아니하였다"(느헤미야 2:12).

느헤미야는 아무에게도 미리 말하지 않고 밤사이에 "계곡을 따라 올라가면서, 성벽을 둘러보고, 다시 '골짜기 문'을 지나 되돌아왔다"(느헤미야 2:15). 이렇게 돌아보고 난 다음에, 그는 비로소 관리들에게 말했다. "예루살렘은 폐허가 되고, 성문들은 불탔습니다. 이제 예루살렘 성벽을 다시 쌓읍시다. 남에게 이런 수모를 받는 일이 다시는 없어야 할 것입니다"(느헤미야 2:17).

성벽이 허물어지고 성문이 불탄 피폐한 상태에서 세월만 보내던 예루살렘의 제사장들과 귀족들, 관리들에게 재건을 시작하자고 설득하는 느헤미야의 모습에서 우리는 열정을 엿볼 수 있다. 이런 움직임이 알려지자 반대자들인 산발랏과 도비야, 아랍 사람 게셈이 와서 "왕에게 반역이라도 하겠다는 것이요?"(느헤미야 2:19)라고 따지며 업신여기고 비웃기까지 했다.

그러나 느헤미야는 "하늘의 하나님이 우리를 위하여 이 일을 꼭 이루어 주실 것이오. 성벽을 다시 쌓는 일은 그분의 종인 우리가 해야 할 일이오. 예루살렘에서는 당신들이 차지할 몫이 없소. 주장할 권리도 기억할 만한 전통도 없소"(느헤미야 2:19)라고 결연한 의지로 천명한다.

성을 쌓는 일을 계속하자 산발랏과 그의 동료들, 그리고 사마리아 군인들이 방해하기 시작한다. 그때까지 좋은 지도자가 없었던 유대인들이 두려워하자, 느헤미야는 "귀족들과 관리들과 그 밖의 백성들을 격려하였다"(느헤미야 2:14).

그날부터 느헤미야가 "데리고 있는 젊은이 가운데서 반은 일을 하고, 나머지 반은 창과 방패와 활과 갑옷으로 무장을 하였다. 관리들은 성벽을 쌓고 있는 유다 백성 뒤에 진을 쳤다. 짐을 나르는 이들은, 한 손으로는 짐을 나르고, 다른 한 손으로는 무기를 잡았다"(느헤미야 2:16~17). 이는 '싸우면서 건설하는 지도자' 느헤미야의 용기와 결단이 배합되어 연출된 장면이다.

창의적인 지도자 느헤미야

'꿈은 혼자 꾸면 꿈이고, 여럿이 꾸면 현실이다'라는 말이 있다. 누군가에게서 나오는 창의력이 여럿에게 공감을 불러일으키고 이를 함께 공유하게 되면, 그 꿈은 비전이 되고, 그 비전은 실현된다. 에니어그램 7번 유형은 평소에도 어떤 일에서나 다른 사람들을 함께 움직이게 하는 힘이 있다. 창의성이 나타나면 그 힘은 더 커진다.

어려서부터 상상력이 풍부하고 꿈을 잘 꾸던 7번 유형이 그 꿈에 창의력을 더하면 비전으로 발전한다. 이들은 아는 것이 많아서 지식과 정보에 큰 에너지를 더하면 계획을 실현할 수 있다.

느헤미야는 고국에 대한 정보를 바탕으로 예루살렘 재건을 꿈꾼다. 수사에서 시작된 꿈은 귀환하는 먼 여정에서 비전으로 발전한다. 마침내 귀환 후에는 현지답사를 하고 실행 계획을 세우며 성벽과 성전 수축을 포함한 예루살렘 재건 사업을 추진한다. 이 모든 과정에서 느헤미야의 창의성이 번득인다. 그는 수사와 왕의 윤허를 받는 일에서 성벽을 쌓는 사람들을 관리하고 독려하는 일에 이르기까지 남들이 생각하지 못하는 면까지 살피며 관리한다.

느헤미야는 주변의 숱한 방해와 난관에 부딪혀도 고난과 고통을 수동적으로 견디거나 적응하며 생존하는 방식이 아니라 능동적으로 돌파하고 개선하며 전진하는 방식을 취한다. 이는 도전 정신과 창의력이 뒷받침되지 않고서는 불가능한 일이다. 피폐해진 상황에서 좌절과 절망에 빠진 사람들은 더 나은 삶을 원하긴 하면서도 타성에 젖은 삶에서 탈출하지 못한다. 그들은 새로운 상황이 전개될 때마다 불평불만을 드러낸다. 느헤미야는 그들의 고충을 창의적으로 처리하며 지도자의 면모를 새롭게 보여 준다.

고통받는 민중들에게 신뢰받는 지도자는 고통 분담에 탁월하다. 여기에는 지도자의 창의성과 용기를 바탕으로 한 결단이 필요한 법이다. 느헤미야는 민중들의 "울부짖음과 탄식을 듣고"(느헤미야 5:6) 의분을 느낀다. "그들이 울부짖는 내용을 신중하게 살핀 다음에, 귀족들과 관리들에게 어찌하여 같은 겨레끼리 돈놀이를 하느냐고 호되게 나무랐다"(느헤미야 5:7).

이 문제를 다루는 과정에서 느헤미야의 창의성이 나타난다. 지도층의 반발과 음해를 차단하면서 개혁을 성공시키기 위해 그는 즉시 대회를 소집하고 백성들 앞에서 귀족들과 관리들이 따를 수밖에 없도록 말한다. 도탄에 빠진 "백성에게서 이자 받는 것을 그만"(느헤미야 5:10)두고, 지금 "받는 비싼 이자도, 당장 돌려주"(느헤미야 5:11)며, "자기들이 약속한 것을 서약하"(느헤미야 5:12)자는 내용이었다.

느헤미야는 그 끝에 자신의 주머니를 털어 보이면서 말한다. "이 서약을 지키지 않는 사람은, 하나님이 그 집과 재산을 이렇게 다 털어 버리실 것입니다"(느헤미야 5:12). 그러자 "거기에 모인 모든 사람이 '아멘!' 하며 주님을 찬양하였다"(느헤미야 5:13). 느헤미야는 상상하기 어려운 개혁을 마무리하고자 스스로 총독으로서 녹을 받지 않기로 결단하기에 이른다.

평소에 신실하게 살며 민중 친화적인 삶을 살던 지도자도 권력자가 되면 민중들로부터 고립되거나 멀어지기 쉬운 법이다. 오만과 탐욕에서 자유롭기가 그리 쉬운 일은 아니기 때문이다. 그러나 용기와 창의성이 배합된 지도자 느헤미야는 귀족들과 관리들에게 개혁을 요구하는 만큼 자신에게도 이를 엄격하게 적용해 청렴성을 높인다.

스스로 '무임 봉사'를 실행하면서 누구라도 따를 수밖에 없는 고결한 지도력을 보인다. 그는 '노블레스 오블리주'를 창의적으로 실행한 지도자의 본보기다.

맑은 정신의 느헤미야

개혁을 단행하면서 느헤미야가 올리는 기도 속에는 그의 정신과 영성이 깊게 배어 있다. "나의 하나님, 내가 이 백성을 위하여 하는 모든 일을 기억하시고, 은혜를 베풀어 주십시오"(느헤미야 5:19). 이는 하나님에게 인정받는 일을 하겠다는 느헤미야의 맑은 정신과 깊은 영성이 묻어나는 기도라 하겠다. 그는 사람들을 의식하고 인기에 영합하거나 자만과 허영에 빠지는 것과는 거리가 있었다. 우리는 그에게 스트레스도 자기과시도 이겨 내는 절제의 힘이 있음을 본다.

열정이 많고 낙천가이며 다재다능한 7번 유형은 넘치는 에너지까지 겸비했으나 탐닉하고 몰두하다가 쉽게 싫증을 느끼고 방향을 바꾸는 약점이 있다. 그러나 느헤미야처럼 맑은 정신으로 비전과 목표에 집중하면 누구도 따르기 어려운 경지에 이른다. 7번 유형이 맑은 정신(sobriety)을 살리는 경지에 이르면 그들은 중용과 절제의 미덕을 한껏 살리게 된다.

무릇 격정이란 열정과 에너지의 오용이나 남용에서 비롯되어 작동한다. 그러므로 열정을 맑은 정신으로 절제하면 창조적 열정과 에너지로 분출되기 마련이다. 이는 느헤미야에게서 나타나는 높은 수준의 지도력의 진면목이다. 카발라 영성의 핵심 요소인 전통과 혁신의 조화가 빚어내는 창의성과 맑은 정신을 지닌 느헤미야는 하나님에 대한 사랑과 사람을 행복하게 하려는 마음을 하나로 알고 살았던 것 같다.

오늘날 지성과 영성의 조화를 말하는 것도, 분별력과 결단력의 배합을 찾는 것도 따지고 보면 절제와 중용을 갖추기 위함이라 할 수 있다. 모름지기 에니어그램 영성 수련의 목적도 여기에 있다.

고통받는 민중들의 삶과 고난의 한가운데로 들어선 느헤미야가 그들을 긍휼히 여기는 마음은 신앙과 기도의 구체적 표현이나 다름 아니다. 그는 스스로 지도력의 패러다임을 세우면서 동시에 지도력을 공유하려고 각 분야의 지도자들을 세운다. 이는 권위주의적인 (authoitarian) 지도자가 아닌 권위 있는(authoritative) 지도자의 모습이다. 끊임없이 개혁하며 더 나은 삶을 향해 꿈을 실현해 나가는 느헤미야는 현실을 직시하며 3차로 귀환한 사람들을 가족별로 등록시킨다. 그는 통계가 통치와 정책 수립의 기초인 것을 잘 알고 있었다. 이는 대제국 총리로서의 경험을 십분 살리면서도 지나침이 없는 지도력의 소산이다. 사회현상과 신앙생활의 현황을 파악한 느헤미야는 제도 개혁에서 생활 개선에 이르는 정의를 실현한다.

맑은 정신의 지도자 느헤미야는 의식을 맑게 하고 깨어 있는 정신으로 집중하며 과단성 있게 전체를 새롭게 바꾼다. 그는 그 유명한 수문 앞 광장에서 대회를 열고, 백성들에게 율법을 읽어 주며, 학자 에스라로 하여금 이를 해설하며 가르치게 했다. 이렇게 초막절을 재발견하고 그 의미를 새롭게 심화함으로써 그는 친교 공동체를 새롭게 강화한다. 죄책 고백에서 친교 회복으로 이어지는 과정에서도 제도 개혁과 더불어 영성의 갱신과 회복을 도모한다.

무엇보다도 맑은 정신의 지도자로서 느헤미야가 드러낸 중용과 절제의 지도력은 전통과 혁신의 조화로 나타났다. 그 상징적인 일이 바로 초막절의 재발견이다. 그는 역사와 전통을 재발견함으로써 고난에 동참하는 공동체를 회복시켰다. 말씀의 나눔을 사상의 나눔으로 발전시켰다. 절망을 희망으로 옮기는 변화를 일으켰다.

그야말로 개인의 변화를 넘어 사회와 역사의 변화를 일으킨 느헤미야는 "이 모든 것을 돌이켜 본 뒤에, 우리는 언약을 굳게 세우고, 그것을 글로 적었으며, 지도자들과 레위 사람들과 제사장들이 그 위에 서명"(느헤미야 9:38)하게 했다. 그는 스스로 결단할 뿐 아니라 모든 지도층이 함께 서명하도록 함으로써 공동체 결의로 언약을 세웠다.

3
솔로몬

만물박사 솔로몬

　에니어그램 7번 유형은 어려서부터 활기차고 말을 잘하며 재미있고 잘 놀고 상상력도 풍부하다. 꿈도 많고 생각도 많아서 하고 싶은 일도 많다. 이들은 예부터 어른들의 표현으로 '아는 것이 많아서, 먹고 싶은 것도 많다'든가, '오라는 데는 없어도 갈 데는 많다'든가, '펼치기는 잘하는데 마무리를 잘 못한다'든가 하는 사람들이다.

　7번 유형은 어린 시절부터 꿈이 많고 상상을 잘하며 활기차다 보니까, 이상주의적이며 열광적이다. 이들은 식도락가나 엔터테이너 기질이 강하다. 그래서 어떤 유형보다도 별칭이 많다. 만능선수, 팔방미인, 만물박사, 식도락가 또는 미식가, 엔터테이너, 쾌락주의자, 호사가 등등. 식도락가는 마음이 편안할 때는 미식가지만 스트레스를 받아 마음이 편치 않을 때는 대식가가 되기도 한다.

　이렇게 어려서부터 넘치는 에너지를 가누기 힘들 만큼 많이 지니고 살아가는 에니어그램 7번 유형은, 안팎의 고통은 피하고 만족을 추구하려다 보니까 늘 외향적 활동성이 강한 특징으로 나타난다. 이들은 아침에 눈뜨면 밤에 잠자리에 들 때까지 쉬지 않고 말하고 행동하며 뭔가를 해야 된다. 이것이 걷잡기 어려울 정도로 지나치게 되면 과잉 충동 장애를 보인다든가, 탐닉이 지나쳐서 중독 증세로 나타날 위험도 있다.

7번 유형은 너무 많은 것을 바라는 속성이 있는 데다 자기가 좋아하는 것에는 깊이 빠져드는 성격이기 때문에 격정이 탐닉으로 나타난다. 그래서 어떤 것이든지 한번 손을 대면 깊이 빠져들어 그 방면의 전문가 뺨칠 만큼 잘 알고 잘하게 된다. 그만큼 익숙해졌으면 그것을 계속해서 즐길 만도 한데, 7번 유형은 거기서 구하던 만족을 계속 얻지 못하니까 또 다른 것으로 눈을 돌린다.

이는 물건을 사용하는 데서도 곧잘 나타난다. 7번 유형은 뭔가 새로운 것이 나오면 그것을 사서 쓴다. 그러다가 얼마 안 가서 싫증이 나는데, 때마침 최신형이 나오면 얼른 그것으로 바꾸고 싶은 충동을 느낀다. 이런 강박충동을 이기지 못하면, 속에서 치미는 '물욕' 때문에 충동구매를 하게 된다. 이런 증세나 현상이 늘어나면, 그들은 구매 중독증 같은 과소비에 빠져들기 쉽다.

이 모든 현상은 어렸을 때 물건이나 꿈을 빼앗겼던 박탈감이 상처로 남아서, 그 내면의 상처를 직면하기보다는 피하려다 보니, 불만을 해소하려고 늘 분주하게 움직이던 습성이 격정으로 형성되면서 나타난 것이다. 이들은 이렇게 끊임없이 움직이지 않을 경우에 불평이 많아진다.

그러나 자신이 추구하는 행복과 만족을 현재의 삶과 조건 속에서 찾기 시작하면 삶이 달라진다. 현존을 경험하고 현재라는 시간에 머물면서 주어진 것에 감사하고 음미하면 변화가 시작된다. 외부 조건에서 만족을 찾으려던 사람이 관심의 방향을 바꿔 내면의 세계에서 안정을 찾으며 절제하면, 본래 강한 상상력이 창의성을 발휘하는 데 사용되면서, 누구보다도 맑은 정신을 지니게 되고, 행복하고 명랑하고 쾌활한 사람이 된다.

에니어그램 7번 유형은 이렇게 되면 자신의 행복을 추구함과 동시에 남의 삶을 풍성하게 해 주는 힘을 발휘한다. 우리는 성서 인물들 가운데 이런 특징을 솔로몬에게서 찾을 수 있다.

방황하는 솔로몬

에니어그램 7번 유형은 활기찬 반면에 집중력이 떨어지면 몹시 산만하고 생각이 어지러워지기 쉽다. 어느 정도 평균 상태를 유지할 때에도 다방면에 관심이 많고 호기심도 강하다. 솔로몬의 두드러진 특징 가운데 하나가 바로 이렇게 다방면에 관심이 있었다는 점이다.

성서의 기록을 봐도 "그(솔로몬)는 삼천 가지의 잠언을 말하였고, 천다섯 편의 노래를 지었고, 레바논에 있는 백향목으로부터 벽에 붙어서 사는 우슬초에 이르기까지, 모든 초목을 논할 수 있었고, 짐승과 새와 기어 다니는 것과 물고기를 두고서도 가릴 것 없이 논할 수 있었다"(열왕기상 4:32~33).

이토록 다양한 능력과 풍부한 지식은 만물박사의 면모를 드러낼 뿐 아니라, 솔로몬이 건강하게 통합을 이룰 때면 바로 지혜로 나타난다. "그래서 그의 지혜에 관한 소문을 들은 모든 백성과 지상의 모든 왕은, 솔로몬의 지혜를 들어서 배우려고 몰려 왔다"(열왕기상 4:34). '솔로몬의 지혜'라고 알려진, 그의 재판에서 나타난 지혜는 모든 사람들에게 선망의 대상이 된다.

그러나 한편으로 대조적인 측면에서 보면, 솔로몬은 풍부하고 화려하다 못해 사치스러웠다. 그토록 많은 지식을 지닌 임금이었으면 어떻게 해야 좋은 임금이 되는 줄 알았을 법도 한데, 그는 '바로'의 딸을 아내로 맞이했다. 하나님에게 산당에서 제사를 드리면서 천 마리가 넘는 번제를 드렸다. 후일에 예수가 "온갖 영화로 차려 입은 솔로몬"(마태복음 6:29, 누가복음 12:27)을 고사로 인용해 설명할 만큼 그는 화려하게 살았다.

끊임없이 만족을 구하면서 살아가던 솔로몬 왕이 정신적으로 방황하는 모습은 그의 여성 편력에서도 나타난다. "솔로몬 왕은 외국 여자들을 좋아하였다"(열왕기상 11:1). 바로의 딸 말고도 "많은 외국 여자들을 후궁으로 맞아들였"(열왕기상 11:1)는데, "자그마치 칠백 명의 후궁과 삼백 명의 첩을 두었"(열왕기상 11:3)을 정도였다. 자연히 여자들에게 마음을 빼앗긴 솔로몬 왕은 늙어 가면서 그들의 꾀임에 빠져 다른 신들을 따르게 됐다.

에니어그램 영성 수련에서는 '아무것도 지나치지 마라'라는 교훈을 중요하게 가르치며, 마음을 갈고 닦도록 훈련시킨다. 이는 모두가 명심해야 할 가르침이지만, 솔로몬이 방황하던 때의 모습에서 보이듯이 에니어그램 7번 유형은 이를 특히 주목하고 유념하며 수련해야 한다. 7번 유형이 건강하지 못할 때에는 무절제한 삶으로 세월을 보낸다. 이들은 현재는 텅 비워 놓고, 미래에 집착하며, 뭔가 새로운 만족을 찾을 궁리만 하게 된다.

에니어그램 7번 유형은 일반적으로 놀고 먹고 마시는 것을 좋아하는 기질이 있다. 조금만 절제하지 못하면, 매일 파티에 가거나 재미있는 것만을 쫓는다. 고민 같은 것도 쾌락을 추구하며 잊어버리려는 속성이 강하다. 그래서 가까운 친구들과 잘 어울리기는 해도 그들의 고민을 들어줄 여유는 별로 없다. 이들은 자신이나 남에게 있는 아픔이나 고통 같은 것은 덮거나 잊으려는 경향이 있다.

"솔로몬의 마음이 주 이스라엘의 하나님을 떠났"(열왕기상 11:9)다고 성서가 증언하는 대목에 이르면, 솔로몬의 방황이 마침내 방탕과 공황으로 발전한 모습을 볼 수 있다. 걱정에 빠져서 휘둘리다 보면, 7번 유형은 엄청나게 망상적으로 비현실적인 판을 벌이게 된다.

지혜의 솔로몬

에니어그램 7번 유형은 스트레스를 받고 정신이 산만하거나 마음이 불안정하면, 1번 유형의 걱정으로 옮겨 가면서 퇴화한다. 그렇게 되면 그들은 화를 잘 낸다. 화를 내고 나서도 별로 반성하지 않는다. 공격적이며 욕을 잘한다. 그러나 이와 대조적으로 7번 유형이 마음이 편하고 행복할 때는, 5번 유형의 덕목으로 옮겨 간다. 그렇게 되면 그들은 생각이 깊어지고 지식이 풍부해지며 지혜가 넘친다.

인간관계에서 7번 유형에게는 건강한 5번 유형이 이상형으로 보인다. 그만큼 자신들이 5번 유형의 덕목을 소중히 여기며 자기 것으로 삼으려는 노력을 하기 때문이다. 7번 유형은 평소에 생각이나 꿈 또는 계획이 너무 많아서 산만하고, 이것들이 마치 부채꼴 모양으로 펼쳐져 있다. 그러나 창조적인 생각을 하고 계획이나 목표를 분명히 세우며 창조에 동참하려는 자세로 창의성을 살리면, 이들에게 우선순위가 설정된다. 따라서 그들은 생각이나 계획이 일목요연하게 정립되고 맑은 정신이 생긴다.

이렇게 건강한 상태에 이르면, 고전적이고 외향적인 7번 유형은 바깥 세계에 대한 방향 설정이 강한 만큼 일에 대한 추진력도 커지고, 순발력과 함께 지혜도 생겨난다. 이들은 스스로 하는 일뿐 아니라 모든 경험에 신 나서 발랄하게 생기가 솟는다. 자연히 주변 사람들에게도 행복하고 쾌활하게 자극을 준다.

솔로몬 왕이 건강할 때를 생각하면, 바로 이런 면에서도 그가 에니어그램 7번 유형의 전형이라 할 수 있다. 부왕 다윗이 비전을 세웠다가 이루지 못한 성전 건축의 꿈을 솔로몬 왕이 이루었다. 무려 열세 해에 걸려 지은 솔로몬의 궁전은 창조와 예술 그 자체였다. 성전과 궁전에 필요한 집기와 기구를 갖춘 데서도 솔로몬 왕의 심미안과 취향은 두드러지게 나타났다.

마침내 언약궤를 완성된 성전으로 옮긴 다음 솔로몬 왕이 행한 연설(열왕기상 8:14~21)과 그다음에 올린 기도(열왕기상 8:22~53), 그리고 이스라엘 온 회중에게 한 축복(열왕기상 8:54~61)은 솔로몬의 지혜를 유감없이 나타낸다. 이런 바탕에서 성전 봉헌을 하면서 이스라엘 온 회중과 더불어 솔로몬 왕이 민족의 대축제를 벌인 것은 생각만 해도 감탄스러울 뿐이다.

심지어 스바 여왕은 "시험해 보려고, 솔로몬을 찾아왔다"(열왕기상 10:1). "솔로몬은, 여왕이 묻는 온갖 물음에 척척 대답하였다. 솔로몬이 몰라서 여왕에게 대답하지 못한 것은 하나도 없었다"(열왕기상 10:3). "솔로몬이 온갖 지혜를 갖춘 것을 확인하고"(열왕기상 10:4), 스바 여왕은 마침내 고백한다. "임금님께서는, 내가 들은 소문보다, 지혜와 복이 훨씬 더 많습니다"(열왕기상 10:7).

이토록 에니어그램 7번 유형이 건강할 때는, 솔로몬에게서 보이듯이 생각과 감정이 조화되고 균형이 이루어진다. 그는 그런 바탕 위에서 행동하게 되니까 통치자로서도 위용을 떨쳤다. 세금을 확보함으로써만이 아니라 무역과 외교를 통해 나라를 융성케 했다. "솔로몬 왕은 재산에 있어서나 지혜에 있어서나, 이 세상의 그 어느 왕보다 훨씬 뛰어났다"(열왕기상 10:23)는 성서의 기록 앞에서 우리는 에니어그램 7번 유형의 지혜와 에너지를 조화시킨 건강한 특성을 본다. 지혜의 솔로몬은 그래서 만물박사의 좋은 본보기가 된다.

감사하는 솔로몬

누구라도 바라는 것이 많고 기대가 크면, 불평도 많고 불만 또한 많기 쉽다. 에니어그램 7번 유형도 꿈이나 소원이 많고 만족을 추구하기 때문에 불평불만도 많은 편이다. 그들은 물질이나 생각, 계획, 꿈, 그 어느 것 하나라도 채워지지 않거나 얻을 수 없게 되면, 속상하고 화가 난다. 그래서 쉽게 좌절하고 중도 포기하곤 한다. 이는 7번 유형이 만 여섯 살을 전후해서 어머니에게 무언가를 빼앗기거나, 어머니가 자기가 하고 싶은 것을 못하게 해서 박탈감을 경험했기 때문이다. 그들의 유아기 기원은 어머니와의 부정적인 관계에 있다.

7번 유형은 속마음의 불만이나 어릴 적부터 안고 온 상처를 외면하면서, 밖으로 나가려는 강한 힘에 끌리고, 고통을 피하려는 성향 때문에 자극적인 것을 찾으며, 무엇이든지 스스로 분주하게 관심을 돌릴 만한 것을 갖고자 노력한다. 그래도 잘 안 되면 공격성이나 현실 도피성이 나타난다. 결국 그들은 내면의 불안정 때문에 대가를 치르게 된다.

그러나 에니어그램 7번 유형이 감정을 다스리는 법을 배우고, 자기 존재에 대해 민감해지며, 내적 수련을 해서 걱정을 바르게 다루기 시작하면, 그들은 누구보다도 지혜롭고 행복해진다. 이들이 자신에게 충일한 에너지를 사용하는 데 균형을 잡기 시작하면, 참으로 놀랄 만한 창의성과 능력이 나타난다. 창조의 세계를 기쁘게 감상하고 경축하게 되면, 그들에게는 7번 유형의 장점인 맑은 정신이 든다. 소유나 사물만이 아니라 특히 존재에 대해 고마움을 느끼고, 그

고마움을 표현하면 그들은 더욱더 밝고 명랑해진다. 7번 유형은 특히 자신의 행복을 남에게 나누고 펼칠수록 자기가 더욱 행복해진다.

솔로몬 왕은 지혜로운 제왕적 철학자였다. 우리는 삶 자체를 음미하고 감상할 줄 아는 건강한 모습을 그에게서 발견한다. 성서에서 반복적으로 가르치는 영성의 높은 경지가 '감사하는 삶'이다. 우리 모두가 기억하는 바울의 권고도 있다. "모든 일에 감사하십시오"(데살로니가전서 5:18). 어떤 처지에서도 감사한다는 것이 말처럼 쉬운 일은 아니다. 이는 하나님의 은총과 섭리 가운데서 자기 자신을 확인하고, 하나님의 뜻에 따라 사는 자신의 삶의 목적과 목표를 깨닫고 확인할 때에 가능한 일이다.

앞서 지적한대로 솔로몬 왕이 역사적인 성전 건축을 완성하고 봉헌하면서 행한 연설과, 하나님에게 드린 기도와, 회중에게 축복한 내용을 살피면, 그의 철학이나 신앙고백과 아울러 감사하는 영성을 재확인할 수 있다. 특히 그는 이렇게 기도하며 감사하는 마음을 표현한다. "주님은 …… 세우신 언약을 지키시고 은혜를 베푸시는 분이십니다"(열왕기상 8:23).

과연 어떤 처지에서도 감사하는 것은 영성의 극치라 할 수 있다. 특히 7번 유형이 감사하는 삶을 이어 가는 것만큼 보기에 아름다울 뿐 아니라 스스로 행복한 것도 없다. 아주 행복하고 건강할 때 7번 유형은, 솔로몬이 그랬던 것처럼 여러 가지 경험들을 내면의 심층에서 동화시키며 창조적으로 감상할 줄도 알게 되고, 예술적으로 감사를 표현할 줄도 알게 된다. 자기 자신의 존재와 삶을 긍정적으로 받아들이며 기쁨에 넘치게 된다. 요컨대 7번 유형이 높은 상상력과 넘치는 에너지를 내면의 안정과 더불어 균형을 잡으면, 그들은 솔로몬 왕이 누렸던 행복을 누릴 수 있다.

7번 유형
맑은 정신의 열성가

다양한 분야에 관심의 폭이 넓고, 좋아하는 일에는 푹 빠져드는 7번 유형은 에너지와 열정이 넘친다. 끊임없이 만족을 추구하며 맛있는 것, 재미있는 것을 찾아다니는 이들은 낙천적이며 때로는 모험도 서슴지 않는다. 너무나 많은 일에 흥미를 느끼다 보니 어느 하나에 집중하지 못해 산만해지기 쉽다. 그러나 정신 차리고 바르게 선택하며 맑은 정신으로 집중하면 이들은 그 누구보다 탁월성을 드러낸다.

7번 유형은 마음속에서 만족을 추구하는 엔진이 강하게 돌아간다. 그러다가 진짜 좋은 것을 만나면 정신없이 빠져들며 탐닉한다. 처음에는 좋은 줄 알았는데 얼마 지나지 않아 만족은 얻지 못하고 싫증이 나니까 자리를 옮긴다. 이런 경험을 어느 정도 되풀이하다 보면 이들은 팔방미인 또는 만능선수가 된다. 뭘 하나 꾸준히 붙잡지는 못해도 끊임없이 분출하는 에너지는 변함없이 지속된다. 문제는 집중할 목표를 어떻게 찾고, 또 집중력을 어떻게 높일까 하는 것이다. 이때는 통합의 방향에서 만나는 5번 유형의 장점인 깊은 사고가 약이 될 수 있다.

나르시시스트 기질이 강한 압살롬은 이른바 '아버지를 넘어선다'든가 '아버지를 죽여야 한다'는 심리를 대표하는 인물처럼 보인다. 남달리 자존심이 강한 압살롬이 친동생이 폭행당한 일에 앙심을 품고 이복형을 살해한 것은 비극의 씨앗이 되었다. 7번 유형은 화가 나면 참지 못해 불같이 화를 내기도 하지만 이와 대조적으로 음모를 꾸미면 치밀하게 행동한다. 그러나 이는 열정이 격정으로 나타나는 과정일 뿐이다.

압살롬 같은 미남에다 왕자라면 온 세상이 제 무대인 양 활개를 칠 수 있다. 그러나 자기만족을 채우려 할 때 세상이 그리 만만치는 않다. 도처에 반대가 있고 갈등이 널려 있다. 누구나 긴장하고 신중을 기하면 주변 사람들이 놀랄 만큼 빈틈없이 일처리를 할 수 있다. 그러나 7번 유형은 언제 터질지 모를 시한폭탄처럼 남달리 걱정이 강해서 자타가 조마조마하게 지낸다. 게다가 이들에게는 모험심이 뇌관을 건드릴 가능성이 늘 따라 붙는다.

정치력과 영성의 조화를 이룬 느헤미야는 맑은 정신과 열정이 배합된 리더십을 보인다. 포로로 끌려간 페르시아에서 대제국의 총리대신이 되었으면서도, 그는 도탄에 빠진 고국의 백성들을 위해 목숨을 걸고 기도한다. 그리하여 마침내 예루살렘을 복구하고 개혁하는 느헤미야에게서 우리는 그야말로 '맑은 정신의 열성가', 지성과 감성과 영성이 조화된 지도자상을 본다.

느헤미야는 이처럼 보기 드문 지도자지만 전통과 선민사상의 틀을 깨지 못한 한계를 보여 준다. 그는 갈등을 극복하고 반대자들을 설득하는 등 위기에 대처하며 성취하는 능력을 발휘했지만, 이스라엘 공동체 안에 들어와 있는 이방인들, 심지어 결혼 생활을 하던 사람들까지도 추방하도록 조치한다. 이는 마치 원리주의자의 열광주의적 행동과 같다. 열정이 지나치면 걱정으로 나타나는 사례다. 훌륭한 지도자의 천려일실(千慮一失)이다.

솔로몬은 너무나 잘 알려진 지혜의 왕이다. 그는 지혜와 영성을 갖춘 바탕에서 온갖 영화를 누리고 살았다. 참으로 행복한 왕이었다. 열정이 지나치면 걱정이 되듯이, 행복에 대한 열망이 지나치면 탐욕에 빠져 타락한다. 솔로몬은 지혜의 왕이었음에도 이런 비극에 빠진다. 정상에 오르면 추락하기 쉽다. 정상에 오르기 위한 노력보다 정상을 유지하기 위한 노력이 몇 배 더 든다. 오르는 길도 어렵지만 내려오는 길은 더 어렵다. 솔로몬이 다윗 왕을 계승하기 위해 긴장하며 준비할 때는 맑은 정신과 집중력을 살려 지혜와 겸손을 유지했다. 누구나 정상에 오르면 오만과 탐욕의 덫에 걸리기 쉬운 법이다. 솔로몬도 예외는 아니었다. 더욱이 자유분방한 데다 에너지가 넘치는 그가 절제의 미덕을 살리지 못할 때 따라오는 운명의 그림자는 피할 수 없는 것이었다. 득이 되던 것이 독으로 변한다.

음양의 조화 속에 중용이 그래서 중요하다.

느린 걸음으로 가다가 넘어지면 대수롭지 않아도 빠른 걸음으로 가다가 넘어지면 큰코다친다. 에너지가 큰 데다 급한 7번 유형은 사고가 나면 예사롭지 않다. 산이 크면 골이 깊은 만큼 잘할 때는 돋보이지만, 실수하거나 잘못을 저지르면 더욱 눈에 띈다. 솔로몬 또한 온갖 부귀영화를 누릴 만큼 융성했던 반면 타락한 다음에는 우상숭배에 빠지고 결국 국가 분열의 비운까지 불러들인다. 한 개인의 오만과 탐욕은 패가망신으로 그치나, 최고 지도자의 경우에는 국가가 쇠망의 나락으로 떨어진다. 열정이 큰 만큼 잘못 쓰면 걷잡기 어려운 격정으로 나타나는 것을 우리는 다시 한 번 명심해야 한다.

이들을 보면 '아무것도 지나치지 마라'라는 에니어그램의 격언을 떠올리게 된다. 과유불급이다. 7번 유형은 여러 가지로 좋은데, 다만 지나침이 없도록 맑은 정신을 살리고 바른 분별과 옳은 선택에 집중하면, 누구보다 창의성과 열성이 합쳐져 큰 성취를 이룰 수 있다. 이들은 열정과 모험심을 다스리며 탐닉의 격정을 맑은 정신의 덕목으로 살려야 한다. 이는 자기 관찰이나 자기 기억 없이는 알 수가 없고, 더욱이 깨어 있는 의식으로 실천하지 않으면 공염불에 지나지 않는다. 아는 바를 실천하지 않으면 허위의식에 빠진다. 그러므로 맑은 정신을 갖는 노력은 일상의 작은 일에서 시작해야 한다. 만족을 추구하는 성향을 감사하는 습관으로 바꾸는 노력을 기울여야 한다. 만족을 구하면 다다익선이라고 점점 더 큰 만족을 좇게 된다. 자기 존재에 대해, 현재 자기 사람됨에 대해, 살아 있음에 대해 감사하는 마음을 갖는 것이 이러한 노력과 수련의 첩경이다. 앞서 살핀 인물들을 생각하면서 7번 유형의 자기 관리와 위기관리에 대해 살펴보자.

7번 유형은 이상형으로서 열정적이며 모험가적인 기질이 강하다. 이들은 낙천적이고 이상적이며 꿈이 많고 행복과 만족을 추구하는 성향을 보인다. 새롭게 시작을 잘하는 데 반해 끝마무리가 약할 가능성이 농후하지만 활달하고 정력적이며 진취적이다. 끊임없이 일을 벌이고 추진하는 리더십을 가져 함께하는 사람들이 정신 차리고 따라가기가 힘들 정도다. 이들은 정연한 논리로 자기주장을 펼치는 편이지만, 스스로 만족스럽지 못할 경우에는 만연체로 말하거나 글을 쓰는 습성이 나타난다.

7번 유형은 어려서부터 가만히 있지 못하는 활기찬 성향 때문에 쉬지 않고 움직인다. 고통을 기피하기 때문에 맛없고 재미없고 지루한 것을 못 견디며 만족을 추구하느라 이상주의라는 함정에 빠진다. 이들은 꿈을 제시하고 성취하고자 일을 강력히 추진할 때는 좋은 리더지만, 상황이 안 좋아지면 기회나 지위가 박탈당할까 봐 두려워하는 경향이 있다.

7번 유형은 어머니가 똑똑하고 적극적이어서 사랑은 하면서도 간섭하고 개입하는 까닭에 만 여섯 살을 전후해 어머니와 부정적인 관계를 경험한 기억이 있다. 특히 어머니에게 물건이나 애정, 꿈을 빼앗긴 경험이 있어서 박탈감을 잘 느끼기 때문에 끊임없이 만족을 추구하는 성향이 강하고 좋아하는 것에는 푹 빠진다.

그러나 탐닉의 격정을 사로잡고 이상주의보다는 창조에 동참하려는 창의성으로 변환하면서 '명징(serenity)', 곧 맑은 정신의 덕목을 살리면, 이들은 남달리 큰 에너지가 결합되어 놀라운 리더십을 발휘하며 황홀하게 감사하고 모두를 행복하게 해 주는 리더가 된다.

열성가적 기질이 강한 7번 유형은 위기 상황에서 스트레스가 심하면 쉽게 좌절하고 집중력이 떨어지며 공격적인 모습을 보일 수 있으나, 남다른 활달함과 맑은 정신에 큰 에너지가 결합된 창의성으로 위기를 관리해야 한다.

8번 유형

소탈한
지도자

다윗
에스더
헤롯 대왕

TYPE
8

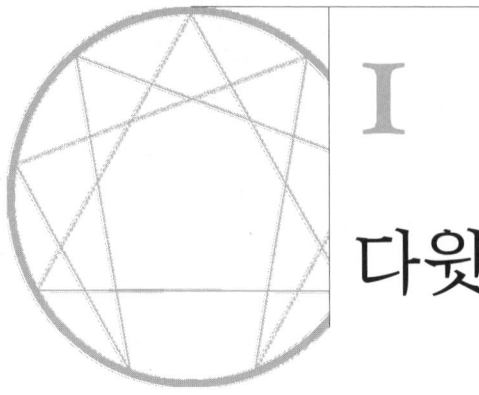

I 다윗

용맹스러운 목동 다윗

보통 또래들이 어머니 치마폭에 휩싸여 사는 나이에도 8번 유형이 되는 아이는 떨어져 놀기를 잘해 독립심이 발달한다. '자기 일은 스스로' 하는 성향이 강한 어린아이는 다른 아이들을 지휘하고 통솔하는 꼬마 대장이 된다. 여덟 형제 가운데 막내로 자라난 다윗이 이런 성향을 지녔다. 일찍이 생존 전략이 발달하며 자수성가하는 타입이다. 이들은 인간관계나 생활환경 속에서 대결하는 속성이 강화된다. 흔히 '눈이 부리부리하다'는 말을 들을 만큼 눈빛이 형형하다. 성인이 되면 '호랑이 눈'이란 말을 듣는다.

사무엘이 이새에게 갔을 때의 일은 자못 시사적이며 인상적이다. 사무엘 앞으로 이새의 아들들이 다 모였을 때, 다윗은 빠져 있었다. 형들은 모두 선지자 앞으로 모였는데 다윗은 홀로 들에서 양 떼를 치고 있었다. 하나님의 명령에 따라 거기까지 온 사무엘은 결국 다윗을 불러오게 한다.

다윗을 보니 "그는 눈이 아름답고 외모도 준수한 홍안의 소년이었다. 주께서 말씀하셨다. '바로 이 사람이다. 어서 그에게 기름을 부어라!'"(사무엘상 16:12). "그러자 주의 영이 그 날부터 계속 다윗을 감동시켰다"(사무엘상 16:13).

이렇게 해서 왕의 후보로 점지된 다윗은 10년 동안 시련과 도전의 세월을 보낸다. 이를 견디는 과정 또한 다윗이 8번 유형의 특성을 여실히 드러내는 기간이라 할 수 있다. 다윗은 8번 유형에 7번 날개를 지닌 사람의 특징을 잘 나타낸다. 그는 용맹스러운 목동이며 수금을 잘 타는 음악인이다. 사람들은 다윗을 용사라고 할 뿐 아니라 스스로도 사울 왕 앞에서 이렇게 말한다. "사자나 곰이 양 떼에 달려들어 한 마리라도 물어가면, 저는 곧바로 뒤쫓아가서 그 놈을 쳐죽이고, 그 입에서 양을 꺼내어 살려 내곤 하였습니다"(사무엘상 17:34~35). 이는 사울의 젊은 신하가 한 말과 일치한다. "그는 수금을 잘 탈 뿐만 아니라, 용사이며, 용감한 군인이며, 말도 잘 하고, 외모도 좋은 사람인데다가, 주님께서 그와 함께 계십니다"(사무엘상 16:18).

이렇게 남에게 인정받고, 자신감이 있는 다윗이었으나 부모는 사무엘이 기름 부으려는 중대한 시간에 막내아들을 들에 놔두어 양 떼나 치도록 했다. 이는 다윗이 어머니와는 양가적으로 엇갈린 상태에서 자랐고, 아버지와는 소극적이거나 부정적으로 애정을 경험하고 자란 배경을 엿볼 수 있는 대목이다(사무엘상 16:11).

8번 유형으로 자라난 다윗은 그렇기에 스스로를 강하게 단련시켜 용맹과 지략, 대결 능력, 모험심, 도전 정신을 누구보다 많이 갖춘 용사가 되었다. 더욱이 그는 들에서 생활하며 맹수들을 물리치는 경험 속에서 용맹을 키우고, 이와 함께 하나님을 경외하는 신앙심이 돈독해졌다. 한가할 때면 목가적인 풍경 속에서 시를 지어 찬양하고 수금을 타며 하나님을 기쁘게 하니 그가 남긴 시가 시편에 많이 남아 있다.

다윗은 신심이 크고 경건한 어머니(시편 86:16, 시편 116:16)나 아버지에게도 크게 인정을 받지 못한 것처럼, 맏형 엘리압에게도 그러했다. 다윗이 사울의 진중에 나타나서 골리앗과 대결하는 문제에 대해 군인들과 이야기를 할 때였다. 엘리압이 다윗에게 화를 내며 꾸짖었다. "들판에 있는, 몇 마리도 안 되는 양은 누구에게 떠맡겨 놓았느냐? 이 건방지고 고집 센 녀석아"(사무엘상 17:28). 큰형이 앞뒤가 안 맞는 말로 다윗을 꾸중하는 것을 봐도 나이 먹은 어른들이 다윗을 어떻게 대했을지 그 집안 분위기를 느낄 수 있다. 그러나 그 속에서도 다윗은 꿋꿋했다.

도망자 다윗

"주의 영이 그 날부터 계속 다윗을 감동시켰다"(사무엘상 16:13)는 것과 대조적으로 "사울에게서는 주님의 영이 떠났고, 그 대신에 주께서 보내신 악한 영이 사울을 괴롭혔다"(사무엘상 16:14). 사울은 신하들의 주선으로 다윗을 불러들여서 수금을 타게 했고, 그때마다 "사울은 제정신이 들었다"(사무엘상 16:23). 그렇게 해서 다윗은 사울을 섬기게 됐다.

"블레셋 진에서 가드 사람 골리앗이라는 장수가 싸움을 걸려고 나섰다"(사무엘상 17:4). 그는 거인이었다. 사울과 온 이스라엘은 "몹시 놀라서 떨기만 하였다"(사무엘상 17:11). 이때에 이새가 자기 아들 다윗에게 일렀다. 준비한 곡식과 빵을 일선에 나가 있는 "너의 형들에게 가져다 주어라"(사무엘상 17:17).

그렇게 해서 사울의 진중에 나선 다윗은 골리앗과 싸우러 나서겠다고 자원했다가 여러 가지 곡절 끝에 사울의 허락을 받는다. 거추 장스러운 무장을 다 벗어 놓고 "다윗은 목동의 지팡이를 들고, 시냇가에서 돌 다섯 개를 골라서, 자기가 메고 다니던 목동의 도구인 주머니에 집어 넣은 다음, 자기가 쓰던 무릿매를 들고, 그 블레셋 사람들에게 가까이 나아갔다"(사무엘상 17:40).

골리앗이 "다윗을 보고 나서, 그가 다만 잘생긴 홍안 소년에 지나지 않는다는 것을 알고는, 그를 우습게 여겼다"(사무엘상 17:42). 그는 다윗을 저주하며 큰소리를 쳤다. 골리앗이 "다윗에게 점점 가까이 다가오자, 다윗은 그 블레셋 사람이 서 있는 대열 쪽으로 재빠르게 달려가면서, 주머니에 손을 넣어 돌을 하나 꺼낸 다음, 돌을 무릿매로 던져서, 골리앗의 이마를 맞히었다"(사무엘상 17:48~49). "다윗이 달려가서, 그 블레셋 사람을 밟고 서서, 그의 칼집에서 칼을 빼어 그의 목을 잘라 죽였다"(사무엘상 17:51).

다윗이 개선 행진을 할 때 환영 인파 속에서 여인들이 춤을 추면서 노래를 불렀다. "사울은 수천 명을 죽이고, 다윗은 수만 명을 죽였다"(사무엘상 18:7). "그 날부터 사울은 다윗을 시기하고 의심하기 시작하였다"(사무엘상 18:9). 이튿날, 사울은 악한 영에 시달리며 미친 듯이 헛소리를 질렀다. "다윗은 여느날과 같이 수금을 탔다"(사무엘상 18:10). 그런데 사울은 느닷없이 "다윗에게 창을 던졌다. 다윗은 사울 앞에서 두 번이나 몸을 피하였다"(사무엘상 18:11).

그 뒤로 다윗의 혹독한 시련이 시작됐다. 사울은 다윗을 죽이려고 음모를 꾸몄는데, 그를 자신의 사위로 삼는 것도 그 계략 가운데 일부였다. 사울이 자신의 아들 요나단과 신하들이 듣는 데서 다윗을 죽이겠다고 말하자, 요나단은 다윗에게 귀띔해 그를 안전한 곳으로 피신시켰다. 그다음에도 사울이 창을 던져 다윗을 죽이려 했으나 그는 용케 피하고 도망쳐 목숨을 건졌다(사무엘상 19:10). 그날 밤에도 사울은 부하들을 보내어 다윗을 죽이려 했는데, 사울의 딸이자 다윗의 아내가 된 미갈이 꾀를 내어 다윗을 피신시키고, 다윗은 라마로 사무엘을 찾아가 자초지종을 말한다.

끊임없는 박해와 살해의 위협 속에서 요나단은 다윗의 탈출을 도와주었다. 그리고 도망자 다윗의 유랑 생활이 시작된다. 그는 라마의 나욧에서 놉, 가드를 거쳐 들녘에서 지내고, 그일라와 호레스 산성과 시글락으로 가서는 스무 달을 지냈다. 가드에서는 다윗의 무용담이 사람들의 입에 오르내리니 안전하지 못하다는 생각이 들어 미친 사람처럼 행동하기도 했다(사무엘상 21:11~13).

용맹과 지략이 뛰어난 다윗에게는 이렇게 박해를 참아 내며 유랑 생활을 견딘 기간이 곧 그의 단련 기간이었다. 무엇보다도 자신의 대결심과 모험심을 시험하며 이겨 낸 영성이 깊어진 시기였다. 우리는 "주님께서 기름부어 세우신 우리의 임금님을 치겠느냐?"(사무엘상 24:6) 하는 심정으로 고난을 견디면서도 자신의 격정을 다스리는 다윗의 덕목을 볼 수 있다. "마치 제 목숨을 아끼듯 다윗을 아끼는 마음"(사무엘상 18:1)을 가진 요나단의 사랑과 도움이 컸던 것도 아울러 기억할 일이다.

통치자 다윗 왕

한스 베버(Hans Ruedi Weber)는 성서 개론 책을 쓰면서 '힘(power)'을 그 제목으로 삼았다. 이 책은 성서 전체를 관통하는 주제로서 힘이 어떻게 작용하는가에 초점을 맞췄다. 힘의 쓰임새를 보면, 누구나 자기가 원하는 것을 얻는 과정에서 처음에는 설득하고, 안 되면 강압하고, 그래도 안 되면 폭력에 호소한다는 것이다.

이런 관점에서 보면, 힘을 행사하는 사람이 대화, 그것도 '비설득적 대화(non-persuasive dialogue)'를 한다면, 그것은 실로 성숙하고도 통합적인 인성이요, 리더십이라 할 수 있다. 이는 매우 소중하고 유용한 판단 기준이다.

사울이 블레셋 사람들과의 길보아 전투에서 자결함으로써 최후를 맞았다(사무엘상 31:4). "이런 일이 일어난 뒤에"(사무엘하 2:1), "유다 사람들이 찾아와서, 그 곳에서 다윗에게 기름을 부어서, 유다 사람의 왕으로 삼았다"(사무엘하 2:4). 사무엘에게 기름 부음을 받은 지 실로 10년 만의 일이었다. 박해와 도피의 연속인 고난의 행군이었으나, 이를 이겨 낸 다윗에게는 더할 수 없는 연단의 시기였다. 비로소 다윗의 유랑 생활이 끝났다.

이 순간까지 다윗은 목동으로 살면서 용맹과 지략, 신앙을 키우고, 기름 부음을 받고 10년간 고난과 연단의 기간을 견디면서, 그야말로 '성격과 소명을 찾아서'(Jaims Hilman, *The Soul's Code*, Grand Central Publishing, 1997) 인격과 리더십을 형성했다. 바야흐로 '준비된 통치자'가 출현한 것이다.

사자와 곰도 두려워하지 않고 대결하던 다윗이지만, 그는 사울 왕이 라이벌에서 끝내 적수로 바뀌었을 때, 하나님이 "기름부어 세우신 우리의 임금님"과는 대결하지 않는다는 소박한 신앙과 절제심으로 차라리 도피와 망명 생활을 택했다. 그런 만큼 역경은 다윗에게 단련과 준비의 기회가 됐다. 8번 유형인 다윗은 이 기간에 빈틈없이 치밀하게 계산하는(shrewd) 지략과 영성을 배합했다.

유대인들의 왕이 되어 통치한 지 7년 만에 다윗은 준비된 통치력을 발휘해 이스라엘과 유대의 전쟁을 승리로 장식한다. 사울의 군대 사령관 아브넬이 이스라엘의 장로들과 상의하고, 베냐민 사람들과도 상의해서, "이스라엘과 베냐민 사람 전체가 한데 모은 뜻을 다윗에게 전하"(사무엘하 3:19)였다. 이는 다윗을 이스라엘 왕으로 삼자는 내용이었다.

다윗이 아브넬을 환대하며 잔치를 베풀었는데도, 그의 라이벌인 요압 장군은 자기 동생의 원수를 갚으려고 아브넬을 죽였다. 그때 다윗은 애절하게 아브넬을 추모하며 정중하게 장례를 치르고 금식하며 애통해했다. "그 때에야, 비로소 넬의 아들 아브넬을 죽인 것이 왕에게서 비롯된 일이 아님을, 온 백성과 온 이스라엘이 깨달아 알았다"(사무엘하 3:37).

다윗은 이렇게 민심을 사로잡았다. "온 백성이 그것을 보고서, 그 일을 좋게 여겼다. 다윗 왕이 무엇을 하든지, 온 백성이 마음에 좋게 받아들였다"(사무엘하 3:36). 다윗은 용사요, 전략가다. 그러나 아랫사람이나 약자에게 뜨거운 동정심을 가지고 소탈하며 순진무구한 리더십을 발휘할 때, 그는 8번 유형으로서 최상의 리더십과 인품을 살릴 수 있다. 8번 유형의 성숙한 리더십의 패러다임을 살린 다윗 왕은 통치자로서 아량과 능력을 드러낸다. 여부스 사람들과의 전쟁에서 승리하자 사람들은 예루살렘을 다윗 성이라고 불렀다. 다윗이 이스라엘의 왕이 되었다는 소식을 듣고 위험을 느낀 블레셋 사람들이 전쟁을 일으켰을 때도 다윗은 그들을 섬멸시키며 승리했다. 그는 내치를 안정시키고 통합하며 영토를 확장하는 데도 성공한 통치자가 된다.

격정과 덕목의 다윗

'격정은 죽을 때까지 따라붙는다'라는 말이 있다. 격정은 강아지처럼 쫓아다닌다. 구르지예프는 그래서 '강아지를 묻어라', 그래도 뼈가 쫓아오면 '뼈를 묻어라' 하고 말했다. 성군이란 말을 듣고, 메시아의 조상이란 말을 들은 다윗도 걱정으로부터 자유롭지 못했다.

젊은 시절부터 "눈이 아름답고, 외모도 준수한"(사무엘상 16:12) 다윗은 온갖 좋은 재능과 성품을 지닌 데다 하나님을 경외하고 공경하는 데도 지극했다. 다윗이 고난 속에서 단련해 덕목을 살렸을 때는 누구보다 빼어난 지혜와 용기, 영성을 지닌 인격과 리더십을 갖추고 있었다. 그는 힘을 지니면서도 자애심이 있는 소탈한 지도자였다. 안팎의 힘이 균형과 조화를 이룰 때 8번 유형은 다윗처럼 아량이 큰, 아름다운 인격과 리더십을 갖춘 사람이 된다. 그래서 "다윗 왕이 무엇을 하든지, 온 백성이 마음에 좋게 받아들였다"고 할 정도다.

그러나 '옥의 티'라는 말처럼 다윗에게는 큰 흠결이 있다. 이는 부귀영화가 커지면 누구나 빠져들기 쉬운 함정이다. 동서고금을 막론하고 부자나 권력자가 빠져드는 꼴이다. 바로 오만과 탐욕, 태만이다. '이만 하면 됐다' 싶을 때, 제멋대로 생각하고 행동하며 '정욕'이란 격정에 사로잡히면, 8번 유형이 달려가는 정해진 코스다.

'누가 나를 건드려?', '누가 감히 나를 막아?' 하는 심정이 생기면 사람들은 하려고 마음먹는 일은 안 하고, 안 하려고 결심한 일은 기어코 하고야 만다. 다윗이 밧세바를 범하는 과정이 꼭 그렇다. "왕들이 출전하는 때가 되자"(사무엘하 11:1), 모두 출전시켰으나, "다윗은 예루살렘에 머물러 있었다"(사무엘하 11:1). 오만이 태만을 부른 셈이다. 그러면 마땅히 해야 할 일도 안 하게 된다.

그다음은 탐욕이다. "한 여인이 목욕하는 모습을 옥상에서 내려다보았다. 그 여인은 아주 아름다웠다"(사무엘하 11:2). 신하를 보내서 그 여인을 데려다가 "다윗은 그 여인과 정을 통하였다"(사무엘하 11:4). 부인이 일곱이요, 첩이 열일곱이며, 수많은 후궁을 거느린 다윗이 출전 중인 우리야 장군의 아내를 범한 것이다. 정욕이 정복욕으로 나타난 셈이다.

　한 가지 죄는 또 다른 죄를 부른다. 8번 유형은 스트레스를 받거나 위기에 빠져서 격정에 사로잡히면 음모를 꾸민다. 다윗은 우리야를 시켜 자기 부인과 동침하게 하려다 실패하자, 그다음에는 그를 격전지로 내몰아 전사하게 조작함으로써 간접 살인까지 저지른다. 탐욕은 음모와 조작으로 무슨 짓이라도 저지를 수 있는 길로 달려간다. 그러나 하나님의 선지자 나단의 책망 앞에서 다윗은 회개하고 구원을 받는다. 그러나 이는 화려한 역사에 오점을 남기는 부끄러운 이야기가 아닐 수 없다. 나단의 예언대로 그들 사이에서 태어난 아들은 죽었다. 하나님을 두려워한 다윗은 그날 이후 자기 가문에서 일어나는 숱한 비극적 사건들을 회한의 눈으로 지켜봐야 했다. 이는 그가 40년 통치 기간 중에 남긴 커다란 오점이다.

　8번 유형인 다윗이 스스로 행복하고 자유롭고 건강한 순간은 바로 사랑이 넉넉할 때다. 요나단 왕자와는 서로 사랑하는 힘으로 고난을 이겨 냈다. 자기를 죽이려는 사울을 자신이 죽일 수 있는 결정적 순간이 두 번이나 있었지만, 다윗은 그를 살려두었다. 사울과 요나단이 전사했을 때는 〈활 노래〉로 알려진 애절한 조가를 지어 읊었다. 또한 다윗은 요나단의 장애인 아들을 돌보며 같은 식탁에서 함께 식사를 했다. 셋째 아들 압살롬이 큰아들 암논을 죽였을 때도 충격을 받았으나 결국은 압살롬을 용서했다. 압살롬이 반역해 전쟁까지 일으켰는데도 그를 너그럽게 대하던 모습은 8번 유형 다윗의 특징적 부성을 드러낸다. 다윗은 솔로몬에게 왕위를 계승시키면서도 하나님을 공경하도록 유언하며, 성전을 세우는 데 필요한 물자와 공사비까지 마련해 주는 등 치밀하게 마음을 써 준다. 그에게서 아버지의 사랑과 통치자의 금도(襟度)가 배합된다.

2
에스더

왕후가 된 고아, 에스더

역경과 환난에서 살아남기 위해 위기에 처한 사람들이 스스로 힘을 내며 다질 때 잘 쓰는 말이 있다. '죽으면 죽으리라!' 담대함과 강인함의 표현치고 이보다 더 강할 수는 없다. 죽을 각오를 하면 못할 일이 없다는 말이나 다름 아니다. 이처럼 강한 표현이 성서 인물 중에서는 바로 에스더에게서 비롯된 것임을 우리는 알고 있다.

에스더의 성격이 워낙 강해서 그럴 수 있겠으나, 그 이야기 속에는 하나님의 이름이 한 번도 언급되지 않는다. 마르틴 루터(Martin Luther)는 일찍이 "나는 그 책이 너무 싫어서, 아예 없었더라면 좋았을 것이다"라고 말한 일이 있다. 그만큼 사람을 강조하면 하나님을 잊을 수 있음을 경계한 말이다.

동서고금을 막론하고 강한 여성들을 두고 사람들은 흔히 영웅호걸이라는가, 여걸 또는 여장부라 일컫는다. 에니어그램 8번 유형은 어려서부터 강한 성격으로 자라났다. 이들은 이른 나이에 독립심이 발달해 홀로서기를 시작한다. 자연히 자기 일은 자기가 알아서 스스로 하는 타입이 된다. 이런 사람들은 대개 자수성가하는 경우가 많다.

8번 유형은 어려서부터 자기는 어머니에게서 독립했다고 생각하는 데 비해 자기 또래들은 어머니 치마꼬리를 붙들고 다니니까 또래들이 좀 우스워 보인다. 그래서 또래들에게 이래라 저래라 명령하고 지휘하거나 통솔하는 버릇이 든다. 이런 성격으로 형성된 아이들은 키가 작으면서도 저보다 덩치가 훨씬 큰 아이들을 이끌고 다니면서 곧잘 골목대장 노릇을 한다. 일찌감치 보스 기질이 강화된다.

그러자니 이들은 누가 자신을 넘보지 못하게 해야 한다는 생각이 강하다. 만약 스스로 약해 보이면 누군가 치고 들어온다는 음모 이론이 머리 한구석에 자리를 잡는다. 약점이 드러날까 전전긍긍하며 긴장한다. 자연히 스스로 늘 강하게 보이려고 애쓴다. 아이들이 잘 쓰는 말로 목에 힘주고 어깨에 힘을 넣는 버릇이 자신도 모르게 생긴다. 이런 아이들은 힘의 소재나 흐름에 매우 민감하다.

에니어그램 8번 유형의 유아기 기원을 살펴보면, 이들은 만 여섯 살을 전후해 어머니와 양가적 감정을 가지고 자란다. 어머니가 좋기도 하고 싫기도 하다. 애증이 엇갈린다. 어머니가 자신을 사랑하는 줄은 알지만 왠지 편하게 받아들여지지 않아서 그런 경우도 있고, 사랑은 있지만 아버지의 사랑보다 덜해서 그런 경우도 있다. 일찍이 고아가 된 에스더도 양모와의 관계에서 이런 애정 경험을 한 까닭에 강한 성격이 되지 않았을까 생각된다.

에스더는 사촌 오빠 모르드개의 양녀가 된다. 일반적으로도 오빠와 동생 사이가 더 가깝고, 올케와 시누이 사이는 미묘하거나 긴장감이 흐르기 쉽다. 더욱이 시누이의 성격이 에스더처럼 강하다 보면, 양모가 된 올케가 사랑해 준다 해도 에스더로서는 양가적인 감정을 가질 가능성이 높다. 대개 강한 여성들은 어려서도 또래 남자들을 선호하는 경향이 있다.

에스더라는 이름은 바빌론의 사랑의 여신 이슈타르에서 왔다. 그의 유대인 본명은 도금양이란 식물을 뜻하는 하닷사였다. 이렇게 이름부터 여신의 특성이 내비치는 에스더는 여성으로서는 드물게 성서에 등장하는 영웅이다. 에스더는 아하수에로스의 둘째 부인이 되어 왕후가 된다. 그는 몸매와 얼굴이 아름답기도 했으나 그보다도 똑똑하고 용맹스러웠다.

에니어그램 8번 유형은 상대적으로 다른 성격 유형에 비해 일찍부터 생존 전략을 세운다. 이들은 자신에게 필요한 것은 어떻게 해서라도 손에 넣고야 마는 기질이 강하다. 그만큼 자기 보존에 본능적으로 민감하며, 거기에 필요한 지식과 능력을 갖추는 데도 열심이고, 강인한 성격으로 자라난다.

대결하는 에스더

어떤 문제가 발생했을 때 그 문제를 푸는 방식은 성격에 따라 다르다. 움츠러드는 사람이 있는가 하면 대결하며 공격적으로 나서는 사람도 있다. 「에스더」에서 에스더가 대결하는 모습을 보면, 우리는 그가 에니어그램 8번 유형에 딱 들어맞는다는 느낌을 받는다. 대결형의 전형적인 인물을 만나는 셈이다.

에니어그램에 입각해 아홉 가지 성격 유형을 살필 때, 어떤 유형은 평균 상태에 있으면, 무해하고 무덤한 사람이 있다. 이들은 남들을 별로 불편하게 하지도 않고, 또 남들로 인해 불편을 잘 겪지도 않는다. 이와 대조적으로 8번 유형처럼 강한 성격은 평균 상태에 있어도 주위 사람들을 긴장시키거나 불편하게 하기가 쉽다. 그런 면에서 보면, 에스더는 교과서가 설명하는 특징을 각본으로 써 내려간 극본과도 같다.

그렇기 때문에 여기에 서술하는 8번 유형의 평균 상태에 관한 내용과 「에스더」를 나란히 펼쳐 놓고 읽어 보는 것도 참고가 되겠다. 즉, 평균 상태인 8번 유형은 자기 힘을 오로지 자기 이익을 위해 쓰고자 한다. 그들에게는 재정적 자립이 매우 중요하다. 그들은 '거친 개인주의자'로서 부지런한 장사꾼 또는 기업가가 된다.

8번 유형은 오만하고, 모험을 즐기며, 위험한 시험도 잘 치러서 그 능력을 입증한다. 그들은 강력하고 공격적이며, 확장해 가는 힘으로 (다른 사람들을 포함함) 환경을 완전히 제압하고자 한다. 제국을 건설하거나 권력 브로커가 되기도 하며, 자신의 말이 곧 법이라 여긴다. 또한 자만심이 크고, 자기중심적이며, 매사 자신의 뜻이나 비전을 남에게 덮어씌운다. 그들은 주변의 사람들을 자기 자신과 동등한 사람으로 보지 않고, 상대방의 필요를 존중하지 않으며, 다른 사람들을 마치 자기 소유처럼 다루면서 상대방에게 오만하게 명령한다.

8번 유형은 주종 관계를 잘 이룬다. (섹스와 공격성을 섞어 가면서 조잡하거나 야비하게 잘난 척하며 허장성세를 부린다.) 이들은 고집대로 밀고 나가고, 대립적이고 호전적으로 밀어붙이며, 도전적이고 적대적인 관계를 만들고 또 이를 즐긴다. 매사를 의지력의 시험장으로 삼으며 뒤로 물러나는 법이 없다.

8번 유형은 보복에 대한 위협이나 공포심을 이용해 상대방으로부터 강제로 응낙을 끌어내거나, 그들이 균형 감각을 잃고 무력함을 느끼도록 한다. 불안전하거나 억압당한다는 느낌을 받으면, 부당한 대우를 받는 사람들이 분개하고, 힘으로 밀어붙이는 8번 유형을 미워하게 되며, 어쩌면 한데 뭉쳐서 대항할 가능성도 생긴다.

반드시 이와 똑같지는 않으나 위기에 처했을 때 에스더의 처신을 보면 역시 8번 유형의 강인함이 나타나는 것을 볼 수 있다. 자신의 양부이자 후견인이 권력자 하만과의 사이에 갈등이 빚어져서 그 땅의 모든 유대인들이 학살당할 위기에 빠졌을 때 에스더는 목숨을 건 모험을 감행한다.

고대 궁중의 법은 엄격했다. 임금이 부르지 않는데 "왕에게 다가가는 자는, 남자든지 여자든지 모두 사형으로 다스리도록 되어"(에스더 4:11) 있다. 그러나 에스더는 '죽으면 죽으리라' 각오하고 나선다. 대결하는 성격이 아니고서는 도저히 꿈도 꾸지 못할 일이다. 나중에 하만을 몰락으로 내모는 것도 같은 맥락에서 볼 일이다.

강력한 여걸, 에스더

'위기에 강한 사람이 진정으로 강한 사람이다'라는 말이 있다. 위기 관리 능력이 큰 사람을 두고 하는 말이다. 이는 에니어그램 8번 유형에서 흔히 볼 수 있는 모습이다. 이들은 평소에 상황 인식과 판단에 필요한 정보나 지식을 얻는 데도 남달리 빠르고 강한 면모를 드러낸다.

8번 유형은 또한 도전 정신이 강하다. 문제가 있으면 피하거나 돌아가는 것이 아니라 정면으로 부딪히며 돌파한다. 누가 도전해 와도 응전에 강하다. 생각을 하거나 말을 해도 자신을 뚜렷하게 내세우는 데서 강한 심리가 나타난다. 에스더가 드러내는 모습이 그러하다. 그에게는 사실을 말할 때에도 확신을 가지고 명백하게 겁 없이 말하는 힘이 있다.

8번 유형은 대체로 자기주장이 강한 편이다. 흔히 사람들은 자기 성격을 소개하라면 우유부단하다고 말하는 경우가 많은데, 8번 유형은 이것과 거리가 멀다. 에스더가 보여 주는 것처럼 자기가 하는 생각이나 말, 행동에 자신감이 있을 뿐더러 결정적이고 단호한 태도를 늘 지니고 산다. 어떤 상황에서도 움츠르드는 법이 없다. 워낙 세가 불리하면 이른바 작전상 후퇴를 하는 경우는 있으나, 이것 역시 다음에 강공할 기회를 엿보기 위함이라 스스로 생각한다.

하만이 유대인들을 모두 말살하려고 계획했을 때, 웬만한 여성들은 그런 말만 들어도 그야말로 기절초풍할 지경일 텐데, 에스더는 과연 여걸답게 스스로 금식을 단행할 뿐만 아니라, "어서 수산에 있는 유다 사람들을 한 곳에 모으시고, 나를 위하여 금식하게 하십시오. 사흘 동안은 밤낮 먹지도 마시지도 말게 하십시오"(에스더 4:16) 하고 모르드개에게 전하라고 명한다. 이는 일대 회전을 앞둔 장수의 결연한 의지와 태도를 보여 준다.

에니어그램 8번 유형은 평소에도 지혜를 번득이며 강자의 이미지를 나타내는데, 위기 상황 속에서도 여유롭고 빈틈없는 모습을 보인다. 금식한 지 사흘째 되는 날 대궐 안뜰로 들어가 대왕을 만나는 장면에서도 그렇거니와 하만을 함정에 몰아넣는 장면에서도 우리는 에스더의 여걸다운 기개와 아울러 빈틈없는 지혜가 배합된 모습을 목도한다.

8번 유형은 지도자형으로서 생각하거나 말하는 면에서도 항상 명백하기 때문에 토론이나 논쟁에서 누구에게도 지지 않는 성격이다. 어떤 상황에서도 자신이 지휘하고 통솔한다는 자각이 강하기 때문에, 만약 자기보다 더 강한 사람이 존재한다면 그 상황에서 물러난다. 그러나 권토중래를 꾀할 상황이 아니라 판단되면, 에스더처럼 '죽으면 죽으리라' 하고 외치면서 불퇴전의 용기와 지혜를 보여 준다.

에스더가 분명히 드러낸 것처럼 8번 유형인 여걸과 지도자형은 관계를 맺어도 감정을 공유하는 바탕에서가 아니라 생각이나 활동을 공유하는 바탕에서 맺는다. 감성적인 면에서는 내면이 여린 만큼 정이 많으면서도 그것을 드러내는 것은 약자의 모습이라 여기기 때문에 그들은 이를 되도록 피하거나 감추는 경향이 있다. 그래서 여걸 에스더는 속으로는 부드럽고 약한 감성적 측면이 있어도 겉으로는 드러내지 않았다.

아량 있는 지도자

강한 지도자가 약한 부하에게 동정심을 가질 때, 사람들은 그런 지도자에게서 덕스러움을 본다. 흔히 지휘와 통솔, 명령을 생각하면 장군을 떠올린다. 장수에는 용장, 맹장, 지장, 덕장이 있는데 그중에 제일은 덕장이다. 장수로서 갖출 것을 다 갖춘 다음 부하 장병에 대한 따뜻한 동정심을 지닐 때, 그는 부하들의 존경과 사랑을 한 몸에 받는 장수가 된다.

에스더는 자기와 혈육을 같이한 유대인들을 말살의 위기에서 건져 내기 위해 예지와 용기를 다하고 목숨을 건 투쟁을 함으로써 왕후가 된 몸으로 동족에 대한 더할 수 없는 사랑을 드러낸다. 뿐만 아니라 위기를 호기로 삼아 자신의 사촌 오빠이자 양부인 모르드개를 하만이 앉았던 막강한 자리에 앉힌다.

죽음의 함정에 빠졌던 유대인들이 살아남은 것만으로는 부족했는지, 에스더는 모르드개와 합세해 하만과 그의 열 아들을 무참하게 죽음으로 몰아넣고, 유다 사람들에게 적대하는 사람들도 모두 죽였다. 기록을 보면 "유다 사람들은 도성 수산에서만도 그런 자들을 오백 명이나 처형하였다"(에스더 9:6)고 한다. 그리고 "그들은 원수들을 무려 칠만 오천 명이나 죽였으나, 역시 재산은 빼앗지 않았다"(에스더 9:16).

이런 일은 죽음을 모면한 유대인들의 집단 심리 때문에 벌어졌을 가능성도 있으나, 8번 유형인 에스더가 위기가 고조됐던 상황에서 스트레스를 극복하지 못해 불건강한 성격이 나타나면서 무자비해졌을 가능성이 더 높다. 건강하지 못한 상태인 8번 유형은 스스로 힘을 고수하기 원하며, 어떤 대가를 치르더라도 남을 압도하려 한다. 그들은 완전히 무자비하고 폭력적이며 부도덕하고 강퍅할 뿐 아니라 죄의식과 두려움을 비롯한 그 어떤 인간적인 감정도 무시한다.

도성 수산에서 살육이 벌어진 다음, 왕이 에스더에게 "이제 당신의 남은 소청이 무엇이요?"(에스더 9:12) 하고 물었을 때, 에스더는 분이 덜 풀린 채 요청한다. "임금님께서만 좋으시다면, 수산에 있는 유다 사람들이 내일도 오늘처럼 이 조서대로 시행하도록 하여 주십시오"(에스더 9:13). 그는 살육을 계속하겠다는 의지를 보였다. 결과적으로 부림절 축일이 확정됐고, 에스더의 지위는 더욱 튼튼해졌으며, "모르드개는 아하수에로 왕 다음으로 실권이 있었다"(에스더 10:3). 모르드개는 "자기 백성이 잘 되도록 꾀하였고 유다 사람들이 안전하게 살도록 애썼"(에스더 10:3)다. 이 모든 일이 여걸 에스더 왕후의 강한 힘 덕분에 가능했다.

그러나 아쉬운 것은 8번 유형이 건강할 때 드러내는 넓은 아량과 도량, 소박함이 기록에는 보이지 않는다는 점이다. 자기 백성들에게 뜨거운 동정심을 드러낸 면은 보인다 할 수 있으나, 하만 한 사람의 잘못으로 비롯된 사건에서 수를 헤아리기 어려울 정도로 많은 사람들이 살육된 것은 안타까운 일일 뿐이다.

격정에 사로잡히고 불건강한 상태에 빠지면 에니어그램의 어떤 유형이라도 좋을 수가 없으나, 그렇잖아도 강한 8번 유형이 불건강해지면, 그들은 무자비한 폭군이 되거나 폭력적 파괴분자가 될 만큼 무섭다. 지도자형인 8번 유형이 뜨거운 동정심을 갖고 아량 있는 지도자가 되며 덕장으로서 소박함을 지니는 것이야말로 진정으로 강한 모습이라 하겠다.

3 헤롯 대왕

일찍 권력에 눈뜬 헤롯

헤롯은 25세에 갈릴리 총독이 됐다. 일찍 권력에 눈뜬 헤롯은 기원전 4년 70세로 죽을 때까지 45년간 권모술수에 사로잡혀 산 대표적 인물이다. 평생을 탐욕과 정욕에 빠져 산 건강하지 못한 8번 유형의 표본이라 할 수 있다. 헤롯의 내력을 전혀 모르는 사람도 해마다 크리스마스가 되면 그를 떠올리곤 한다.

아기 예수가 태어났을 때 동방에서 박사들이 찾아오자, 헤롯은 그들에게 아기 예수 나신 곳을 찾거든 자신에게 알려 달라고 한다. 그러나 아기 예수를 찾는 데 실패한 헤롯은 "두 살짜리로부터 그 아래의 사내아이를 모조리 죽였다"(마태복음 2:16). 영아 학살 사건은 그의 포악성을 여지없이 드러냈다. 역사 기록에 의하면 헤롯은 이 사건 후 얼마 안 가서 세상을 떠났다고 한다.

8번 유형은 주장이 강하고 대결을 잘하는 성격으로 알려져 있다. 근원을 따지고 보면, 이는 어린 시절 어머니에게 엇갈린 양가 감정을 지니며 자란 데서 시작됐을 것이다. 보통 어린아이들은 어머니의 사랑을 받고 전적으로 의지하며 살기 때문에 걱정이 없다. 그러나 8번 유형은 어머니의 사랑을 머리로는 아는데 가슴으로는 못 느끼니까, 뭐든지 자기가 스스로 해야 한다고 생각한다.

8번 유형인 헤롯은 어린 나이에 일찍 나바테아 왕국의 귀족 출신인 어머니에게서 독립한다. 8번 유형은 '자기 일은 스스로 하자'를 표어로 달고 살다 보니 자기가 약하면 아무것도 안 된다는 생각을 일찍부터 한다. 스스로 강해야 한다고 생각하고, 필요를 채우려고 온갖 노력을 기울이고, 생존을 위해 애쓰며 사니까 본능적으로 '적자생존' 법칙에 강하다. 따라서 이재에 밝다.

이들은 언제나 생존과 이익의 문제에 민감하다 보니까 그만큼 힘에도 민감하다. 강자가 있으면 측근이 된다. 그러나 때가 되면 그에게 도전해서 지배자가 되려 한다. 이길 상황이 아니면 떠난다. 늘 상황을 통제하려 하고, 지배하려 한다. 이들은 '무릎을 꿇고 사느니 서서 죽겠노라' 하고 외칠 정도로 굴복을 죽기보다 싫어한다.

8번 유형은 '한 영토에는 두 영주가 있을 수 없다'는 생각이 강하다. 그들은 닭의 머리가 될지언정 소의 꼬리는 될 수 없다. 우두머리 기질이 있어 승부욕과 정복욕이 크다. 어려서부터 이런 기질을 키워 왔기 때문에 욕심도 매우 많다. 그래서 끊임없이 도전과 정복을 위해 노력한다. 그러나 상대가 만만치 않고 상황이 녹록치 않으면 생각에 생각을 거듭하며 치밀하게 계산해 음모를 꾸민다.

이들은 실제로 속으로는 약해도 강해야 한다는 강박관념 때문에 강자로 군림하며 '허장성세'를 과시한다. 그런 만큼 우월감과 강자 의식을 갖기는 하지만 속으로는 스스로 허약한 것을 알기에 열등감을 지니고 살기 쉽다. 불행히도 헤롯 대왕이라 불린 사람은 평생을 이렇게 살았다.

유대인도 아니면서 유대인처럼 살아야 했던 헤롯은 이두메아인이었다. 그래서 그는 유대인보다 더 유대인처럼 살려고 했다. 로마인도 아니면서 더 로마인처럼 살려고 몸부림쳤다. 그의 아버지 안티파트로스(Antipater)도 어머니도 둘 다 아랍 혈통이었다. 이는 헤롯의 콤플렉스를 더욱 가중시킨 요소였다.

헤롯은 로마에 부역하며 실세를 돕는 일을 했으나 그의 포악성은 산헤드린 최고회의가 정죄할 정도였다. 그런 상황에서 헤롯은 권력을 강화하는 데 몰두할 수밖에 없었다. 본부인과 아들이 있었지만 히르카누스(Hyrcanus) 대제상의 조카딸 마리암메(Mariamme) 1세와 정략결혼을 해서 유대인들의 환심을 사려고 했다.

강자에게 약한 헤롯

동서고금을 막론하고 강자에게 약한 사람이 약자에겐 유난히 강한 법이다. 이는 대개 속으로는 약하면서 겉으로 강한 척하려는 사람에게 나타나는 성향이다. 건강하지 못한 8번 유형인 헤롯이 그런 성격이었다. 그들에게는 약자에게 동정과 자비를 나타내면 자신이 약해지거나 허물어질 것 같은 두려움이 있다. 그들은 일찍부터 생존 문제에 민감하니까 실세나 강자에게 접근해서 환심을 산다. 25세에 갈릴리 총독이 된 헤롯에게는 로마를 지원함으로써 로마의 지원을 끌어내는 전략이 당연했다.

기원전 43년에 그의 아버지 안티파트로스가 율리우스 시저의 살해범들에게 재정적 후원을 했던 일이 발각되어 독살을 당한다. 헤롯은 로마의 지원을 받아 아버지를 살해한 자들을 처형했다. 그리고 안토니오(Anthonius)와 옥타비아(Octavianus)를 설득해 자기 아버지가 강요된 상태에서 시저를 살해하는 데 불가피하게 연루됐음을 믿게 했다. 그 결과 헤롯은 갈릴리의 분봉왕으로 로마에 의해 책봉됐다. 그때부터 안토니오와 절친한 친구가 된 헤롯은 하도 손바닥을 비벼서 '지문이 다 닳아서 없어졌다'는 말을 들을 만큼 안토니오에게 충성했다.

기원전 40년에 헤롯은 당시 로마제국의 라이벌인 파르티아(Parthia)의 지원을 받은 안티고누스(Antigonus)에게 왕권을 빼앗기고 로마로 도망쳤다. 그는 안토니오의 도움을 받아 로마 원로회의에 호소하며 파르티아에게 밀릴 수 없다고 주장했다. 거기서 헤롯은 '유대의 왕'으로 선출됐다. 기원전 37년에 로마의 지원을 받아 유대를 탈환한 헤롯은 안티고누스를 처형하고 유대의 왕권을 회복했다.

생존 전략에 강한 헤롯은 강자에게는 약해, 필요하다면 굴욕을 참으면서라도 복종한다. 그러나 속으로는 절치부심하며 참는다. 그는 '무릎을 꿇고 사느니 서서 죽겠노라' 하고 되뇌면서도 이런 심정을 억누르며 최강자에게 접근해 스스로 최강자가 될 기회를 찾는다.

권력 지향적인 인물은 정상에 오르기까지 어떤 어려움도, 심지어 어떤 수모도 참으며 지낸다. 그러나 일단 정상에 오르면 이들은 격정에 사로잡혀 억누르던 수치심, 모욕감 등이 분출하며 복수심이 발동한다. 헤롯은 권력을 잡기 위해 안토니오 같은 실세에게 아부를 떨기도 하고, 유대인들에게 환심을 사기 위해 성전을 건축하기도 했다. 그러나 자신감이 생기고 스스로 강자라고 의식하자 본색이 나타났다.

안토니오와 옥타비아누스가 시저의 권력을 계승하는 문제로 갈등이 생겼을 때, 헤롯은 안토니오를 지원했다. 그러나 기원전 31년 그 유명한 악티움 해전에서 안토니오가 옥타비아누스에게 패했을 때,

헤롯은 옥타비아누스를 찾아가 자신이 누구를 지원했었는지 고백하고, 그의 용서와 인정을 받았다. 팔레스타인을 안정적으로 지배하는 데 헤롯이 필요하다고 판단한 옥타비아누스는 그를 살려 주었다.

헤롯은 현대 감각으로 말하자면 마키아벨리스트며 노회한 정치인이었다. 평소에는 정의를 주창하지만 필요에 따라 생각을 뒤집기 쉬운 까닭은 권력과 이해관계가 늘 앞서기 때문이다.

강자에게 약한 만큼 약자에게 강한 것은 동전의 양면일 수밖에 없다. 에니어그램 8번 유형은 강자에게 강하고 약자에게 약할 때 내면의 안정이 이루어지고 의연해지며 아량이 커진다. 헤롯은 이렇게 될 가능성을 스스로 저버리며 살았다.

대역사를 일으킨 헤롯

헤롯은 열정을 가지고 살았다. 정말 열심히 살았다. 다만 그 열정이 지나쳐 격정으로 나타난 것이 문제였다. 일찍부터 우두머리 노릇을 하고 살면서 강자로 군림해 온 터에, 이제는 임금으로서 위세를 떨치고 싶은 것은 당연했다. 동서고금을 막론하고 강자는 대역사를 일으키는 유혹에 약하다.

헤롯은 스스로 대왕이 되고자 무소불위의 권력을 행사하며 위대한 업적을 쌓으려 했다. 그 가운데 기원전 20~19년에 예루살렘 제2성전을 세운 것은 위업으로 꼽힌다. 수많은 노예들을 시켜 돌을 캤고, 제사장 1000명을 동원해 석공과 목수로 성전 건축에 종사하게 했다. 그는 1년 반 만에 그 거대한 공사를 마치는 열정을 보였다.

나머지 부대시설을 완성하는 데 80년이나 걸렸으니 얼마나 대단한 공사였는지 가히 짐작이 간다. 이 성전은 헤롯 성전이라 불리기도 하는데, 명실공히 성전이 완성되고 얼마 되지 않은 기원후 70년에 로마 군단에 의해 초토화된다. 지금 예루살렘에 남아 있는 통곡의 벽이 헤롯이 성전 뜰 서쪽에 세운 벽의 일부인 것을 감안하면 그 규모가 얼마나 컸는지 알 수 있다.

에니어그램 8번 유형의 속성이 그렇듯이 헤롯에게는 지나친 자부심이 드러난다. 그는 속으로는 약할지언정 겉으로는 강하고 화려하게 보이고자 하는 욕망이 강하다. 그에게는 권력욕과 명예욕이 하나로 작용한다. 당시 최강대국 로마 원로원과 황제도 자신을 지원해 주는 데다 로마의 최대 라이벌인 파르티아를 물리치고 왕권을 회복했다는 사실은 그런 자부심을 만족시킬 만했다.

보통 사람도 힘이 생기면 우쭐대기가 쉬운 법이다. 누구나 대권이나 왕권을 잡으면 오만의 극치로 치닫기 쉽다. 메시아 콤플렉스(messiah complex)가 생기기 마련이다. 세상을 평정하고 다스리려는 욕망은 먼저 눈에 띄는 토목 공사를 벌이게 한다. 헤롯은 자신의 업적으로 꼽히는 헤롯의 요새와 수로를 대대적으로 만들었다. 지금도 마사다(Massada) 요새는 세계인의 관광 명소일 뿐 아니라 이스라엘 국민에게는 안보 교육의 장으로도 유명하다.

그러나 이처럼 대역사를 일으키면 고생은 백성들의 몫이 된다. 헤롯과 같은 8번 유형은 업적을 쌓고 성취하려는 욕망이 강해 강제 동원에 익숙하다. 그들은 온 힘을 기울여 일한 사람들에게 수고했다는 치하도 잘하지 못한다. 동정하거나 치하하는 일은 약자나 할 일로 치부하기 때문이다.

8번 유형은 힘이 곧 정의요, 업적이 권력을 정당화한다는 생각이 강해서, 스스로 정의를 주창하고 실현한다고 생각하기 때문에 정의라는 함정에 잘 빠진다. 결국은 자신의 거대한 욕심이 격정으로 나타난다. 그들은 스스로 대왕이라 생각하지만, 백성들을 위해 통치하는 것이 아니라 자신의 권력을 강화하고 백성들을 억압한다. 민중들을 억압하고, 노동력을 착취하면서도 웅장한 역사를 일으킨다는 성취감에 스스로 만족한다.

일찍이 예수가 권력정치를 상대화한 말씀을 받아들이고 살리기만 하면 어떤 강자도 폭군이 아니라 덕장이 되고 성군이 된다. 이는 힘을 과시하거나 백성들을 강제로 지배하지 않고, 어떤 힘이든지 그 힘으로 '섬기는 사람'이 되는 길이다(마가복음 10:42~45). 헤롯은 그토록 오랫동안 권력을 유지하고 많은 업적을 쌓을 만큼 능력 있는 사람이었다. 그러나 격정이 열정과 능력의 오용과 남용으로 말미암아 생겨났음을 몰랐기에 헤롯은 스스로 격정의 노예가 되어 살 수밖에 없었다.

음모론에 사로잡힌 헤롯

폭력적인 사람을 깊이 관찰하면, 다들 기가 세고 능력도 있다. 폭군도 조폭도 마찬가지다. 다만 자신들에게 있는 힘을 선한 목적을 위해 정당하고 정의롭게 쓰지 못한다는 데 결정적인 문제가 있다. 8번 유형은 어려서부터 자신이 아직 약한 상태에 있음을 알면서도 강자를 이겨야 생존한다는 강박관념이 작용하기가 쉽다. 따라서 이들은 생각과 궁리가 많고 음모론에 익숙한 경향을 보인다.

8번 유형은 어머니의 사랑을 전적으로 차지하지 못했기에 의심하거나 불신하는 마음이 생겨 누구도 쉽사리 믿기가 어렵다. 애증, 호불호, 감정의 불균형과 불안정 같은 것을 종종 느끼며 자라다 보니 그들은 뭐든지 스스로 해결해야 한다고 생각한다. 그래서 일찍부터 이익과 힘에 눈뜨고 민감해지며, 이재에 밝고 권력에 빠른 감각을 갖는다.

헤롯의 어머니는 나바테아 귀족 출신의 딸이었다. 헤롯은 유모의 손에 크면서 8번 유형의 성격이 되었으며, 따라서 어려서부터 강한 성격으로 자랐다. 그는 스스로 강해야 했기에 믿을 사람은 오로지 자신뿐이었다. 8번 유형이 순진하고 소박한 마음을 품고 약자를 동정하며 돌보는 마음을 갖지 못하면, 그들의 인간관계도 인격적 관계보다 기능적 관계로만 머물 뿐이다. 그들은 언제나 이해타산이 앞서고, 공리주의와 업적주의가 강하게 나타난다.

악명 높은 '영아 학살' 사건은 헤롯의 말년에 빚어진 하나의 사건일 뿐이다. 그의 일생은 권력 투쟁의 연속이었다 해도 지나침이 없다. 일찍이 자기 아버지가 시저 암살 사건에 연루됐다는 위기에서도 살아남았고, 패전으로 인해 왕위에서 쫓겨났다가도 복권됐던 헤롯이다. 더욱이 유대인도 아니고 왕족도 아니었던 그가 로마의 권력자들과 실세들에게 충성한 결과로 왕위에 올랐으니, 헤롯에게 수성(守城)의 강박관념은 상상하기 어려울 정도로 높았을 것이다.

스트레스로 말하자면 그야말로 신경세포가 파괴될 정도로 심했을 것이다. 헤롯은 자신의 권력을 넘본다고 여겨지면 누구라도 가차없이 처단하기에 이른다. 부인도, 세 아들도, 장인도 역모죄로 처단했다. 헤롯은 평생토록 긴장의 연속에서 살았고, 우울했으며, 편집적 망상이 심했고, 스스로 괴롭히는 감정에 시달렸다고 한다. 그리고 만성 신장염을 앓았고, 괴저병(fournier's gangrene)으로 고생했다.

잠시라도 긴장의 끈을 놓거나 방심하면 누군가 치고 들어올 것이라는 음모론에 바탕을 둔 생존 전략은 점점 더 자신을 고립시켰다. 헤롯은 누구도 믿을 수 없었기에 스스로 더 강해져야 한다고 생각했을 것이다. 결국 그는 말년에 더욱 포악해졌다. 죽기 직전에는 자기를 암살하려 음모했다는 죄로 아들 안티파테르(Antipater)를 법정에

세우고, 마침내 아우구스도(Augustus) 로마 황제의 재가를 받아 기원전 4년에 아들을 처형시켰다. 이는 같은 해에 자신이 죽을 줄 모르고 한 일이었다.

제왕이나 평민이나 '성격이 운명이다'라는 틀에서 벗어나기 어려운 법이다. 자신을 알아야 그 틀에서 벗어날 수 있다. 자신의 격정을 알고 덕목을 살릴 때 운명이 바뀐다. 헤롯의 역사를 놓고 가정을 하자는 것이 아니다. 능력 있는 8번 유형이 자신을 알면, 누가 성군의 길을 택하지 폭군의 길을 택하겠는가?

강한 성격이라 불리는 사람들은 대개 능력을 앞세우면서 성실을 소홀히 하기 쉬운 법이다. 헤롯이 그 전형이라 하겠다. 정욕에 사로잡혀 권력의 화신으로 살다 보니 그야말로 일생을 낭비한 비극적 인물이 되고 말았다. 건강한 8번 유형이 순진무구하고 소박한 성품을 살리면 약자에게 뜨거운 동정심을 발휘하는 것과는 거리가 멀었다. 이는 오만의 결과다. '오만이 앞서면 망신과 손해가 뒤따른다(Lorsque l'oreuil va devant, honte et dommage le suivent)'는 프랑스 격언이 떠오른다.

8번 유형
소탈한 지도자

　어려서부터 골목대장이나 우두머리 기질로 자라난 8번 유형은 늘 강자가 되어야 한다는 강박관념이 있다. 약하게 보이면 누군가 치고 들어올 것 같은 음모론이 마음속에 자리 잡고 있어서 목에 힘이 들어가고 어깨가 올라간다. 그러나 겉으로는 힘을 드러내면서도 속으로는 문득 허약함을 느낀다. 그래서 이들은 진정한 힘은 겉으로 나타나는 것이 아니라 속에 알차게 갖추어져서 '내공'이 있어야 생기는 것임을 깨달을 필요가 있다. 누구나 힘을 쓰는 과정에서 잠재력의 일정 부분을 사용한다. 안팎의 배분을 생각할 때, 힘을 겉으로 많이 드러내면 속이 약해지고, 반대로 속으로 힘을 많이 축적하면 겉이 약해 보인다. 늘 대결하고 주장이 강한 사람들은 자신도 모르게 밖으로 힘을 많이 끌어내 쓰니까 속이 약해지기 마련이다. 겉보기에는 강한데 속은 약하기 쉽다. 그런 사람은 마음이 약하다는 말을 듣는다.

　8번 유형은 대체로 누군가를 동정한다든가 부드럽게 대하는 것 자체를 약자의 태도 또는 감상주의적 태도로 치부하며 혐오한다. 약자를 보고 뜨거운 동정심을 가져야 덕이 될 뿐 아니라 스스로 진정한 강자가 되는 줄 모른다. 이와 대조적으로 자신의 힘과 위용을 과시하기 위해 짐짓 동정심을 베풀기도 하는데 이는 힘을 과시하는 방편이 될 뿐이다.

　일찍부터 독립적인 생활을 하며 용맹과 지혜를 갖추고 자라난 다윗은 골리앗과의 싸움에서 이긴 것으로 유명하다. 그는 일찍이 힘의 본질을 바로 알고, 힘을 겉으로 드러내지 않을 뿐더러 분별 있게 사용해 역사에 빛나는 다윗 왕조를 일구었다. 그러나 권력의 속성인 오만과 탐욕을 제어하지 못해 말년에 부끄러움을 낳는다. 성군이라도 격정에 사로잡히면 예외가 아니라는 것을 우리는 다윗에게서 목도한다. 다윗이 권력을 선용할 수 있었던 것은 왕위에 오르기 전 오랫동안 형언하기조차 어려운 고난을 '자발적 고난'으로 받아들이고 견뎌 내며 자기 수련이 된 결과였다. 12지파/부족을 통합해 통일 왕국을 이루고 부국강병책을 살리며 예술 감각까지 겸비해 통치했으니 그를 성군이라 부를 만했다. 다윗은 권력이 하나님에게서 온 것임을 자각할 때는 스스로 권위를 유지했고, 그것을 망각할 때는 위기에 빠졌다.

'죽으면 죽으리라'는 결단의 말로 잘 알려진 에스더는 포로로 끌려간 사람들 가운데 고아의 몸으로 페르시아의 왕비가 된다. 위험에 도전하며 공격적이고 대결적인 자세로 헤쳐 나가는 여걸의 모습은 정말 대단하다. 그러나 이것이 지나치면 반대자들에게 무자비한 보복으로 나타나기 쉽다. 에스더는 '자기 일은 스스로 하자'를 좌우명으로 삼는 8번 유형의 기질에다 고아로 자라난 특성이 자기 보존 본능과 사회적 본능을 합쳐서 강화했을 것이다. 자연히 성적 본능은 미숙하고, 동시에 친소 본능은 부실했다. 그런 이들은 자칫하면 독불장군이 되고, 특히 위기에 빠지거나 신변에 위협을 느끼면 복수 심리나 공격 본능이 자극되어 힘을 과시하는 경향이 있다. 이들은 복수를 하면 무자비하게 한다. 에스더 이야기에서는 하나님이 한 번도 언급되지 않는다는 점도 특색이다.

헤롯 대왕은 '권력의 화신'이라 할 만한 인물이다. 그는 마치 권력을 위해 태어났고 권력을 위해 살았던 사람 같다. 그러나 약자를 보호하며 뜨거운 동정심과 인애한 마음으로 통치할 때 성군이 되고, 소박하고 소탈한 지도자가 되는 법이다. 헤롯은 이를 뒤집어서 살았다. 권력을 과시하다 못해 남용했다. 권력 획득을 목적으로 삼는 권력자는 생태적으로 권력을 선용하기 어렵다는 문제를 끌어안고 간다. 왕족이나 유대인도 아니면서 로마의 실력자 안토니우스에게 아부하며 권력을 획득한 헤롯은 태생적으로 권모술수에 능하고 무자비할 수밖에 없었는지도 모른다. 그는 권력 안보에 총력을 기울이며, 오판일지라도 위험을 느끼면 직계가족조차 가차 없이 처단했다. 예수 탄생 직후에 이루어진 영아 학살은 그 극치를 보여 준다. 헤롯이 세상 떠나던 해의 일이었다.

8번 유형에게서 나타는 특징은 권력에의 의지다. 강한 성격의 소유자로서 대결적인 자세로 살려는 성향과 습관이 있는 사람들은 남녀를 막론하고 자기 힘으로 남을, 특히 약자를 보호하고 섬기려는 자세로 살아갈 때, 진정한 힘이 나타난다. 힘을 의식할수록 이는 속으로만 간직하고, 겉으로는 소박하고 소탈한 모습으로 사랑을 보여 주면 덕치가 이루어진다. 이런 이들은 장군 중에서도 덕장이 되어 존경받는다. 이는 누구에게나 중요하지만 특히 힘에 대해 남달리 본능적으로 민감한 8번 유형에게는 더욱 필요한 진실이다. 즉, 힘을 어떻게 이해하고, 어떤 자세로 다루느냐는 것이다. 우리는 힘을 쓰는 과정에서 목적 달성을 위해 사람들을 설득하고, 안 되면 그들에게 강압하고, 그래도 안 되면 폭력에 호소한다. 그렇게 누구나 폭군이 되는 방향으로 치닫는다.

처음부터 설득보다는 대화를 시도하는 것이 예수가 보여 준 이래 오늘날 꽃핀 '섬김의 리더십(servanthood leadership)'을 살리는 길이다. 이는 다름을 인정하고 배려하며 서로 존중하고 협력하는 데로 나아가는 것이다. 권력자가 통치하는 목적이 통합이라면 약자를 보호하고 사람들이 고르게 잘살도록 복지에 비중을 두어야 힘이 가장 바르게 쓰이는 법이다.

대화를 하더라도 '비설득적 대화'를 해야 입장의 차이를 인정하고 공감할 뿐 아니라 감정이입을 하면서 서로 상대의 입장에서 생각하며 역지사지의 진실을 살릴 수 있다. '소통(communication)'은 본디 '하나 되게 한다(communicare)'는 말에서 비롯됐다. 소통은 통합으로 이어진다. 이를 위해 쓰이는 힘이 실은 가장 큰 힘이며, 모든 위업을 이룬 과정과 배경에는 바로 이런 힘이 있었다. 앞서 살핀 인물들을 생각하면서 8번 유형의 자기 관리와 위기관리에 대해 살펴보자.

8번 유형은 대결형으로서 지도자나 보스 기질이 강하다. 자기주장이 강한 성격으로 다른 생각과 의견을 받아들이기보다 자기 생각을 내세워 상대를 제압하거나 설득하며, 만약 그렇지 못하면 충돌도 불사한다. 이들은 약하게 보이면 밀린다는 생각에 약점을 기피하고 정의를 주장하며 상대의 약점을 공격하는 함정에 빠진다. 항상 정복하고 이겨야 한다는 강박관념이 있어서 남들 눈에는 욕심이 크고 고집이 세 보인다. 격정에 사로잡히면 이런 특성이 더욱 강화된다.

8번 유형은 어려서부터 골목대장을 도맡고 늘 우두머리 노릇을 하며 살았기 때문에 남들에게 꿇릴지 모른다는 두려움이 있다. 이들은 '무릎을 꿇고 사느니, 서서 죽노라' 하고 외칠 만큼 지고는 못 사는 성격이다. 언제나 이겨야 된다고 생각하며 산다. 8번 유형은 만 여섯 살을 전후해 어머니와 양가적인 관계를 경험한 기억이 있다. 일찍이 어머니 품에서 벗어나 독립심이 강하며 '자기 일은 스스로 한다'는 생각으로 자라서 자수성가하는 유형이다. 자기 보존 본능과 생존 본능이 남달리 강해서 일찍부터 정복욕이 크다.

그러나 8번 유형이 정욕의 격정을 사로잡고 정의보다는 뜨거운 동정심으로 변환하면 순진무구하고 소탈한 리더가 된다. 외강내유로 허장성세하는 것이 아니라 실제로 강하면서도 외유내강형으로 바뀌어 소박하고 아량이 큰 리더가 된다. 이들은 충고에 동의하고 자문에 경청하며 약자에게 자애로운 덕스러운 리더가 될 수 있다.

보스 기질이 강한 8번 유형은 위기 상황에서 스트레스가 심하면 압도적이고 대결적이며, 특히 책임을 아랫사람에게 전가하는 모습을 보일 수 있으나, 남다른 자제심과 아량, 통제력으로 위기를 관리해야 한다.

9번 유형

행동하는
평화주의자

어브라함
요나단
바나바

TYPE
9

I
아브라함

길을 떠나는 아브람

우리는 길을 떠나는 것을 흔히 동경하면서도 막상 떠나려 하면 선뜻 발이 떨어지지 않는다. 일상의 삶을 훌쩍 떠나는 일은 더욱 어렵고, 삶의 익숙한 터전을 떠나는 일은 더더욱 어려운 법이다. 아프리카 오지의 물 없는 곳에서, 그것도 집에 나무로 된 곳은 흰개미들이 모조리 갉아 먹는 참말로 살기 어려운 고장에서도 떠나지 못하고 안주하는 사람들이 있다.

미지의 세계로 나가는 것은 꿈과 모험을 동시에 요구한다. 이는 아브라함에게 필요한 것이었다. 그 위에는 무엇보다도 믿음이 요청된다. 「창세기」에서 첫 번째로 인격에 대한 구체적인 설명이 나오는 12장을 보면, 하나님이 아브람에게 "네가 살고 있는 땅과 네가 난 곳과 너의 아버지의 집을 떠나서, 내가 보여 주는 땅으로 가거라"(창세기 12:1) 하고 말씀하셨을 때, "아브람은 주님께서 말씀하신 대로 길을 떠났다"(창세기 12:4)고 기록되어 있다.

척박한 땅이라도 자기가 살던 고향을 떠난다는 것이 어려울 법한데, 아브람이 떠난 곳은 어떤 곳인가? 고대 인류 문화의 발상지 가운데 하나로 수메르 문명이 꽃피웠던 곳, 당시 세계에서는 가장 살기 좋은 곳 아니었던가!

누구에게나 상상하기조차 힘든 일이지만, 에니어그램 9번 유형은 길을 떠나고 이사하고 움직이는 것이 상대적으로 더 어려운 사람들이다. 그들에게는 새로운 환경, 새로운 관계, 새로운 일 모두가 갈등을 불러일으키는 요인이기에 적응하기가 쉽지 않다. 새로운 사람을 만나는 일도 부담스럽다. 일상에서도 누군가 찾아와 인사를 청하면, 수인사는 해도 좀처럼 자기편에서 먼저 다가가는 일은 드물다.

에니어그램 9번 유형은 4번 유형이나 5번 유형과 함께 움츠러들고 위축되기 쉬운 사람들이다. 특히 9번 유형은 관성의 법칙이 강하다. 한번 눌러앉으면 계속해서 그 자리를 고수한다. 웬만하면 이사도 가지 않고, 직장을 옮기는 일도 잘 하지 않는다. 그런 만큼 보존하는 데나 현상 유지에 강한 사람들이다. 이들은 사람을 한번 사귀면 변함이 없다. 평화를 사랑하고, 너그러우며, 관용이 특징으로 나타난다. 9번 유형이 있는 곳에는 평화가 깃든다. 이들은 참고 견디는 마음이 크고, 양보도 잘한다. 그리고 무엇이든지 잘 끌어안고 품는다. 어떤 것도 수용하는 힘이 크기에 '컨테이너 타입'이라 불리기도 한다. 이 모든 일이 적극적으로 보면, 평화를 만드는 힘 때문이라 할 수 있다. 그러나 소극적으로는 갈등을 기피하기 위한 몸짓임을 알 수 있다.

에니어그램 9번 유형은 갈등을 기피하는 성향 때문에, 우유부단하거나 미루기를 잘하고, 뭔가 결단력을 보이고 선택을 내려야 할 때 스트레스를 받는다. 이것은 격정이 나태로 나타나기 때문이다. 이들은 무슨 일이 생기면 저절로 해결되기를 바란다. 기다려도 해결되지 않으면 누군가 자기 대신에 나서서 해결해 주기를 기대한다. 그래도 안 되면 자신이 직접 나서지만, 대개는 때가 늦은 경우가 많다.

이런 사람들에게는 시간관 자체가 독특하다. 이를테면, 머릿속에 출발 시계는 없고 도착 시계만 있다. 이들은 대개 도착 시간만 생각하다가 막상 도착하고 보면 시간이 늦는 경우가 한두 번이 아니다. 그래서 친구들 사이에서는 으레 30분 늦는 사람으로 호가 나 있다.

그러나 '나는 지각을 모른다'는 9번 유형도 때때로 만난다. 매우 부지런한 9번 유형이라 하겠다. 이들은 관성의 또 다른 면을 드러내는 사람들이다. 이는 행동의 관성이다. 부지런을 떨며 쉬지 않고 움직이는 것이다. 아브라함의 끝없는 순례도 이런 관점에서 볼 수 있다.

바로 왕을 속이는 아브람

아브라함은 세계의 3대 종교인 기독교, 유대교, 이슬람교에서 공통적으로 믿음의 조상이라 칭해진다. 그런 만큼 '믿음' 하면 아브라함이다. 믿음의 조상인 아브라함이 비록 이름이 바뀌기 전 아브람일 때의 일이기는 하지만, 너무나 '인간적인' 모습을 보인 적이 있다. 프레더릭 뷰크너(Frederick Buechner)가 표현하듯이 일종의 팔불출이다. 그는 이렇게 말한다. "세상에, 평생을 두고 남에게 국 국물을 쏟으며 사는 사람을 슐리멜이라 하고, 밤낮 국 국물을 쏟게 하는 사람을 슐레모즐레라 한다면, 아브라함이야말로 슐레모즐레이다."

이런 모습이 제일 먼저 드러난 곳은 이집트였다. 성서의 기록을 보자. "이집트에 가까이 이르렀을 때에, 그는 아내 사래에게 말하였다. '여보, 나는 당신이 얼마나 아리따운 여인인가를 잘 알고 있소. 이집트 사람들이 당신을 보고서, 당신이 나의 아내라는 것을 알면,

나는 죽이고 당신을 살릴 것이오. 그러니까 당신은 나의 누이라고 하시오.'"(창세기 12:11~13).

모두가 너무나 잘 아는 사실이지만 다시 한 번 확인해 보자. 이것이 자기 생존 본능의 표현인 것은 인정한다. 그야말로 인지상정이라 할 것이다. 보존형인 9번 유형에게는 어찌 보면 너무나 당연한 일일지 모른다. 그러나 한술 더 떠서 부인을 누이라 속이며, 그 때문에 대접도 받고 덕 좀 보겠다는 대목에 이르러서는 아연실색, 놀라지 않을 수 없다. 여기서도 내친김에 한발 더 나가는 관성을 볼 수 있다.

더욱 놀라운 것은 속임수를 쓰는 것이다. 에니어그램 일반을 보면, 속임수는 3번 유형의 격정이다. 그런데 9번 유형인 아브람이 속임수를 쓴다. 9번 유형은 퇴화하면 6번 유형의 격정 속으로 들어가서 공포와 불안을 드러낸다. 그런데 9번 유형이 반격정에 사로잡히면 3번 유형의 격정 속으로 빠지는데, 이는 퇴행보다도 위험한 지경이다. 아브람이 바로 여기에 빠진 것이다.

에니어그램 9번 유형은 편안한 사람으로 순종적이며 남들과 잘 지내려는 성향이 강하다. 그들은 남에게 의존적이어서 남을 이상적으로 보며 남을 통해서 자기 인생을 산다. 상황이 뒤집히는 것과 어떤 종류의 압력이라도 두려워한다. 그러니까 아브람은 하나님을 믿고 순종하면서 길을 떠나기는 했으나, 죽음을 생각할 만큼 긴장하고 스트레스를 받으며 내면의 갈등을 느꼈을 때는 흔들리는 모습을 보인다.

평소에 건강할 때는 그렇게도 침착하고 안정되며 평온하던 9번 유형도 평상심을 잃고 자기 고착에 빠져서 강박충동에 떠밀리기 시작하면, 아브람에게서 나타난 것처럼 초점의 대상을 잃고, 상황을 극복하기 위한 노력을 내켜 하지 않으며, 무관심하고 게으르게 머뭇거리기만 하면서 문제가 제풀에 꺾여 사라질 때까지 발뺌하며 피한다. 그들은 현실을 '꺼 버리기' 시작하고 자신들이 보고 싶지 않은 것은 잊어버린다.

여기서 더 밀리면 9번 유형은 현실로부터 분리되기 때문에 더 이상 제 기능을 하지 못한다. 에니어그램 8번 유형, 1번 유형과 함께 행동 중심이 강한 9번 유형은 그 행동 중심을 잘못 쓰면 돌출 행동이나 돌출 발언이 나올 가능성이 커진다. 따라서 할 말, 안 할 말을 잘 구별하지 못한다.

롯에게 양보하는 아브람

세상의 모든 일에는 양면성이 있다. 남에게 뭔가를 주는 것은 아름다운 일이라 볼 수 있다. 그러나 그 이면을 놓고 보면, 사심 없이 주는 경우가 있고, 이와 대조적으로 안 주면 불이익을 당할까 봐 주는 경우도 있다. 아브람이 이집트 사람들에게 사례를 내준 것이 후자에 속한다면, 롯에게 "물이 넉넉한 것이 마치 주님의 동산과도 같고, 이집트 땅과도 같았다"(창세기 13:10)는 요단의 온 들판을 양보한 것은 전자에 속한다고 할 수 있다.

평화주의자인 9번 유형은 소극적으로 말하자면, 갈등을 피하기 위해 무엇이든 줄 수 있는 사람이다. 그들은 평상심을 유지할 때에도, 그래서 남의 부탁을 거절하지 못한다. 그러나 그들이 건강해져서 통합의 방향으로 이행하면, 무조건적인 사랑으로 행동하며, 적극적으로 사심 없이 주거나 양보한다. 나의 유익보다 남의 이익을 먼저 생각하는 너그러움이 돋보이는 사람이 된다.

엘람 왕 그돌라오멜과 그와 동맹한 주변국의 여러 왕들이 소돔과 고모라를 쳤을 때, "그들은 롯까지 사로잡아 가고, 그의 재산까지 빼앗았다"(창세기 14:12). 이 소식을 전해 들은 아브람은 "집에서 낳아 훈련시킨 사병 삼백열여덟 명을 데리고"(창세기 14:14) 쫓아가서 롯을 구했다. 막강한 연합군 앞에서도 두려움 없이 사병을 이끌고 가서 용맹하게 싸울 수 있었던 것도 평화를 만드는 사람답게 무조건적인 사랑으로 남을 돕는 건강한 9번 유형의 특징이 나타난 것이라 하겠다.

9번 유형은 사람들이 편안하게 느끼도록 해 주고, 집단을 조화롭게 하며, 사람들을 하나로 모은다. 마음이 편안할 때 아브람이 그러하듯이 건강한 9번 유형은 마음이 열려 있고 정서적으로 안정되며 평온하다. 그들은 수용력이 있고 자신이나 남을 신뢰하며 느긋하고 몸과 마음이 편하다. 참을성이 있고 점잖으며 허세부리지 않고 순진무구하다. 소박하고 순전히 좋은 사람들이다.

아브람은 이런 마음과 자세를 지니고 살았기에 일흔다섯에 고향 집을 떠나라는 하나님의 명령에 순종했고, 롯을 구해 멜기세덱의 축복을 받을 수 있었으며, 100세에 하나님의 약속대로 아들을 얻기도 했다.

어려서부터 말썽을 잘 일으키지 않고 편안하게 살아온 9번 유형은 만 여섯 살이 되기까지 부모의 사랑을 고루 받아서 갈등을 비교적 모르고 자란다. 이들은 부모의 애정도 적극적으로 경험하며 자라기 때문에 부모 같은 사람이 되고 싶어 하고, 부모처럼 살려는 마음을 지니게 된다. 그래서 평균 상태에만 있어도 고분고분하고 남들과 잘 지내려는 성향이 강하다.

따라서 9번 유형은 갈등에 민감하고 또 약하기도 하다. 그래서 갈등을 기피하려는 성향이 강하다. 그러나 이들은 남들과 관계를 유지하길 대단히 원하기 때문에 결국은 갈등을 해소시키며 극복하려는 노력을 하게 된다. 원형심리학에서도 말하는 것처럼, 갈등도 위기와 마찬가지로 이겨 내고 나면 이전보다 더욱 발전하고 성숙할 만큼 변화된다.

아브람이 끝없는 여로를 가며 수많은 갈등을 극복하고 변화를 거듭한 것이 마침내 하나님과의 언약을 맺는 데까지 이르렀으리라. 하나님이 은총을 베풀어도 그것을 감당할 만한 마음의 그릇과 응답의 자세를 갖추는 것은 사람의 몫이다.

소돔을 위해 기도하는 아브라함

에니어그램은 우주적 상징이다. 이는 3의 법칙과 7의 법칙이 배합되어 온전함을 이루는 것을 나타낸다. 온전한 하나를 나타내는 원 안에 삼각형이 들어 있다. 그 정점에 9번 유형이 자리한다. 그리고 밑변 좌우에 6번 유형과 3번 유형이 자리한다. 믿음의 조상들이 여기에 꼭 들어맞는다. 아브라함이 9번 유형으로 정점에 있고, 그 아래 좌우에 6번 유형인 이삭과 3번 유형인 야곱이 자리한다. 마치 에니어그램은 믿음의 조상들을 설명하기 위한 것처럼 되어 있다.

믿음의 조상들을 논외로 하더라도, 9번 유형은 에니어그램의 대표다. 9번 유형은 또한 다른 모든 유형을 아우른다. 예를 들어, 사람들에게 어린 시절을 회상하면서 에니어그램을 찾도록 하면, 다른 유형일지라도 거의 예외 없이 9번 유형에 대한 설명을 들으며 자기 것 같다고 한다. 그만큼 9번 유형은 수용적이며 포괄적이다.

또 다른 예를 들어 보자. 에니어그램의 색채론을 보면, 삼각형 안에 드는 9번 유형, 6번 유형, 3번 유형에게서는 삼원색을 확인할 수 있는데, 역시 정점에 있는 9번 유형이 빨간색, 6번 유형이 노란색, 3번 유형이 파란색이다. 어린 시절은 물론이고 어른이 되어서도 9번 유형인 사람들은 에니어그램을 알든 모르든 빨간색을 좋아한다. 색깔 가운데 빨강은 모든 색을 포괄하고 수용하는 색깔이다.

너그럽게 품어 주는 것은 얼마나 아름다운가! 일찍이 구르지예프는 당대의 최고 지성인들을 가르치는 입장에 있었으면서도 열한 살의 소년 프릿츠 피터에게 다음과 같은 가르침을 주었다. "사람들과 잘 지내는 법을 배우는 것은 중요하다. 중요한 길은 한 가지 뿐이다. 모든 종류의 상황 속에서, 모든 종류의 사람들과 더불어 사는 것, 끊임없이 그들에게 반응하지 않는다는 의미에서 더불어 사는 것이다."

이런 지혜를 가장 잘 살릴 수 있는 성격 유형이 9번 유형이다. 그들이 최고의 상태에서 드러내는 특징은 믿음의 조상 아브라함이 최고의 상태에서 드러낸 특징과 비슷할 듯하다. 그들은 아주 건강할 때 침착해지며, 대단한 마음의 평온과 순전한 만족감을 지니고 산다. 자율성과 성취감을 느끼고, 자신과 일치하면서 산다. 그렇지만 역설적으로 말하자면, 그들은 바로 그 자신과의 일치 때문에 다른 사람들과 깊은 관계를 만드는 능력을 더 키워야만 한다. 더욱 생기 있게 살고, 의식을 깨우며, 자신과 남에게 더욱 민감해져야 한다.

아브라함을 믿음의 조상으로 여기는 가장 큰 이유는 그의 믿음이 초연함과 무조건적인 사랑으로 나타났기 때문이다. 아브라함은 안락하고 익숙하고 편안하고 가장 살기 좋은 고향 집, 메소포타미아의 갈데아 우르를 떠난 일을 시작으로 끝없는 여로, 끊임없는 모험과 순례의 길을 걸었다. 100세에 하나님의 약속으로 얻은 아들 이삭을 모리아 산에서 제물로 드리는 '미완성의 제사'도 드렸다.

무조건적인 사랑은 아브라함이 롯에게 비옥한 땅을 양보한 일뿐 아니라, 타락한 도성 소돔을 위해 기도하는 데서 그 극치를 이루며 나타났다. 사람이 제 고장을 위해서도 목숨을 걸고 기도하기가 쉽지 않은 법인데, 아브라함은 자기가 살지도 않을 뿐 아니라 저주받을 만큼 타락한 다른 도성을 위해 인격과 실존을 걸고 기도한다. 아브라함은 "땅에 사는 모든 민족이 너로 말미암아 복을 받을 것이다"(창세기 12:3)라는 말씀을 이루려는 삶을 살았던 것이다.

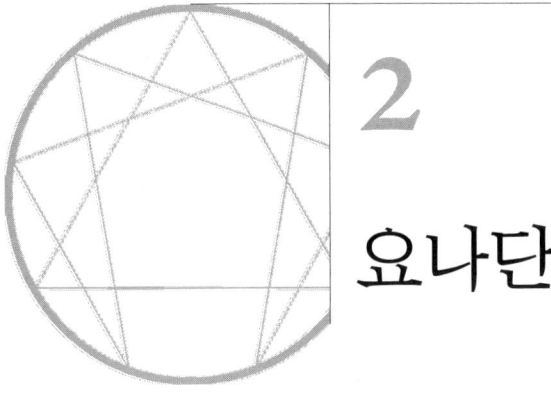

2
요나단

고귀한 사람 요나단

　9번 유형이 에니어그램의 대표요 상징이란 말이 있다. 이를 증명할 사람으로 요나단을 능가할 인물은 달리 찾기가 어려울 듯싶다. 요나단은 히브리 성서에 나온 인물 가운데 가장 고상하고, 티 없이 맑고 매력적이며, 자기부정을 사랑과 관용으로 나타낸 빼어난 인물이다.

　요나단의 삶을 가장 잘 드러낸 인간관계는 다윗과 나눈 사랑에서 엿볼 수 있다. 다윗이 골리앗을 이기고 사울 왕 앞에 나타나 이야기를 끝냈을 때였다. "요나단은 제 목숨을 아끼듯이 다윗을 아끼어, 그와 가까운 친구로 지내기로 굳게 언약을 맺고, 자기가 입고 있던 겉옷을 벗어서 다윗에게 주고, 칼과 활과 허리띠까지 모두 다윗에게 주었다"(사무엘상 18:3~4). 실로 파격적이며 놀라운 일이다. 요나단은 사울 왕의 세 아들 가운데 장자요 군대의 천부장으로서 장군이다. 속으로 자기를 사랑하듯 아끼는 마음이 있어도 신분과 권위의 상징인 겉옷과 무기, 띠까지 모두 준 일은 말로 설명할 수 없는 극진한 대접이다.

이렇게 만난 다윗과 요나단의 죽을 때까지 변함없었던 사랑은 상상을 초월한 것이었다. 이 둘의 사랑은 단순한 우정이었느냐, 정신적 사랑이었느냐, 동성애였느냐 오랫동안 논쟁이 있었을 만큼 대단한 사랑이었다. 여기에는 이루 다 말할 수 없는 이야기가 얽혀 있다.

다윗은 사울 왕의 총애를 받고 왕궁에서 생활했는데, 사람들의 마음이 다윗에게로 쏠리는 것을 보자 사울은 시기하는 마음이 들고 위협을 느끼면서 다윗을 박해하기 시작했다. 그 뒤로 다윗은 왕위에 오르기까지 10년 세월 동안 온갖 박해와 죽음의 위험을 겪으면서 도피 생활을 계속한다. 이때 요나단이 보여 준 희생적인 사랑은 말로 다 표현하기가 어렵다.

토머스 버넷 스완(Thomas Burnett Swann)의 소설 『어떻게 강자가 추락하는가(*How Are The Mighty Fallen*)』에서는 다윗과 요나단이 연인으로 그려지는데, 특히 요나단은 네피림(창세기 6:4)일지도 모를 반(半)인간이요, 날개 달린 반(半)천사처럼 묘사된다. 이런 환상소설에서도 요나단은 역시 사랑이 많고 특별히 고상한 사람으로 그려진다.

다윗에게 격노한 사울 왕이 요나단에게 하는 말에서도 요나단의 사랑은 잘 드러난다. 사울이 "네가 이새의 아들과 단짝이 된 것을 내가 모를 줄 알았더냐?"(사무엘상 20:30)라고 화를 내면서 다윗은 죽어야 마땅하다고 할 때도, 요나단은 고상한 자세로 사울에게 탄원한다. 그러나 요나단은 다윗을 죽이고자 하는 사울의 결의가 워낙 굳은 것을 알고는 자기 신변의 위험을 무릅쓰고 다윗을 안전한 곳으로 피신시킨다.

사울은 왕이며 요나단의 아버지다. 부왕이 위협을 느끼고 불안해하며 다윗을 제거하려 하면 계승자가 될 요나단도 같은 입장에 서야 하는 것이 상식이다. 그러나 요나단은 하나님이 다윗과 함께하는 것을 알고, 자기 마음을 비우고 다윗을 옹호하며 사랑한다. 이는 자기 개인의 위치와 욕망을 부정하는 태도가 아니고서는 불가능한 일이다. 요나단은 한번 마음먹으면 무조건적으로 사랑할 뿐 아니라, 관성의 법칙에 따라 꾸준히 한결같은 태도로 사랑하는 9번 유형의 성향을 여실히 드러낸다.

신의의 친구 요나단

보통 사람들이 생각하는 상식의 선을 넘어서면, 이를 이해하거나 받아들이지 못하는 경우가 흔하다. 다윗에 대한 요나단의 사랑이 그런 것 같다. 당시 부왕 사울도 이해하지 못했고, 현대에 와서도 그 고귀하고 희생적인 사랑을 이해하지 못하는 사람들은 제각기 편리한 논리를 내세우며 별별 해석을 다 시도한다. 그러나 우리는 요나단의 삶 속에 나타난 지속성과 일관성을 눈여겨볼 필요가 있다.

인간관계에서 무엇보다 중요한 것은 신의다. 말 자체가 뜻하는 대로 '믿음으로 의로워지는 것'이요, '믿음으로 올바른 관계를 맺는 것'이다. 요나단이야말로 이런 신의의 상징이라 해도 지나침이 없다. 허구로 소설처럼 그리더라도 요나단이 일생을 두고 다윗에게 보여 준 신의는 실천은 고사하고 묘사하기도 쉬운 일이 아니었을 정도다. 그야말로 첫눈에 사랑하게 된 그날부터 블레셋 사람들과의 전투 중 길보아 산에서 전사하는 순간까지 요나단의 사랑은 지고지순한 사랑이었다. 비록 다윗이 나중에 왕위에 올라 역사상 큰 이름을 남긴 임금이 되기는 하지만 두 사람 사이를 견주어 보면 요나단의 사랑이 더할 수 없을 만큼 큰 것이었음을 아무도 부인할 수가 없다.

요나단이 다윗을 처음부터 사랑의 눈으로 보았기 때문에 끝까지 사랑했다고만 설명할 수는 없다. 세상에 알려졌다시피, 사울은 "악한 영이 사울을 괴롭혔다"(사무엘상 16:14)고 했듯 정신 질환을 앓았고, 8번 유형의 격정에 사로잡혀 음모와 조작, 복수를 일삼았다. 요나단은 그런 아버지이자 임금인 사울을 대하면서도 놀라울 정도로 침착하고 고상하게 신의와 품격을 지켰다.

요나단이 부왕과 두 형제와 함께 전사했을 때, 다윗이 지은 유명한 조가 〈활 노래〉에서도 요나단의 신의와 사랑이 묻어난다. "사울과 요나단은 살아 있을 때에도 그렇게 서로 사랑하며 다정하더니, 죽을 때에도 서로 떨어지지 않았구나!"(사무엘하 1:23). 여기에서는 버리고 도망치고 싶은 아버지를 끝까지 사랑하고 지켜 준 요나단의 신의와 사랑이 더욱 돋보인다.

다윗은 요나단의 신의와 사랑을 추모하며 노래한다. "나의 형 요나단, 형 생각에 나의 마음이 아프오. 형이 나를 그렇게도 아껴 주더니, 나를 끔찍이 아껴 주던 형의 사랑은 여인의 사랑보다도 더 진한 것이었소"(사무엘하 1:26). 얼마나 살뜰하고 자상한 사랑을 끊임없이 베풀었으면, 이렇게 세상 사람들에게 동성애로 의심받을 만큼 애절하게 사랑을 추모했을까 싶다. 그토록 아름다운 추억을 남긴 요나단이었다.

사울 왕이 다윗의 목숨을 노리는 바람에, 다윗이 "나와 죽음 사이는 한 발짝 밖에 되지 않네"(사무엘상 20:3)라고 말하자, 요나단은 다윗에게 "자네의 소원을 말해 보게, 자네를 돕는 일이라면, 무엇이든지 하겠네"(사무엘상 20:4)라고 말하고는 다윗의 탈출을 도우며 신의를 지킨다. 이는 위험을 무릅쓴 일이었다. 더욱 놀라운 것은 왕자인 요나단이 왕위 계승권까지 포기하면서 다윗을 지켰다는 점이다. "다윗이 십 광야의 호레스에 있을 때에, 사울의 아들 요나단이 호레스로 다윗을 찾아와서, 하나님을 굳게 의지하도록 격려하였다"(사무엘상 23:15~16). 그리고 그는 이어서 이렇게 말했다. "자네는 반드시 이스라엘의 왕이 될 걸세. 나는 자네의 버금가는 자리에 앉고 싶네"(사무엘상 23:17).

"이리하여 이 두 사람은 다시 주님 앞에서 우정의 언약을 맺었다"(사무엘상 23:18). 다윗이 장차 이스라엘의 왕이 될 것을 믿고, 하나님의 뜻을 이루는 일과, 나라와 백성들을 사랑하는 일을 통합적으로 받아들인 요나단은 참으로 위대한 인물이다. 그는 9번 유형의 덕목을 유감없이 살리면서, 다윗에게는 사랑과 의리를, 백성들에게는 사랑과 믿음을, 하나님에게는 사랑과 충성을 지킨 사람이다.

관용의 왕자 요나단

9번 유형은 잠재력이 크다. 그 큰 에너지가 어떻게 쓰이느냐에 따라 덕목과 격정으로 명암이 갈린다. 잠재된 에너지를 선용하면 덕목이 되고, 오용하거나 남용하면 격정이 된다. 요나단의 덕목으로는 무조건적 사랑이 평화와 화해, 관용으로 나타나는데, 그것도 지속적이고 일관성 있게 나타난다.

9번 유형의 관용으로 요나단은 계급과 신분의 차이를 뛰어넘어 다윗을 끌어안았고, 성격적 결함과 과오를 넘어 부왕을 너그러이 대했다. 관용(tolerance)은 오차와 동의어다. 틀린 줄 알면서도 참고 견디며 품는 힘이 바로 관용이다. 요나단은 관용의 왕자였다. 부하들을 사랑하고 백성들을 사랑하며 품어 준 왕자였다.

싸움터에 나갔을 때 요나단이 무기를 든 젊은 병사에게 말했다. "주님께서 도와주시면 승리를 거둘 수도 있다. 주님께서 허락하시는 승리는 군대의 수가 많고 적음에 달려 있지 않다"(사무엘상 14:6).

소수의 병사를 데리고 블레셋 사람들의 거대한 군대를 상대로 싸움을 벌일 때, 지휘관인 요나단은 넉넉한 마음으로 부하들을 격려하면서 하나님을 의지하는 믿음도 불어넣는다.

요나단은 다윗의 탈출을 도울 때도 그랬다. 다윗을 배려하는 너그러운 마음이 얼마나 컸던지 부왕에게 미움을 사고 신변의 위협을 느끼면서도 그는 오직 다윗의 안전을 위해 모험을 불사한다. 그의 안전을 도모해 활을 쏘아 암호를 삼는 과정에서도 요나단은 '어린 종'을 데리고 나가서 그에게 심부름을 시켰다. 어린 사람을 시키는 것이 오히려 강한 군인을 데리고 일하는 것보다 더 안전할 수 있는 까닭은 바로 어린 종에게 베푸는 요나단의 배려와 관용 때문이다. 아무리 어리고 능력이 모자란 사람도 자신을 믿어 주는 사람에게는 목숨 걸고 용감히 일하게 하는 힘이 있다.

무엇보다도 요나단이 부왕 사울에게 보이는 관용은 상상하기 어려운 것이다. 다윗을 자신의 사위로 삼고도 까닭도 없이 죽이려고 들며 그야말로 정신없이 구는 아버지지만, 요나단은 끊임없이 관용하며 그에게 탄원한다. 요나단은 "그가 무슨 못할 일을 하였기에 죽어야 합니까?"(사무엘상 20:32) 하고 간구하다가 사울의 창에 찔려 죽을 뻔한 위험도 겪었다. 그러나 그는 어떤 상황에서도 꺾이지 않고 끊임없이 기회를 살피면서 그 둘의 화해를 시도한다.

요나단은 아버지 사울 앞에서 다윗의 좋은 점들을 이야기했다. "다윗은 아버지께 죄를 지은 일이 없습니다. 오히려 다윗은 아버지를 도와서, 아주 좋은 일들만 했습니다. 그는 자기 목숨을 아끼지 않고 블레셋 장군을 쳐죽였고, 그래서 주님께서 온 이스라엘에게 이렇게 큰 승리를 안겨 주셨습니다. 아버지께서도 그것을 직접 보고 기뻐하셨습니다"(사무엘상 19:4~5). 아버지 사울 왕에 대한 관용은 결국 사울의 마음도 움직였다.

그러나 이런 관용은 오차와 타성의 이면을 지닌다. 편하고 너그러운 사람은 흔히 늘어지기 쉽고 타성에 빠지기 쉽다. 그래서 동전의 양면을 관찰할 필요가 있다. 평화를 만들고 화해를 이루며 관용하는 9번 유형인 요나단은 흠잡을 데 없는 사람이었으나 한 가지 실수를 저지른다. 지치고 스트레스 받을 때 나타나는 9번 유형의 실수다. 요나단에게는 천려일실의 이야기다. 감각이 떨어졌을 때 일어난 일이다. 벳아웬 전쟁 중에 사울이 무모하게 군인들에게 금식 명령을 내렸는데, 어쩌다 이를 직접 듣지 못한 요나단이 "벌집에 든 꿀을 찍어서 빨아먹었다"(사무엘상 14:27). 이를 알게 된 사울은 요나단이 죽어야 한다고 선언한다.

일편단심의 의인 요나단

평소에 한결같은 마음으로 고매한 인격과 깊은 영성, 넉넉한 사랑을 지니며 살아온 요나단이기에 왕명을 어긴 죄로 죽을 목숨이 되었을 때에도 군인과 백성들이 그를 지킨다. "이 때에 온 백성이 사울에게 호소하였다. '이스라엘에게 큰 승리를 안겨 준 요나단을 죽여서야 되겠습니까? 절대로 그럴 수는 없습니다. 주님께서 살아 계심을 걸고 맹세합니다. 그의 머리털 하나도 땅에 떨어져서는 안 됩니다. 그는 오늘 하나님과 함께 이 일을 이루어 놓은 사람이기 때문입니다'"(사무엘상 14:45). 백성들이 이렇게 요나단을 살려 내어, 그는 목숨을 건진다.

한결같은 믿음과 사랑으로 충실하게 살아온, 자신들의 지휘관이자 왕자인 요나단에 대한 이러한 사랑의 탄원과 호소에서 우리는 요나단의 의로운 모습을 본다. 건강하지 못한 8번 유형인 사울은 왕위에 오른 날부터 끊임없이 전쟁을 벌였다. 천부장인 군대장관 요나단도 부왕을 도와 무수한 전쟁에서 공을 세운다. 그러나 그는 언제나 처음처럼 한결같은 마음으로 살면서 지나침도 모자람도 없이 충실하다.

요나단은 사울 왕을 도와 나라를 튼튼하게 세우며 블레셋의 공격과 압박에서 이스라엘을 해방시켰다. 전쟁에서 공을 세우거나 왕자로서 지위가 더욱 확고해져도, 요나단은 시종여일하게 자신의 일과 삶에 충실할 뿐이다. 동서고금에 이와 같이 능력에 성실과 영성까지 고루 갖춘 인물은 찾기가 그리 쉽지 않다.

에니어그램 리더십을 말할 때 중요한 요인으로 처음 손꼽는 것이 있다. 평균 상태에서는 별 실수나 과오 없이 살던 사람도 부와 권력을 잡으면 대개는 오만과 탐욕, 태만에 빠진다는 점이다. 그러면 격정에 사로잡혀서 평소에 지녔던 좋은 생각이나 야망과는 반대로 살기가 십상이다.

그러나 요나단은 달랐다. 그는 권력과 지위를 확보하고 있었으며, 왕위 계승이 보장되는 위치에 있었다. 부하 군인들과 백성들의 존경과 사랑을 한 몸에 받기도 했다. 부왕도 무슨 일을 하고자 하면 사전에 크고 작은 일을 모두 요나단에게 이야기할 정도로 그의 신임이 두터웠다(사무엘상 20:2). 그야말로 일인지하(一人之下)요, 만인지상(萬人之上)이었다. 그래도 요나단은 변함이 없었다. 하나님 사랑과 나라 사랑, 겨레 사랑에 오직 일편단심이었다.

요나단은 다윗을 처음 만났을 때 지극히 마음에 들어 "그와 가까운 친구로 지내기로 굳게 언약을 맺고"(사무엘상 18:3), 그 이후로도 변함없이 "요나단은 제 목숨을 아끼듯이 다윗을 아끼어"(사무엘상 18:3) 위기와 고난의 순간마다 그 뜻을 재확인했다. 다윗을 향한 일편단심의 극치는 다윗이 이스라엘의 왕이 될 것이며, 자기는 그의 버금가는 자리에 있고 싶다고 말할 때 나타난다.

힘이 생겼을 때 그 힘을 쓰는 태도와 방식이 리더십을 결정한다. 요나단은 자신에게 힘이 있을 때, 어려운 처지에 있는 다윗이나 부하들에게 용기와 희망을 불어넣으며 희망을 가지고 고난을 이겨 내도록 돕는 '섬김의 리더십'을 발휘한다. 이는 외유내강의 리더십이요, 관용과 통합의 리더십이다.

성서에 나타난 인물들을 통틀어 봐도 요나단처럼 덕목을 고루 갖춘 인물은 찾기가 어렵다. 또한 자신의 성격에서 요나단만큼 조화와 균형을 이루고, 힘이 있으면서도 절제하며, 약자를 돌보고 관용과 배려를 드러내는 인물은 더더욱 찾기가 힘들다. 요나단의 특징은 우정의 상징으로 쓰이는 '다윗과 요나단'이란 표현에서도 나타난다. 요나단은 나이도 지위도 권력도 따지고 보면 다윗보다 모든 것이 우위에 있었는데도, 늘 스스로 다윗을 높여 줬을 뿐 아니라 모두가 다윗을 더 크게 생각하도록 했다. 이런 힘은 사실 다윗이 아니라 요나단에게서 비롯된 것이다. 예수를 빼놓고 원만하고 통합적이면서도 힘의 균형과 절제를 온몸으로 이룬 사람은 요나단밖에 없다.

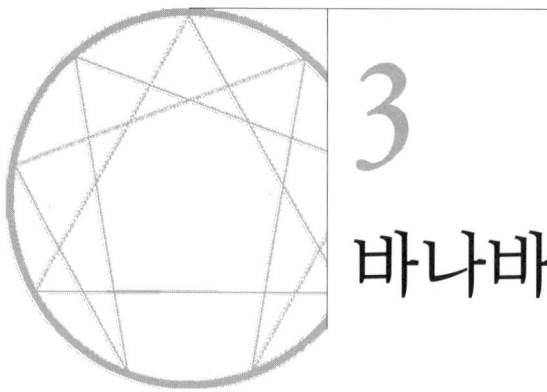

3 바나바

듬직한 사람, 바나바

평화주의자로 자라나는 9번 유형은 대단한 에너지를 지니고 살면서도 편안하다. 강인하면서도 겉보기에는 편한 까닭에 듬직하다. 성서 인물들 가운데 바나바처럼 공을 세운 사람도 흔치 않건만 그는 특별한 관심을 갖고 깊이 들여다보지 않으면 그냥 지나치기가 쉽다.

9번 유형은 똑똑하고 잘생긴 사람조차 남의 눈에 잘 띄지 않는다. 뭐든지 속으로 끌어들이며 간직하고 드러내지 않으려는 속성이 강하기 때문이다. 셋을 지니고 열의 효과를 살리는 사람도 있는 반면, 열을 가지고도 셋을 쓰는 것 같은 인상을 주는 사람도 있는데, 그런 이들이 9번 유형이다. 바나바는 그런 유형의 대표처럼 보인다.

초대 교회로부터 많은 세월이 흐르기도 했으나 바울처럼 두드러진 인물이 조명을 받은 것도 바나바가 가려진 이유가 될 수 있다. 그러나 처음 교회에 바울이 설 자리를 마련한 사람도 바나바였다. 바울은 다마스쿠스로 가는 길에 빛 가운데 부활하신 주님을 만나고 새로운 소명을 받았다. 그렇지만 이전에 워낙 극심하게 교회와 신도들을 박해했기 때문에 그가 "거기에 있는 제자들과 어울리려고 하였으나, …… 모두들 그를 두려워하였다"(사도행전 9:26). 바나바가 바울을 옹호하고 지지하며 보증한 덕분에 예루살렘 교회가 그를 받아들였고, 나중에 바나바와 함께 선교사로 파송받기에 이른다(사도행전 15:26~27).

본디 키프로스(Cyprus) 태생의 유대인인 바나바는 부모의 사랑을 넉넉히 받고 자란 사람으로 레위 지파였다. 어릴 적 이름은 요셉인데 사도들이 그에게 바나바라는 이름을 지어 주었다. 바나바는 곧 '위로의 아들(bar nabas)'이라는 뜻이다. 그리고 이를 아람어로 표기하면 '예언의 아들(bar nabya)'이라는 뜻이 된다. "예언하는 사람은 …… 덕을 끼치고, 위로하고, 격려하는 말을 합니다"(고린도전서 14:3)라고 하는 데서도 알 수 있듯이 위로와 예언은 하나로 만난다.

이처럼 사도들에게 인정을 받은 바나바는 당시 자기 재산을 팔아서 교회와 선교를 위해 헌금한 사람들의 대표처럼 성경 기록에 남아 있다(사도행전 4:37). 이를 통해 교회의 신임이 그만큼 두터웠음을 알 수 있다. 바나바는 명실공히 '위로의 아들'이었다. 그는 잘 나서지는 않아도 묵묵히 자기 할 일을 다 하니까 지도자로 세움을 받고 추대됐다.

결국 바나바는 중책을 맡게 된다. 안디옥 교회가 발전하면서 신자가 나날이 늘어나게 되자 "예루살렘 교회가 이 소식을 듣고서, 바나바를 안디옥으로 보냈다"(사도행전 11:22). 여기서도 큰 역할을 해 "많은 사람이 주님께로 나아왔다"(사도행전 11:24). 성경에는 "바나바는 착한 사람이요, 성령과 믿음이 충만한 사람이었다"(사도행전 11:24)라고 묘사된다.

우리는 지도자의 성격이 얼마나 중요한가를 여기서도 되짚어 보게 된다. 대개 지도자가 되면 지도력과 함께 지위도 강화시키고 권력도 독점하려는 속성이 나타난다. 그러나 바나바는 자신의 지위와 역할이 커졌을 때, 자신보다도 하나님의 일과 교회를 먼저 생각한다. 일의 막중함을 생각한 "바나바는 사울을 찾으려고 다소(Tarsus)로 가서, 그를 만나 안디옥으로 데려왔다"(사도행전 11:25~26).

"두 사람은 일 년 동안 줄곧 거기에 머물면서, 교회에서 모임을 가지고, 많은 사람을 가르쳤다"(사도행전 11:26). 예수를 믿는 사람들이 '그리스도인'이라 불리기 시작한 것도 여기서의 일이었다. 바나바는 요즘 우리가 말하는 비권위주의적 인성이요, 지도력의 공유와 관계 형성을 소중히 여긴 정말 듬직한 지도자였다.

끈기 있는 사람

착한 사람들에게는 참을성과 끈기가 있다. 이들은 어려운 일도 잘 견딘다. 이는 커다란 장점이다. 그래서 그들은 곁에 있는 사람들이 믿고 의지할 만하다. 그들에게는 넉넉함이 있다. 지도자가 지니면 좋은 점이다. 바나바가 그런 사람이 아니었을까 싶다. 남들이 경계하거나 싫어하는 사람도 그는 편하게 대한다. 단점이 많거나 실수를 저지른 사람까지 '그러려니' 또는 '그럴 수도 있지' 하면서 너그러이 받아들인다.

바나바에 대한 기록이 많지 않은데도, 그 짧은 글에 나타난 모습은 건강한 9번 유형의 대표라 할 만하다. 예루살렘 교회나 안디옥 교회 그 어디에서도 그는 신임이 두터웠고, 너그러운 모습이었다. 교회를 박해했으며, 첫 번째 순교자 스데반이 돌에 맞을 때 마치 사령 집행관처럼 지켜봤던 사울을 예루살렘 신도들은 두려워했는데, 바나바는 사울을 사도들에게 데려가서 변론하며 보증해 주었다.

많은 사람들이 경계하는 인물을 감싸 줄 뿐만 아니라 보증하고 나아가서 중책을 공유하며 동역자가 된다는 것은 결코 쉬운 일이 아니다. 이는 바나바 같은 사람이니까 가능했던 것이다. 심지어 바울이 선교 여행에 함께 "데리고 가는 것을 좋게 여기지 않았"(사도행전 15:38)던 "마가라는 요한"(사도행전 15:37)을 바나바는 함께 배를 타고 데려가기까지 했다.

그러나 만사에 양면이 있듯이 9번 유형의 끈기 있는 성격은 그 이면을 보면 끈기와 함께 관성의 법칙이 작용하기 쉽다. 그들의 성격은 타성, 느림, 나태, 답답함, 고집으로 나타날 수도 있다. 이는 갈등을 기피하는 속성이 어떻게 작용하고, 정신 심리적 나태라는 격정을 어떻게 다루는가에 따라 큰 차이가 난다. 바나바가 마가를 옹호할 때 바울은 몹시 답답했을지 모른다. "그래서 그들은 심히 다툰 끝에, 서로 갈라서고 말았다"(사도행전 15:39).

완벽주의 성격인 바울이 실수에 비판적이고 엄격한 반면에 9번 유형인 바나바는 대조적으로 너그럽게 참으며 마가의 장점을 살리려는 데 역점을 둔다. 바나바가 예루살렘 교회 지도자들과 신도들 앞에서 바울을 옹호할 때도 바나바를 답답하게 여긴 사람들이 있었을지 모른다는 생각을 당시에 바울은 하지 못했던 듯싶다.

바나바처럼 건강하게 살던 9번 유형일지라도 되도록 갈등은 피하려다 보니 본의 아니게 잘못을 저지르거나 난처한 입장에 빠질 수 있다. 마가를 옹호한 바나바의 행동도 달리 보면 사촌 동생을 옹호하다가 더 큰 선교 사명을 감당할 동역자와 갈라서는 지경에 이르렀다는 비판을 받을 여지도 있다. 신학자들의 견해 가운데 토라(Torah, 율법) 해석의 차이가 이런 행동의 숨은 동기로 작용했다는 주장도 일리가 있다.

일설에 의하면 바나바와 바울은 둘 다 가말리엘의 문하생이었다고 한다. 바나바가 안디옥 교회에서 중책을 맡았을 때 멀리 다소까지 찾아가 바울을 영입한 것만 봐도 그 둘이 각별한 인연이었음을 짐작할 수 있다. 그러나 갈등이 생겼을 때 바나바에게는 오랫동안 함께 살았던 마가와 갈라서는 것이 더 힘들었을지도 모른다. 이는 9번 유형의 분리불안 때문이라 할 수 있다.

9번 유형은 스트레스를 받을 경우에 6번 유형처럼 걱정과 공포에 사로잡히기 쉽고, 권위 있는 사람의 판단과 행동에 의존적으로 따르는 경향이 있다. 사적인 일은 잘 처리하던 사람일지라도 개인의 판단만으로는 결정과 행동이 어려우면 그런 속성이 나타난다. 힘 있는 사람이나 지도자 또는 어른 편에 서는 것이다.

초대 교회에서 이방인 신자들을 대하는 일에서 율법을 해석하고 적용하는 일까지 우리가 상상하기 어려울 정도로 민감한 문제들이 산적해 있었다. 베드로가 안디옥에 왔을 때 "이방 사람들과 함께 음식을 먹다가 …… 할례 받은 사람들을 두려워하여, 그 자리를 떠나 물러난 일"(갈라디아서 2:12)이 있었을 때, "바나바까지도 그들의 위선에 끌려갔"(갈라디아서 2:13)다고 했다.

관용하는 사람, 바나바

에니어그램을 처음 공부하기 시작하는 사람들이 흔히 갖는 의문이 있다. 그 많은 사람들을 어찌 아홉 가지 유형으로 나누고 그 속에 다 넣을 수 있느냐 하는 것이다. 그러나 에니어그램을 깊이 이해하게 되면 각 유형 안에서도 차이가 크고 다양하다는 사실을 발견한다. 결국 음악으로 빗대면 아홉 가지 주제에 수많은 변주곡이 있는 것과 같다.

인성 유형이 그처럼 다양하다. '세상에는 별의별 사람이 다 있다'는 말은 그런 성격의 다양성을 두고 하는 말이다. 이 단순한 진실을 받아들이기가 그리 쉽지 않다. 그래서 사람들은 자기와 똑같은 사람이 세상에는 하나도 없다고 생각하면서도 자기와 다른 사람은 받아들이지 못하는 모순 속에서 살기 마련이다.

에니어그램으로 보면 인성 유형은 아홉 가지다. 개인의 에니어그램에서 집단 또는 사회의 에니어그램까지 다양하다. 나라마다 독특한 집합성격이나 국민성이 있기 때문이다. 그러나 개인뿐 아니라 집단도 자신들과 다른 성격을 잘 이해하거나 받아들이지 못한다. 그러나 상대적으로 자기와 다른 유형과 성격을 남보다 더 잘 받아들이는 사람들이 있다. 이는 대개 9번 유형이다.

9번 유형은 기본적으로 모든 것을 수용하는 컨테이너 타입이다. '좋은 것이 좋다'는 식이고, 갈등을 기피하기 때문이다. 이는 '가만 있으면 중간이라도 간다'는 말로도 표현된다. 이들은 아주 소극적인 상태에서도 이토록 수용을 잘한다. 한 발 더 나아가서 적극적으로 상대방을 편하게 해 주려고 노력하면 그 수용 능력은 더 커지기 마련이다.

이런 특징을 잘 드러낸 이가 바나바였다. 9번 유형이 소극적일 때는 체념하면서 수용한다. 그러나 바나바처럼 건강한 9번 유형은 적극적으로 수용한다. 그때 관용이 특징적으로 나타난다. 관용은 다른 것도, 틀린 것도, 모자라는 것도 다 받아들인다. 있는 그대로 받아들인다. 거기서 멈추면 체념이다. 그러나 틀리고 다르고 모자란 것을 알면서도 받아들이되, 비판보다 대안을 찾아 주는 적극성을 띠면 관용이 된다.

프랑스어로 '똘레랑스(tolerance)'라 표현하는 관용은 오차, 인내,

허용 범위를 아우르는 말이다. 틀린 줄 알면서도 다음 순간 더 잘할 것을 내다보며 참아 주며 기다리는 것이다. 바나바는 이런 관용을 가지고 '사울/바울'도 관용했고, 마가도 관용했다.

두드러지게 나타나는 개인도 관용한 바나바가 평범한 사람들을 더 편하게 받아들였을 것은 더 말할 나위가 없다. 기원후 48년에 열린 예루살렘 공의회(Jerusalem Council)는 기독교가 처음으로 이방인 그리스도인들을 교회로 받아들이는 참으로 중대한 역사적 회의였다. 우리는 열두 사도에 들지 않았으면서도 이미 사도 반열에 오른 (사도행전 14:14) 바나바가 관용의 리더십으로 그 회의에 얼마나 큰 공헌을 했는지 실감할 수 있다.

바나바가 "성령과 믿음이 충만한 사람이었다"(사도행전 11:24)는 표현은 그가 하나님 앞에서나 사람들 앞에서 인정을 받았고, 또 그만큼 공헌했음을 말해 준다. 관용하는 사람은 분별력과 결단력이 있으면서도 상대방을 배려하고, 역지사지의 자세로 감정이입과 공감을 잘하는 사람이다. 바나바가 그런 사람이라 하겠다.

짐작하건대, 신학자들이 인정하지는 못해도, 예를 들면 바나바가 「히브리서」 기자였다든가, 칠십 문도/제자 중 한 사람이었다든가 하는 후대의 전설은 그를 모두 좋아하고 추앙했다는 방증이 된다.

바나바, 평화를 만드는 사람

동서고금을 막론하고 덕이 있는 사람은 지식이나 권력 또는 어떤 힘이 있어도 그것을 과시하지 않고, 되도록 속으로 감추며 상대방을 편하고 이롭게 하려 노력한 사람들이었다. 전쟁을 수행하는 장수 가운데서도 이런 이는 '덕장'이라 했고, 이런 이들이 하는 정치는 '덕치'라 했다. 이렇듯 덕이 있는 사람이 책임 있는 자리에서 일하고 이

바지하면 평화로운 세상이 되는 법이다.

9번 유형은 자기가 지닌 것을 마음 놓고 쓰면, 상대방이 불편해질까 봐 마음이 쓰이는 사람들이다. 심지어 너무 조심하거나 스트레스를 받으면 이들은 좋은 목소리조차 속으로 기어 들어가듯이 작게 낸다. 어려서부터 조심성을 가지고 자란 9번 유형은 성장해서 건강하게 되면 움츠러들지는 않아도 조절하는 능력이 크다. 인내와 관용이 조절과 어우러지기 때문이다.

평화를 만드는 사람이 있으면, 그곳에 평화가 이루어진다. 내면의 갈등을 극복하는 힘이 외부의 갈등을 현실 상황 속에서 극복시키는 힘으로 작용하기 때문이다. 초대 교회 공동체가 형성될 때 솔선해서 재산을 헌납한 일뿐 아니라 논쟁거리인 바울을 교회가 받아들이고 인정하도록 설득했던 일, 바울과 함께 선교사로 파송받은 일, 하나님을 두려워하는 이방인들에게 찾아갔을 때 바울을 앞세워 설교하게 한 일 모두 바나바의 넉넉한 인품과 관용의 리더십 덕이었다.

바나바는 평화를 만드는 사람의 전형이요 패러다임이라 하겠다. 바울이 교회 안에 등장했을 때 바나바는 우선적 위치에 있었다. 그가 주선해서 바울의 자리가 마련됐다. 「사도행전」에서도 계속해서 "바나바와 사울은" 하고 기록하며 바나바를 먼저 언급한다.

그러던 어느 날, 바나바의 고향인 키프로스 섬에 갔을 때의 일이다. 그곳 총독 서기오 바울 곁에 있는 마술사이며 엘루마라고 부르기도 하는 바예수(Bar-jesus)를 "바울이라고도 하는 사울이 성령으로 충만하여"(사도행전 13:9) 악행을 그치게 하고 굴복시켰을 때, 그 총독은 "주님을 믿게 되었고, 주님의 교훈에 깊은 감명을 받았다"(사도행전 13:12). 이때부터 성경에는 "바울과 바나바"로 기록되기 시작한다.

이렇게 바나바와 바울은 서열이나 영향력이 앞서거니 뒤서거니

해도 평화롭게 받아들인다. 영향력이 더 커지는 바울이 바나바와 함께 루스드라에 갔을 때 일이다. 바울이 큰소리로 "그대의 발로 똑바로 일어서시오"(사도행전 14:10) 하는 말을 "나면서부터 못 걷는 사람"(사도행전 14:8)이 듣고 "벌떡 일어나서 걷기 시작하였다"(사도행전 14:10). 그러자 그곳 사람들은 바울과 바나바를 신으로 여기고, "그들은 바나바를 제우스라고 부르고, 바울을 헤르메스라고 불렀"(사도행전 14:12)다.

"그것은 바울이 말하는 역할을 주로 맡았기 때문이다"(사도행전 14:12). 그러나 겉으로 드러나는 어떤 행동을 하지 않아도 건강한 9번 유형인 바나바는 그 존재만으로도 평온함 속에 내공이 있고, 저력이 있고, 범할 수 없는 위력과 권위가 있었으리라 생각된다.

평화를 만드는 사람인 9번 유형이 통합을 이룰 때 '무조건적 사랑'으로 대단한 근면과 활동, 에너지를 드러내는 것을 우리는 기억한다. 물리적인 힘보다 더 큰 힘이 사랑의 힘이다. 바나바가 드러내는 무조건적 사랑의 힘이 평화를 만드는 원천적인 힘이다. 이 사랑의 힘 때문에 평화가 이루어진다.

우리 모두가 살려야 할 원칙이 있다. 평화를 만드는 힘의 구조를 다섯 가지로 요약하면 다음과 같다. 첫째는 상호 이해, 즉 서로 이해하는 자세다. 둘째는 상호 인정, 즉 상대를 있는 대로 인정하는 것이다. 셋째는 상호 신뢰, 즉 서로 믿어 주는 것이다. 넷째는 상호 존중, 즉 서로 존중하는 자세다. 다섯째는 상호 협력, 즉 공동선을 위해 협력하는 것이다.

기원후 61년 키프로스 섬 살라미에서 순교할 때까지 바나바는 인격과 삶을 다해 살린 이런 힘 덕분에 평화롭고 성공적으로 선교를 수행했다.

9번 유형
행동하는 평화주의자

에너지가 누구보다 크면서도 상당 부분을 속에 지니고 사는 9번 유형은 남을 불편하게 할까 봐 목소리조차 크게 내지 않고 부드러운 어조로 말한다. '가만히 있으면 중간이라도 간다'는 말이 있듯이 잘 나서지도 않는다. 갈등을 피하고 평화를 만들며 화해를 이루는 것을 중요하게 생각하기 때문이다. 이것이 지나치면 심리적 나태에 빠져 미루거나 아무것도 하지 않으며 눈을 감거나 자게 된다. 이들은 적극적으로 평화를 일구며 무조건 사랑해야 근면과 활동이 강화된다.

9번 유형을 '외유내강'이란 말로 묘사하기도 하는데, 이는 좋은 말이지만 자칫하면 겉모습이 부드럽고 편해서 무기력하게 보이거나 속에 있는 강한 힘이 느껴지지 않기도 한다. 이들은 갈등을 싫어하고 기피해서 평화를 원하면 소극적인 평화가 될 수 있다. 그러나 갈등을 적극적으로 관리하고 극복할 때 온전한 평화가 이루어진다. 이들은 또한 보존 본능 때문에 현상 유지를 하려고 애쓴다. 그러나 마음속에 있는 무조건적인 사랑과 생명 본능이 창조적으로 탈출을 시도하면 적극적인 평화를 추동하게 된다.

믿음의 조상 아브라함은 9번 유형의 대표다. 보존 본능이 강한데도 하나님의 명령을 따라 끝없는 순례의 길을 가며 미지의 세계에 도전하며 살았던 모습은, 보통 상태인 9번 유형은 상상할 수도 없는 근면과 활동, 도전의 표본이다. 그러나 남을 위해 기도하며 양보하는 삶을 살았던 아브라함도 스트레스가 심할 때는 반격점에 사로잡혀 3번 유형의 격점인 기만에 빠지기도 했다. 보통 사람에게 현상 유지는 중요한 과제일 수 있다. 평화주의자에게는 더욱 그렇다. 그러나 더 넓은 세상의 평화를 이루려면 국지적 환경에서 탈출해야 한다. 아브라함도 처음에는 자발적으로가 아니라 하나님의 명령에 따라 순종하느라 '고향 집'을 떠나 탈출을 시도했다.

그러나 어느덧 자발적으로 '끝없는 탈출'을 시도한 아브라함은 믿음의 조상이 된다. 그는 정신 심리적 나태를 떨쳐 내고 새로운 일, 관계, 환경에 도전하며 나갔다. 그가 스스로 '축복의 통로'가 될 수 있었던 까닭은 바로 '바보의 나눔'을 실천했기 때문이다. 그러나 9번 유형이 덕목을 살리지 못하는 상태에서 3번 유형의 성공과 성취를 무리하게 지향하는 경우에는 반격정에 사로잡히는 결과에 이른다.

요나단과 다윗의 관계는 가장 아름다운 우정의 상징이다. 권력에서는 다윗이 돋보이지만, 우정과 너그러움에서는 요나단이 단연 우월하다. 요나단은 왕세자로서 다윗을 지켜 주고 왕이 될 것을 내다보며 목숨 걸고 사랑하며 지원했다. 다윗은 좋은 자질과 소명을 지녔지만 요나단이 없었다면 왕이 되는 것은 불가능한 일이었다. 요나단이 왕자의 지위를 스스로 내려놓는 자세와 결단으로 다윗을 조건 없이 사랑하고 지원했기에 다윗이 살아남아 마침내 왕으로 등극할 수 있었다. 누구나 목숨 걸고 쟁취하며 지키고 싶어 하는 권좌를 미리 내주겠다고 마음먹는 것은 정말 대단한 일이다. 요나단에게도 아브라함처럼 아무것도 집착하지 않은 초연의 영성이 엿보인다.

기독교 역사상 가장 빼어난 인물인 사도 바울도 과연 바나바가 없었더라면 그 이름을 역사에 남기는 것이 가능했을까. 이는 요나단이 없었더라면 다윗이 왕위에 오르지 못했을 것과 마찬가지다. 바나바는 관용과 사랑, 평화의 상징이라 할 만하다. 그는 그 이름 자체가 '위로의 아들'인 것처럼 언제나 위로하고 지원하며 사람들에게 베풀며 살았다. 초기 교회 형성사를 보면 단연 바나바가 돋보인다. 그는 자기 소유의 재산을 팔아 교회에 바쳤을 뿐 아니라 스스로 헌신하며 집사로 일했다. 사람을 보는 눈 또한 밝아 일찌감치 바울을 알아보고 지도자들에게 천거했으며, 그 이후에도 그를 지원하고 협력하며 선교 여행에 동행했다. 선교 여행 도중에 마가 때문에 갈등이 생겼을 때도 바나바는 약자 입장에 있는 마가의 편에 서서 바울과 헤어져 따로 길을 간다. 바나바는 관용과 화해를 중시하며 살았던 사람이다. 평화운동의 원칙으로 상호 이해, 상호 인정, 상호 존중, 상호 수용, 상호 협력을 꼽는데, 이를 체화해서 산 사람이 바로 바나바였다고 생각하면 된다. 그의 삶 자체가 평화요 화해라 하겠다.

9번 유형은 품이 넓다. 양보하고 위로하며 참아 주고 너그럽게 사랑한다. 이들에게는 스트레스 받을 때 움츠러들며 나태의 격정에 빠지는 것을 극복하는 것이 큰 과제다. 9번 유형은 심리적 나태에 사로잡히는 것이나 자기 비하에 빠지는 것을 극복하며 무조건적인 사랑을 살리기만 하면 누구도 따라올 수 없는 근면과 활동이 강화되며 평화와 관용의 품이 넓어진다. 행동하는 평화주의자가 된다. 느리지만 꾸준히! 이는 참으로 중요하다. 그러나 속도 감각이 떨어지면 누구나 무기력해지기 쉬운 법이다. 그러므로 완급을 조절할 필요가 있다. '아무것도 지나치지 마라'라는 에니어그램 격언이 여기서도 적절하다. 느림의 미학은 좋으나 나태해지는 것은 경계해야 한다. 9번 유형은 관성의 법칙이 강한 성향을 띠는데, 지속성이란 긍정적 면이 있는가 하면 타성이란 부정적 측면이 동전의 양면과 같이 붙어 있다.

정신 심리적 나태(indolence)는 무통 또는 무기력과 통한다. 심하면 '얼음'이 되어 마비되고 무감각해진다. 이를 깨고 나가면서 인내와 관용, 평화로 에너지를 변환시켜 살리는 동력이 바로 무조건적인 사랑임을 깊이 인식하고 살림으로써 9번 유형은 행동하는 평화주의자가 될 수 있다. 이는 '귀를 먹먹하게 하는 침묵'처럼 모순 어법 같으나 조용한 평화주의자가 과감하게 적극적으로 행동하면서 살리는 역설적 진심의 역동적 모습이다.

앞서 살핀 인물들을 생각하면서 9번 유형의 자기 관리와 위기관리에 대해 살펴보자. 9번 유형은 보존형으로 평화주의자 기질이 강하다. 화해주의자면서 보존주의자기에 현상 유지에 관심이 많고 '좋은 것이 좋다'는 식으로 갈등을 기피한다. 심하면 자기부정이나 자기 비하의 함정에 빠진다. 외유내강의 전형으로 남달리 에너지가 크면서도 있는 그대로 드러내면 남이 압도당할까 봐 스스로 조심하여 움츠러들 정도다. 이들은 마음만 먹고 나서면 누구보다 큰 저력을 드러내는 리더가 될 수 있다. 그러나 갈등을 기피하느라 나서지 않는 관성이 크다. 격정에 사로잡히면 이런 성향은 정신 심리적 나태로 작용한다.

9번 유형은 어려서부터 착한 아이의 표본으로 자라서 화합과 평화를 이루려는 성향이 강하다. 가정에서부터 평화롭게 살아서 스트레스를 받는 상황이 되면 그런 환경과 관계로부터 분리될까 봐 두려워한다. 그래서 이들은 어려울 때도 그대로 참고 가만히 있다 못해 '얼음'이 될 정도로 움츠러들고 굳어지며 타성에 빠진다.

9번 유형은 만 여섯 살을 전후해 부모와 긍정적인 관계를 경험한 기억이 있고, 갈등을 모르고 자랐기 때문에 어쩌다 갈등을 겪게 되면 낯설고 두려워서 이를 기피하게 된다. 이들은 지나치게 친절하고 수용적으로 자라면서 거절을 못하는 성향이 강해졌다. 평화가 우선인지라 갈등과 긴장을 피하려다 남을 답답하게 할 수도 있다.

그러나 9번 유형은 정신 심리적 나태의 격정을 사로잡고 자기비하를 무조건적 사랑으로 변환시키면 근면과 행동을 남달리 높은 수준으로 끌어올릴 수 있다. 모든 것을 수용하고 품을 수 있는 큰 잠재력을 속에 가두고 인내하며 있던 터에 이것이 놀라운 저력으로 분출된다. 이들은 소통과 일치와 통합을 이루는 평화로운 리더가 된다.

평화주의자 기질이 강한 9번 유형은 위기 상황에서 스트레스가 심하면 정신 심리적 나태에 빠지고 무책임할 정도로 위축된 모습을 보일 수 있으나, 남다른 인내심과 포용력, 무조건적 사랑의 활동으로 위기를 관리해야 한다.